折射集
prisma

照亮存在之遮蔽

Michael Polanyi (Author)   **Marjorie Grene** (Editor)

Knowing and Being:
Essays by Michael Polanyi

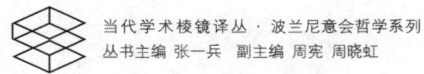

当代学术棱镜译丛·波兰尼意会哲学系列
丛书主编 张一兵　副主编 周宪 周晓虹

认知与存在:
迈克尔·波兰尼文集

[英] 迈克尔·波兰尼 著　[美] 马乔里·格勒内 编　李白鹤 译

南京大学出版社

《当代学术棱镜译丛》总序

自晚清曾文正创制造局,开译介西学著作风气以来,西学翻译蔚为大观。百多年前,梁启超奋力呼吁:"国家欲自强,以多译西书为本;学子欲自立,以多读西书为功。"时至今日,此种激进吁求已不再迫切,但他所言西学著述"今之所译,直九牛之一毛耳",却仍是事实。世纪之交,面对现代化的宏业,有选择地译介国外学术著作,更是学界和出版界不可推诿的任务。基于这一认识,我们隆重推出《当代学术棱镜译丛》,在林林总总的国外学术书中遴选有价值篇什翻译出版。

王国维直言:"中西二学,盛则俱盛,衰则俱衰,风气既开,互相推助。"所言极是!今日之中国已迥异于一个世纪以前,文化间交往日趋频繁,"风气既开"无须赘言,中外学术"互相推助"更是不争的事实。当今世界,知识更新愈加迅猛,文化交往愈加深广。全球化和本土化两极互动,构成了这个时代的文化动脉。一方面,经济的全球化加速了文化上的交往互动;另一方面,文化的民族自觉日益高涨。于是,学术的本土化迫在眉睫。虽说"学问之事,本无中西"(王国维语),但"我们"与"他者"的身份及其知识政治却不容回避。但学术的本土化绝非闭关自守,不但知己,亦要知彼。这套丛书的立意正在这里。

"棱镜"本是物理学上的术语,意指复合光透过"棱镜"便分解成光谱。丛书所以取名《当代学术棱镜译丛》,意在透过所选篇什,折射出国外知识界的历史面貌和当代进展,并反映出选编者的理解和匠心,进而实现"他山之石,可以攻玉"的目标。

本丛书所选书目大抵有两个中心:其一,选目集中在国外学术界新近的发展,尽力揭橥域外学术20世纪90年代以来的最新趋向和热点问题;其二,不忘拾遗补阙,将一些重要的尚未译成中文的国外学术著述囊括其内。

众人拾柴火焰高。译介学术是一项崇高而又艰苦的事业,我们真诚地希望更多有识之士参与这项事业,使之为中国的现代化和学术本土化作出贡献。

丛书编委会
2000 年秋于南京大学

致　　谢

非常感谢下列出版社和期刊准许重刊这本论文集中的文章：

1. 感谢哥伦比亚大学出版社准许重刊《超越虚无主义》(1960)。

2. 感谢 *Encounter* 准许重刊《两种文化》,*13*(1959),61-64。

3. 感谢 *Minerva* 准许重刊《科学共和国》,*1*(1962),54-73;《社会中科学的发展》,*5*(1967),533-545。

4. 感谢 *Science* 准许重刊《吸附势理论》,*141*(1963),1010-1013,美国科学促进会 1963 年版;《生命的不可还原的结构》,*160*(1968),1308-1312,美国科学促进会 1968 年版。

5. 感谢国际结晶学联合会准许重刊《我研究 X 射线和晶体的时期》,该文原刊于 P. P. Ewald 编著的《五十年来关于 X 射线衍射的研究》(1962),由 A. Oosthoek, Utrecht 为国际结晶学联合会出版。

6. 感谢 *Philosophy* 准许重刊《科学中难以明确说明的成分》,*37*(1962),1-14;《意会推论的逻辑》,*41*(1966),1-18;《意义给予和意义阅读》,*42*(1967),301-325。

7. 感谢 *Mind* 准许重刊《认知与存在》,*70* N. S.(1961),458-470。

8. 感谢 *Reviews* 准许重刊《意会认知:它与一些哲学问题的关联》,*34*(1962),601-616。

9. 感谢 *Brain* 准许重刊《意识的结构》,*88*(1965),799-810。

目　录

i / 引言

第一部分　社会和对社会的理解

3 / **1**　超越虚无主义

17 / **2**　两种文化

第二部分　科学的本质

27 / **3**　科学共和国：它的政治和经济理论

49 / **4**　社会中科学的发展

64 / **5**　吸附势理论

73 / **6**　我研究 X 射线和晶体的时期

81 / **7**　科学中难以明确说明的成分

第三部分　意会认知

99 / **8**　认知与存在

114 / **9**　意会推论的逻辑

136 / **10**　意会认知：它与一些哲学问题的关联

158 / **11**　意义给予和意义阅读

第四部分　生命与心灵

191 / **12**　意识的结构

205 / **13**　生命的不可还原的结构

221 / **索引**

引　言

　　我们将科学作为知识的范例,然而又坚持全然明言(explicit)的真理的概念,这实际上是现代认识论中的一个悖论。因为科学就是不断加深的发现;没有对解决问题的渴望,没有对预感的遵从,不去尝试某些新的还不成熟的想法,科学也将不复存在。然而,发现却不能用完全形式化、全然明言的知识来说明。"真理"与"对真理的追寻"这一对照中的内在问题,早在柏拉图那里就向我们提出来了,也就是他借米诺之口提出了这样的问题:

　　　　苏格拉底,你到哪里去寻找你对其本质一无所知的东西?
　　　　你能寻找你所不知道的东西吗?即使你很幸运遇到了你所寻
　　　　找的东西,你又怎样知道这就是你所不知道的东西?

　　换言之,正如迈克尔·波兰尼曾多次提到的那样,在对知识的本质的探究刚刚开始时柏拉图所提出的这个问题,就已宣告了人们数世纪以来的某种努力实际上是白费了,这种努力就是试图明确表达关于全然明言的真理的准则。波兰尼认为,我们必须从根本上转变我们的认识论的基础,而且应当承认带来对某个问题的识别的那种摸索对于心灵的运作而言是必不可少的。

　　我们如何能确定地这样做呢?波兰尼对米诺的问题的解决建立在他在《个人知识》(*Personal Knowledge*)的第四章中提出的对两类觉知的区分的基础上:**焦点**(*focal*)**觉知**和**附带**(*subsidiary*)**觉知**。建立在这两种觉知基础上的两类知识,他后来称之为"通过注意而获得的知识"和"附带依赖的知识"。他的核心观点是没有知识是或者能够是**完全**通过焦点觉知获得的。就某个问题的探寻而言,其附带觉知的方面显得更为突出。在焦点意识中,我们不知道我们在寻找什么,然而我们能够寻找它,是因为在寻找它的过程中,我们依赖于那些直指其本质的线索,通过这些线索我们在某种程度上能够预见我们尚未清楚理解的东西。对于这些线索,我们是**附带地**(*subsidiary*)依赖而没有**焦点地**(*focal*)觉知。

波兰尼提出这一区分时所引证的例子是关于工具使用的例子;阅读是另一种典型的例子。我看着纸上的符号,依靠它们以关注意义,间接地关注写下这些符号的人。同样的结构也适用于关于问题的例子。当前,在焦点上、在我们注意力的中心,我们意识到这个问题,仅是把它作为一个疑难、一种不适、一种冲突。但是,如果它是一个好问题,恰巧我们也正在寻找答案,那么我们正依赖的线索对答案的确会有影响:它们实际上是我们正试图理解的综合体的某些方面。

同时,这些线索也是我们自身的某些方面:它们是我们的观点、技能、记忆,或者是隐秘的记忆、预感中的点滴。用存在主义者们的话来说,它们是我们的超越性的某些方面,也是我们的实是性(*facticity*)的某些方面。因此,我们生活在"我们所是"和"我们寻求所是"之间的张力中:生活在"我们共享其'实是性'的世界"和"'其形成使得这个世界成为世界'的我们自身"之间。我们的意识的焦点,也就是明言的觉知,总是植根于和伴随着意会地接受某些非明言的东西,这些非明言的东西将我们自身与我们的世界有力地、具体地连接起来,并使我们自身处在我们的世界之中。这意味着,知识总是个人的。知识的非个人的方面,来自并会回到在追寻和接受要被认识的对象的过程中的个人参与。因为知识中只有明言的、可公式化的要点能够不起变化地在人与人之间传递。它的内隐的基础(因其无法用语言表达也无法诉诸公式和非人格化)必然是**某人的**(*of someone*)摸索。

认知源自从(*from*)我的存在这一极(*core*)直指到(*to*)我的注意的中心,尽管这一"从—到"(from-to)是个人的、附带的或者说意会的。所有的知识都包含在一个"从—到"关系中。当然,附带知识是我自己的:实际上,它正是与我当前注意力的焦点有着密切的关系、被我融入自我之中的东西;它也正是由于我的"在世"而被我内化入这一点的东西——这一点能引领我走向远侧项的目标。所有的认知——无论是感知中或技能中的意会认知,还是掌握一门知识学科中的明言认知(当然事实上不会完全是明言的)——都显示出这一双重结构。我从近侧的一极(我的存在的一个方面)关注**到**远侧的一极;如果我的注意力焦点集中于远侧的这一极,我将会置身于自身之外。换言之,我们可以说,所有的认知都是定位(orientation)。生物体将自己置于自己的生存环境之中,腰鞭毛虫将自己置于浮游生物中,鲑鱼将自己置于它生活的河流,或者狐狸将自己置于它巢穴,都预示着这一过程——我们既在塑造世界又在被我们的世界所塑造,从被我们同化的那些东西出发指向"我们寻求所是"。

和传统的那种认为"真理是全然明言、自足的"观念不同,"从—到"的知识不可能是瞬时的;它是一个延伸,不仅仅是关注的延伸,也是努力的延伸,努力必然是生活中现实的、长时间的努力。因此,知识既内嵌于生活的过程中〔正如皮亚杰《生物学和认识》(*Biologie et connaissance*)中也论述到的,以及苏珊·朗格在她的《心灵》(*Mind*)的研究中也论及的〕,也内嵌于生活过程的独特的人类形式之中:历史中。

然而,必须指出,在波兰尼的理论中,对认识者的个人参与的强调,以及对认知作为生活过程的形式的强调,并**不**(*not*)意味着向非理性的主观性的倒退。我们涉及的仍然是一个"从—到"的结构,而不是"纯粹内求性(pure inwardness)"。波兰尼并**不**(*not*)像克尔凯郭尔(Kierkegaard)或萨特(Sartre)那样,认为"我"是在某种孤立的、空洞的点上追寻"我"关于自我的原初选择的全然自足。实际上,正如波兰尼和其他人已经相当令人信服地论述的那样,纯粹的客观性,纯粹的外在性（pure exteriority）的确不能说明有意识的生命的存在或者根本不能说明任何生命。拉普拉斯式的（Laplacean）科学中并没有这样的概念：通过想象力的最大胆的延伸，能够使得"我（I）"的存在成为可以理解的。我的中枢神经系统的原子结构图并非我自己；它不过是我的存在的一系列客观化的条件，无论这些条件多么复杂、多么必要，只有自欺欺人才会将我的存在等同于这些条件。但这就是另外一个问题了：见第四部分的论文。这里的要点是纯粹的活动，如同纯粹的潜能一样，只是一个幻想。将世界同化入全然内在，这将是自相矛盾的、毁灭性的，正如活性中心无法同化入原子论的纯粹外在性那样。但这并不是我们所处的境况。在"从—到"的延伸中，我们在这个世界中摸索出我们前进的方向，我们既在制造又在被制造、拥有并且被拥有，我们处在这样的张力之中甚至是悖论之中，但是并非在矛盾之中。我们在这里所拥有的不是一个"全或无"的肯定或否定，而不过是一个**对立**（*polarity*）。我们甚至可以沿袭歌德所使用的那种概念，将它称之为浮士德精神与"**投入**（*Hingabe*）"〔也就是"永恒之女性（Das Ewig-Weibliche）"〕间的张力。我们进行占有的行为也正是我们借以将自己交付给存在的激情。我们的自我整合也是自我交付（self-surrender），我们的自我交付也是我们找到自己的过程。

但是，对个人的强调的确意味着关于"从—到"知识的概念将**"责任"**直接置于认识论的中心。责任是人类作为一个能动的中心的方式：实际上，仅以这种方式，我才能将自己交付给存在，交付给纯粹的现实偶然事件，交付给社会知识，交付给实践学科和知识学科；总体来说，我必须保证将自己交付给某些东西，以既保证我的存在，同时又能够通过这些多种形式的**连结**（*nexus*）投身于我进一步探究的目标。这里我将再次对波兰尼的理论与萨特的理论作一个简单的比较。是"**我**（*I*）"使得我的价值有价值，在这一点上，他们俩观点一致。但是，波兰尼认为，"**我**（*I*）"之所以能够使得我的价值有价值，是因为"**我**（*I*）"负责任地确认这些价值，将它们作为"**我**（*I*）"所宣称的标准、原则，并且带着**普遍的**

意图(*with universal intent*)接受它们。当然,对于萨特而言,这样的接受将"我"置于"自我"之上,这必然是自欺(bad faith)。对于波兰尼而言,情况有可能就是这样,比如在他所举出的关于"假置换(pseudo-substitution)"的认识论例子中。但是,并不必定如此。有关丧失的风险,和有关错误的风险一样,总是伴随着我们;生活也就是由成功的希望和失败的风险所组成的。但是,如果没有错误地梦想着全然的自我封闭和全然明晰,那么,这种风险、这种张力,并不一定是痛苦的延伸。从意会认知的角度看,这种风险和张力反而唤起了一种使命感。在我的实是性的限度内,凭借着我的实是性给予我的有限能力,我应当尽力地去实现某个整合、某个理解,虽然实际上通过我个人独自的努力,我无法达到这一目标,但是通过这一努力,我能够优雅地、部分地实现目标。

这一知识理论,最早是在《科学、信仰与社会》(*Science, Faith, and Society*,牛津出版社,1945)中初显轮廓,在《个人知识》(*Personal Knowledge*,罗德里奇出版社,1958)中系统提出,此后在许多方面得到进一步整理和扩展。我在这本书中收入的这些论文,展现了这一理论的不断发展。

《个人知识》,从批判实证主义者在科学知识上所宣称的完全的客观性开始,展现了关于科学的文化作为我们社会中的一种子文化,其存在和权威来自我们的基本评价。实际上,它是这样的子文化:它要求自己(也是外行们所要求的)有高于一切的权威,相对于所有其他的被视为不过是"表达感情的"或"主观的"评价或评估而言。波兰尼认为,现代心灵的困境来自这种科学主义的主张和那种前所未有的道德动力之间的独特关系,那种道德动力在过去的一个世纪或更长的时间里日益表现为社会的和政治的愿望。这一解释在《个人知识》的"欢会神契(conviviality)"一章中提出,在波兰尼的爱丁顿演讲《超越虚无主义》(*Beyond Nihilism*)中得到了详细阐述。在这篇讲稿中,波兰尼为关于科学和科学知识的分析提供了最为广泛的社会的和政治的框架。这篇讲稿写于1959年，它的乐观主义的言语在今天（1969年）对于美国读者来说，似乎有些不合时宜，但是他对于我们的处境的诊断仍是相当中肯的，即使我们可能会质疑这些预言。

从这个角度了解了我们普遍的智识状况后，我们不但能够理解社会科学家们何以拒绝承认他们的学科的常规本质，而且还可以试着对他们的做法做出改变。但是，为了从根本上纠正科学主义的主张，我们必须明言地考察科学发现的结构本身。波兰尼在对斯诺提出的"两种文化"的思考中，实现了向这一问题的过渡，那篇题为《两种文化》的论文结束了这本论文集的第一部分。

实际上，起初，正是有关科学的组织的问题激发波兰尼开始哲学反思。二十年前，在一场规划科学的运动蓬勃开展的时候，他致力于向自己和他人证明他的信念：对于科学生活而言，集权化管理是不适用的。在这本书中，他的相关观点体现在第二部分的论文《科学的共和国》（*The Republic of Science*）中。从根本上说，这样的一个自由的组织形式——不是直接通过规划而运作，而是间接通过公论（consensus）而运作——之所以对于科学而言是必要的，是源自科学发现、科学理解甚至是科学证实（或证伪）的过程中所固有的那种无法确切指认性。因为在本质上不可明确指认的东西必定抵制或被扼杀于某个总体规划的明确指认。无法确切指认性（unspecifiability）是任何个人或任何群体所持的任何认识的一个本质特征，当然，这是《个人知识》的中心论题，在本书第二部分的第一篇论文中，这一主题被重申并被进一步整理。但是，另一方面，如果这样被理解的科学需要一个自由的和基于公论的管理，那么，任何管理，包括科学制度，都需要权威。科学中传统和权威的地位，与原创性和新颖性在科学中的地位的平衡关系是：原创性和新颖性似乎经常被视为是在脱离了**任何**传统的背景的真空中兴盛起来的。对于这些，第4篇论文以维里科夫斯基事件为例对此进行了详细说明和讨论，在第5、6篇论文中波兰尼根据自身科学生涯的事件对此进行了讨论。

正如波兰尼关于认识论的讨论经常出现的情况那样,第三章关于意会认知的论文的探讨是直接由他当前正讨论的关于科学发现的本质问题所引出的:也就是由关于科学生活的讨论引出的,区别于某种纯朴的但并不真实的科学"逻辑"。按照这种方式,这些论文对一些在《个人知识》中已经讨论过的主题展开了进一步的探讨,且更为精确、详细。《个人知识》对意会认知的关注,没有像对"求知寄托(intellectual commitment)"问题,也就是"我如何证明我所持的可疑信仰是正当的"这一问题关注那么多。意会认知的理论的确是关于寄托的学说的基础,只不过后者深入探及人性(human personality)的基础,而前者的所涉范围更为广泛。它揭示了所有智识行为的普遍深层结构。

意会认知的理论在《意会维度》(*The Tacit Dimension*)的第一章中已经阐述得非常清晰了,如果我在这里对它的论证再作简要概述,这对于读者将会是很有帮助的。波兰尼的论证从"我们知道的远比我们能够说出来的多得多"这一事实出发,证明了阈下知觉实验的结论(见本书的第 10 篇和第 11 篇论文)。像在其他论文中所做的那样,他举出如下的例子,比如,戴着一个倒置眼镜去看,识别出某个面相,建构立体视觉,以及运用医疗诊断的技能。这类例子不胜枚举。我们来看看这个例子:戴着倒置眼镜获得正常视觉。经历过一段时间的定向困难后,我开始依赖于我身体内的可用线索,以关注到或是有效地看到外部的事物。我的附带知识的功能使我获得一个关于周围环境的连贯的视野。这是意会认知的**功能**(*functional*)方面:它引导着我从近侧的、内化的细节关注到远侧的一个内在连贯的整合整体。这是格式塔心理学中大家都很熟悉的例子。众多细节与某个整体型式(total pattern)的关联带来了关于型式的现象,而这就是意会认知的**现象**(*phenomenal*)方面。由此,细节又与它们的意指相关联。这里,阅读再次成为意会认知的一个典型例子。所有的**明言**(*explicit*)知识,无论在单词、图画、公式或其他的表达工具等形式上如何明确,都要依赖**透过**(*through*)它的明言形式对它的意义的领会:依赖于作为它的意会根源的那种理解。而且,意会认知，比如在技能中，尽管以没有明确说出来的东西作为中介，也全然是对意义的领会。由此，意会认知指引着我们从细节关注到它们所意指的整体——这是它的**语义**（*semantic*）方面。最后，这些附带的东西，也是我们的存在的某些方面，就引导着我们直指它们的远侧指示物。它们引导着我们走向对某些**真实的**（*real*）东西的理解，在很多情况下，它们至少会引导我们获得对某个实在的理解，这个实在与我们对它的认知有着同样的结构：某个由部分组成的整体。这一整体的意义或许超出它的可以明确指认的细节或者甚至是超出整体当前的可见外观而以我们猜想不到的方式延伸。这是意会认知的**本体论的**（*ontological*）方面。

意会认知的这四个方面在第三部分都被论及。《认知与存在》强调的就是这个本体论主题：意会认知的宣称将认知者与实在相联系，这个宣称尽管从不是完全不能使之无效的，但也不是武断或无理性的——实际上，正是它构成了我们的力量中的唯一的理性。《意会认知：它与一些哲学问题的关联》，尽管这篇文章涉及的哲学问题非常广泛，但我们可以认为，这篇文章主要是从意会认知的现象方面，和对与知觉的诚实力量有着密切关系的"第二"性质的恢复出发来展开论述。《意会推论的逻辑》，作为在耶路撒冷召开的国际科学哲学会议上提交的文章，通过展示科学发现所依赖的非明言的推论结构，有效地解决了传统的归纳问题；由此，它发展了关于意会认知的功能的或综合的维度。最后，意义给予和意义阅读详细阐述了意会认知的语义方面，提出了这样的一个语境：在其中，当代语言学家的发现能够得到公认和理解，而不必诉诸"先天观念"的复苏。

正如在《个人知识》中那样，在波兰尼更近些时候的文献中，意会认知的诚实宣称通过对科学所建构的最为复杂的理论的理解，提出了对本体论的发展，特别是对关于生命和心灵的本体论的发展的要求。我在前文提到，所有的认知都是一种定位：我们依赖内在于我们身体的线索以达到超出我们自身的地方，以关注外在的那些东西。要使得这样的成功能够被理解,我们必须提出一个关于生命物的普遍的理论,而且在这一理论中对我们作为生命物的那个方面,也就是我们称之为"心灵(mind)"的那个方面进行描述,而这正是由笛卡尔到康德的主流传统不许我们去做的。波兰尼在很多近来的论文中都论及这一主题,在这本书中,这一主题在第四部分的论文中被呈现出来。《意识的结构》,生命存在物作为综合体受到**双重控制**(*dual control*):边界条件是在更低级的法则的控制之外的,比如,化学或生理学法则,分别都由更高的法则,如生理学或意识所规定。在后来的论文中,对"边界条件"这一概念的运用,有关术语发生了改变,以与关于生命的科学中的带有物理和化学特征的边界条件相区别。因此,我们在这里遇到了这两类边界条件的区分:试管类型的边界条件,我们关注的是试管内部展示出来的法则,即边界条件本身,而不是试管本身;机器类型的边界条件,我们所关注的是这些边界条件本身,正是它们组成的某种结构或功能,使其支配着更低一层级法则的运作。因此,波兰尼不是像在综合体的例子中那样说:高级法则控制着边界条件,这些边界条件定义了低级法则工作于其中的系统。波兰尼在这里将这些高级法则等同于一个特别类型的边界条件。但是,在这两类例子中,他所关注的是同样的关于生命和心灵的层级本体论。

为了获得一个内在连贯的哲学,那么就有必要在不同语境下重述它的**主题**(*leitmotif*)和它的应用。如果说这册书所展示的主题都已在之前的《个人知识》,甚至更早的《科学、信仰与社会》中以某种方式讨论过,那么波兰尼关于知识的基本概念以及关于作为认知者的人的概念,在这里所收集的许多文章中,得到了进一步的、更为深刻的阐明。总之,他的主要发现——意会认知的结构——与社会哲学的有关问题,与关于科学的解释(包括科学的历史和方法),与传统的哲学问题(比如关于知觉、共相、归纳、意义的问题),与身心问题,与对有生命的自然的理解都是有关联的:与这些领域的关联,既丰富了意会认知理论本身,也为反思那些被发现是封闭的保守方法开辟了道路。当然,对一个基本主题的如此重述,特别是采取这种收集零篇的方式,必然会带来某些重复;但是对于我们理解波兰尼的思想整体而言,这里收录的每一篇论文都是不可或缺的。另外,还有一些有着相同主题的论文没有被收入本书,其原因是那些论文中有很大篇幅的论证与本书所录入的论文有重复,而且,即便是被收入本书的这些论文也经过了修订,以最大限度地减少重复。如果对这些论文的挑选或修订有任何不当之处,那责任完全在我。

马乔里·格勒内
加利福尼亚大学戴维斯分校

第一部分

社会和对社会的理解

1
超越虚无主义

1960

爱丁顿演讲章程显示了制定者们已经深深感受到，相较于科学的飞速前进，道德的提高非常缓慢；因而他们希望在这些演讲中这种不一致能被彰显出来。既然在我之前没有人涉及这个问题，那我打算谈谈这个问题，而且我将首先阐述我给出的答案的要点。我将会论述这个问题据以为基础的那些假设是虚假的，或者至少是严重误导的。因为我相信在人类的历史上，对四海之内皆兄弟和正义的渴望从未能像今天这样对人们的思想产生如此大的影响。过去的两个世纪并不是道德落后的时代；相反，我们已经看到，这个时代中道德热情的爆发已经带来了无数人道主义的改革，它对现代社会的推进远远超出了之前数世纪中人们最大胆的设想。我也认为，正是这一热情的、无节制的愿望已经超出其自身，因而给人类带来了灾难。我承认，这些灾难伴随着道德的堕落。但我并不认为这就让我们有充足的理由说当前人类面临的是道德停滞。迂缓的河流是怎么冲决了遏制它的防护堤坝，是怎么粉碎了操纵它的方向盘呢？我们尚未找到合适的词汇来描述这一事件。伦理学要找到道德的现代强化导致的道德的病态形式。我们则要学会识别道德过度（moral excesses）。

我认为，现代的虚无主义就是我们今天正在遭受的一种道德过度，我将会试着超越现在这个阶段看看这个阶段之上是否还有些什么。因为我们对"虚无主义的自我怀疑"的热情可能无法消除，它的最终消除之时可能就是它已彻底地毁坏了我们的文明之时。

谈论"道德热情"可能有些新奇。伦理学方面古往今来的写作者们,将道德定义为心灵的一种沉着状态。公元前5世纪,拥有极高精神海拔的广袤区域——中国、印度、希腊——都确立起这样的画面:道德圣人能够通过抑制热情来获得平静。的确,希腊思想中已经讨论过:在何种程度上,平静的感官享受能够增添道德快乐。快乐与道德的结合是一个在从古至今的伦理思索中一再被重复的主题。但是,现代的虚无主义并非道德败坏的一种形式,相反,它可以被理解为一个史无前例的、广泛的道德抗议的组成部分。道德的现状被所有的伦理学方面的写作者们所忽略,这一点是如此的异常。那种认为"道德在于将道德命令的限制施加于我们"的观念在我们心中是如此根深蒂固,以至于我们不能看到:我们这个时代的道德需要恰恰相反,应是限制我们过度的道德要求,正是这些过度的道德要求使我们陷入道德退化,给我们带来肉体毁灭的危险。

诚然,有一个关于更多告诫的古老记载,也就是犹太先知的布道辞,其中的告诫也是道德热情的爆发。我将会忽略这些,因为这些爆发是被宗教热情引燃的,而犹太基督教(Judeo-Christianity)的宗教热情在根本上并非道德的。但是这些先知所讲的话中所弥漫的弥赛亚主义(Messianism)又使得这些告诫与这里的讨论有关:这种由新约中的众多启示获得进一步强化的弥赛亚主义,引发了中世纪及之后的弥赛亚主义的爆发,在这一爆发中,道德热情向虚无主义的转化带来了虚无主义的首次露面。

最近,诺尔曼·科恩(Norman Cohn)在《千年的追求》(*The Pursuit of the Millennium*)一书中也关注了这一点。他指出中欧在11—16世纪反复出现的弥赛亚式的反抗的原动力来自罗马天主教皇格列高利七世(Gregory Ⅶ)伟大的道德改革。他坚决地杜绝了教会圣职的买卖,禁止神职人员婚娶和强制他们保持"贞洁",这将教会从迫近的腐朽中挽救了回来,然而这么做的代价是激发起平民对神职人员的反抗。这些反抗既是宗教上的也是道德上的。他们主要的观念可能只有在一个基督教社会中才能形成,因为他们抨击社会精神统治者们违反了统治者们自己宣扬的教义。对那些并不宣扬基督教理念的统治者也就不能使用同样的抨击。①

既然没有社会能够遵循基督教戒律，那么任何宣扬基督教戒律的社会就必然会遭受内部矛盾的折磨，当这种紧张被反抗释放出来时，他的代理者必然会倾向于建立一个虚无主义者的弥赛亚式的统治。成功的反抗将会创造一个新的权力中心，由于这个反抗是由基督教道德激发的，这个新的中心将会被同样的矛盾所困扰，也就是这个新的中心的支持者们之前所反抗的那种矛盾。实际上，它的境况将会更糟，因为它的内部平衡将不会受到任何惯常折中的保护。这样它就只能靠宣称自己是"绝对的善"来支持：后来者要比先前的更伟大，那它也就只有将自身置于超出善恶之上的位置。这样，我们就看到了"超道德的超人(amoral superman)"，诺尔曼·科恩将之与我们今天的"武装的波西米亚人"、巴枯宁和尼采的追随者相比照。在这里，基督教的道德过度首次转变成了狂热的非道德论。

*

但是这些事件只不过是一些零星的前驱性的标志。引发它们的那种道德过度的全部力量是在18世纪欧洲的世俗化运动之后才清楚地显现出来的。这一变化既不突然也不彻底：世俗化运动在半个世纪内大致完成。新的科学观对这一运动起了决定性的推动作用；伏尔泰(Voltaire)对博叙埃(Bossuet)的胜利实际上是牛顿的胜利，即使牛顿可能并不需要它。科技革命给18世纪的理性主义提供了最重要的原理：拒绝一切权威(the rejection of all authority)。1660年成立的英国皇家学会的座右铭为"自己验证，不相信任何人的话(*Nullius in verba*)"。科学成为将知识从宗教教条中解放出来的典范。

---

① 我在这里涉及的仅是那些被日益高扬的道德原则。那些现存的统治者们公开宣扬这些原则，却又被批判他们自己不遵守这些原则。这并不普遍地适用于原始民族的弥赛亚主义的突然爆发。即便如此，这样的运动也很频繁地被基督教教士的教义所引发。见Peter Worsley, *The Trumpet Shall Sound*, London: MacGibbon and Kee, 1957, p. 245。

新的世界观旨在将人们解放出来，指引他们自由地追寻理性之光，由此也就结束了狂热的宗教有神论和盲从，那些狂热和盲从也被认为是人类最大的不幸。这样，人类也就会在理智上、道德上、政治上和经济上平静地走向更高的圆满。但是，在这种观点形成的早期——几乎是在孔多塞(Condorcet)首次设想了那种普遍的进步的四十年前——卢梭(Rousseau)在他的《论科学与艺术》(*Discourse on the Arts and Sciences*, 1750)和《论人类不平等的起源和基础》(*Discourse On Inequality*, 1754)中就质疑了这种希望。他宣称文明人是道德堕落的，因为文明人永远身不由己，是为了别人的好的评价而生活。用两个世纪后流行的词来说的话，也就是"空心人(hollow man)"、"受人支配的人(other-directed person)"。卢梭实际上将这种道德的堕落归因于"人类精神的进步"，正是这一进步通过所有权的建立带来并且巩固了不平等。人的原始美德由此被毁坏，也由此被奴役。这里，道德狂怒地攻击了所有具有好名声的东西——所有公认的礼节、风俗、法律，张扬地替代了那个善恶前的黄金时代。

无可否认，卢梭将《论人类不平等的起源和基础》热诚地献给了日内瓦这个城市(译者注：见该文的《献词》)，这表明此文有着极大的夸张。然而，他通过论辩和描述向理性主义的渠槽中注入了一股猛烈的"人性"的激情。他的思想极大地扩宽了这些渠槽，因而使得它们终于都充满了基督教教义中的最高希望，也就是理性主义已经从其独断的框架中释放出来的那些希望。如果没有基督教激情的注入，伏尔泰关于人类涤净其罪恶并且安定下来耕作自己的花园的愿景可能会实现，吉本(Gibbon)对那种恢复了"古时的公平"的文明的怀旧念想可能也会得到满足。然而，"基督的遗赠"摧毁了这些盲目乐观的希望；它还有着为宣扬人性作准备的其他任务。因此，**启蒙思想家们**不但没能建立起一个安静祥和的时代，反而引发了一股猛烈的世俗运动的潮流。正当这一潮流的蔓延将要大大有益于人性——甚至比**启蒙思想家们**曾致力于实现的目标还要辉煌之时，它也在很多方面倒退至比启蒙思想家们的学说曾经平息的宗教狂怒更强烈的狂热。因此，甚至在科学理性主义的原则被完全清楚地阐述出来之前，卢梭就已经想象出这些原则将会带来的是这类世俗的狂热,事实上,这类世俗狂热正是这些原则的结果。

　　他还有着更深的思考。在预测了欧洲的革命热情后——虽然他自己并不希冀任何革命,他甚至还预测了这一革命的那种并非人们想要的结局,并由此被憎恨,被那些想要成为革命的实际代理人中的大多数所憎恨。他意识到不受约束的个体的集合只能形成一个完全集团化的政治团体。因为这样的个体只受他们个人意志的支配,因而他们所形成和维护的任何政府意志自身必然也是不受约束的。这样的一个政府不可能屈服于一个更高的权力,让其来裁决它和它的公民之间发生的冲突。① 这一论述和霍布斯(Hobbes)借以论证在不受约束的个人主义的基础上建立专制主义的政府的论述是一样的,而且卢梭所指出的建立这一专制主义的步骤与霍布斯的设想也是相同的。在社会契约的保证下,所有的个体意志被解释为主权者意志的免费礼物,在这两人看来:此时,被确立的主权者都被视作公民和主权者之间矛盾的唯一仲裁者。

　　霍布斯是想要为专制主义辩护的思想家,而卢梭是想要维护自由的思想家,但他们两人由绝对的个人主义所得出的结论之间的一致却证明了他们的论证的逻辑力量。这表明,当要求完全的个人自由的革命最终果真带来集体主义的专制主义的建立时,那么,在此过程中,霍布斯和卢梭论证的那种逻辑将会现实地出现。

*

　　此时,这个逻辑还只是出现在纸上的论述中,但即便如此,卢梭有时也会在论述中大力地反对这一逻辑会带来的那种残暴结果。启蒙运动的主导观点当然是既反对卢梭这一理论的前提又反对其结论的,启蒙运动信心满满地追求"自由、理智的人们追求自己的幸福,他们的政府将仅被赋予保护公民不受他人或外敌侵害的权利"的愿景。霍布斯和卢梭的那种"逻辑"被搁置,因为它忽略了谁做政府与公民之间的仲

---

　　① ROUSSEAU, *Le Contrat Social*(Ⅰ, Chapter Ⅵ).

裁者的问题。被英国议会制政体的实例所吸引,政治哲学已经准备好接受英国的胜利经验,因此,不是卢梭而是洛克(Locke)的学说在最先的革命——美国人的革命而非法国人的革命——中获胜了。而且,在法国大革命的伊始,也是洛克的用语在《人权宣言》中频频出现。

然而,到那个时候,欧洲和美国最活跃的头脑的世俗化已近完成,"基督教的愿望"的溪流不断让其在被打碎的影响区域内显现、膨胀,随后实际地进入了公众生活。法国大革命和欧洲所有国家的改革运动终结了人类共有的,也是自人类社会形成以来延续了数十万年的一个政治状态。在那些古老的时代——历经无数部落和文明——人类将现有的习俗和法律作为社会基础接受下来。历史上曾经有过多次重大的改革,但是对"无限的社会改进(unlimited social improvement)"的孜孜以求在此之前从未成为一个主导原则。法国大革命成为这样的分界线的标志,在这一分界线的一边是"本质上是静态的"社会的无边际的膨胀,另一边是我们关于社会物力论的体验延伸到目前为止所经历的狭窄时间带。

实际上,伟大的理性主义者们并未意识到他们所引起的变革。伏尔泰曾写道,并非哲学家的所有工作都能引起人们很多的争论,甚至还不如"关于方济会修道士的袖子的长度应是多少"这一问题引发的争论多。他并未想到自己的"圣弗朗西斯的精神"将会进入哲学家们的学说,并通过他们的论述使得世界开始沸腾。而且,他更加没有预计到的是,由此引发的理性主义将会改变人的情感个性。而这就是接下来发生的事。人对自己作为一个至高无上的个体的意识引发了一场关于思想和感情的综合运动,也就是我们现在所说的浪漫主义。在这个伟大的并将有着累累硕果的萌芽中,我只辨认出来自卢梭对未开化的人的宣扬的那一线索,在卢梭看来,未开化的人,也就如同堕落之前的亚当和夏娃一样,是没有善恶观念的。卢梭对所有社会的轻蔑随即在他那挑战性的关于自身个体性的声明中释放出来。他的《忏悔录》(Confessions)是要展示一个人的赤裸裸的本性,而那个人就是他自己,独一无二的他。他最卑劣的恶习都被暴露出来,并被扔到世人面前接受鞭笞。正如他所写的,读者将自己判断"大自然塑造了我,然后把模子打碎了,打碎了模子究竟好不好"。

这是现代非道德论。无赖写下他们的生活,并无耻地宣扬他们的"业绩"。诸如本韦努托·切利尼(Benvenuto Cellini)或鲍斯韦尔(Boswell)之类的人那些不道德的行为要比卢梭多得多,而这些作者却没有任何愧疚。然而,他们并非鼓吹不道德行为,因为他们并不是要通过向世界宣布他们的罪行来谴责世界的伪善,他们只是讲了一些真实的故事。

实际上,怀疑的理性主义已经散播了一种快乐哲学。夏特莱侯爵夫人(Mme de Châtelet)写道,从偏见中解放出来的人应将享受惬意的感觉作为生活中的唯一追求,而且她就是这样做的。然而,启蒙的自由思想设想的是人在自然道德的范围内追求快乐。卢梭先知式的性情将这种快乐主义转变成对社会的愤怒抗议,并且带着对社会的蔑视和挑战,展现了那种不道德的个体性。

*

在古代,曾经有过道德怀疑主义的时期。希腊的愤怒青年们曾说过,法律不过是"强者的意志"。而且,也是在希腊,世俗主义和批判性的分析可能促进了这一观点的形成,并且也促进了亚西比德(Alcibiades)以及与他同时代的有相同想法的人的非道德论的形成。但是,这种非道德论一点也不浪漫,因为它没有公然对社会的道德浅薄表示抗议。

同样,当修昔底德(Thucydides)承认在城邦国家的来往中国家利益高于道德标准时,他声称这是一个痛苦的真相。马基雅维利(Machiavelli)重申了这一观点,并宣称君主在巩固其力量时有权推翻所有道德的约束,由此进一步扩充了此观点。之后,马基雅维利的观点被发展成为"**国家理性**(*Staatsraison*)"学说,对近代统治者产生着持续影响,并对近代政体的形成做出了重要贡献。这种**强权政治**(*Realpolitik*)在腓特烈大帝的作品、行为和成就中体现得最为突出,但是仍缺乏浪漫主义色彩。因为它仍是将自身作为一个"可悲的必然"来证实自身的合理性的。

但是，浪漫物力论将这种通常秘而不宣的君主的不道德变成举国高举的法律。伟大国家的独特性现在让他们有权利以牺牲弱者邻居为代价来实现自身的无限发展。这种国家非道德论在德国得到最为深入的发展，并且受到一种强烈的感情的支持，这种感情表现为认为自己国家的道德相较于其他国家进行道德说教的政治家而言，具有很大的优越性。这种德国态度在整个国家的范围内复制着卢梭的那种用以抗议伪善社会的、对其独一无二的邪恶本性的宣扬。

同时，需要说明的是，我并不关心卢梭的作品对历史进程的影响。这些作品的确对历史进程的影响很大，但是即便卢梭的作品被人们忽略了，仍会有某个伟大的思想家在三个方面预计到关于世俗社会的理性主义理想的内在不稳定性。首先，他认为这一理想意味着无限制的个人主义、对绝对自由的要求以及远远超出任何现存社会所划出的界限之上的平等。其次，他发现，这种公民的绝对个人主权只可能存在于这样的社会中：这个社会有着能够行使绝对权利、受民众欢迎的政府。最后，他预料到了那种关于超道德的个人主义的理想，这种个人主义针对一个不足为信的社会的所谓道德，维护独特的创造性个体所拥有的权利。而且，尽管浪漫非道德论的这种在国家范围内的错位的确与卢梭的那种世界性的视野有些不同，然而这种错位却也在他的思想中被大体预计到了。

现在，这些逻辑上的后果都已被历史的发展道路所证明。在没有人以它们来指引行动之时，这些结果就被人们所预见到，这一事实有力地表明了它们实际上是之前的思潮的逻辑结果，即怀疑理性主义与基督教的世俗化热情的结合。我不是说这些逻辑后果一定会产生影响，我要展现出，它们实际上在一些重要领域仍未实现。但是，我仍要指出，在卢梭之后的两个世纪里，不论在哪里显现，它们都可以被视为在卢梭的思想中最先运行的那个逻辑过程的展现。

*

我已经叙述了背景，并介绍了那些历经五代直至今天仍然活跃的观念。我认为在这一百五十年的历程中，道德热情在不断高涨，尽管在大多数情况下它以仁慈的形式呈现，但有时也采取可怕的形式，并在20世纪的革命中达到顶点。我觉得我们这一代仍在道德过度的疾风下蹒跚，在摸索中回到了18世纪那些原始的理想。但是，既然这些理想曾经因它们的逻辑后果而崩塌，它们还可能恢复且再次成为我们的指引吗？这是现今的问题。

我曾指出，现代心灵发现其自身现已进入一个静态社会的精神发展的两个阶段。第一阶段是理智的世俗化，传播关于宇宙的新的科学观，然而没有唤起任何深厚的情感，没有要求任何大规模的政治行动；第二阶段是动态过程，也就是释放这些情感和行动。此时，哲学家们的想法被转化成意识形态。意识形态是战斗的信条。它们与静态时代的捍卫者战斗，而且它们彼此之间也相互斗争。那些说当今是"意识形态的终结"的人意指的是物力论被削弱，因此如今在打动人时无须展开理论信条大战。

几乎不受意识形态的指引而开展的动态政治行动，它的实效性由19世纪前半期英国的发展展现出来。这一时期那些信念各异的人促成了奴隶制的废除、工厂法律的建立、非英国国教徒和天主教徒的解放（即给予平等的公民权利）、国会改革、精神失常法的颁布、犯罪刑罚的改革以及许多其他的人道主义的改进，也正因为这些改进，这一时期被称为"改革时代"。这些改革在之前持续的反抗压迫和社会不公正的斗争中有着它们早期的根源，那些压迫和不公正在启蒙运动之前的数世纪内已经确立起在政治上有影响力的拥护者。这些改革不是通过世俗化的反教权运动，而是通过古老的政治力量实现的，而对社会改良的新热情加速了其发展。孟德斯鸠（Montesquieu）的理论在英国的政治实践，为法国提供了一种意识形态；然而，在英国，这一理论却从不是意识形态，而是对已建立的生活方式的一种评论。比如，没有人会反对这些事实，即英国的最高行政长官对国会负责，英国法官继续制定判例法，尽管这些程序破坏了权力在理论上的分立。这的确是所有的政治理论在英国的宿命；它永远都只是一组由惯常实践来解释的箴言集。霍布斯的天才理论被无视，是因为他的学说与英国的实践不符。洛克的地位被提升，而且其理论中的空白处都被忽略，这是因为实践很容易地填补了这些空白。边沁(Bentham),他最主要的影响严格地从逻辑上来讲是促成了奥尔德斯·赫胥黎(Aldous Huxley)关于《美丽新世界》(*Brave New World*)的设想,他的观点在实践中被用作对严格的传统主义的修正;而伯克(Burke)的过度的传统主义(inordinate traditionalism)又被作为对占优势地位的功利主义的修正而被悄悄吸收。之后,J. S. 密尔(J. S. Mill)的关于自由和代议制政府的理论有着长时间的影响,该理论忽略了霍布斯和卢梭以及德国唯心论提出的所有问题;最后,在世纪之交,甚至黑格尔的哲学也在 T. H. 格林(T. H. Green)那里被用于英国宪政实践。

然而,物力论深深地控制着英国。只有它才会如此零碎地去唤醒那些被已确立的秩序所虐待的人,诉诸使不公正得以维持的那些责任人的良知。在经历了一百五十年的改革后,尽管英国人生活的每个点滴都因此而在改变,但是,现今英国的制度仍然形成了一个单一的和谐系统,得到了国民的广泛支持,在全国范围内没有出现分歧。这样看来,"形而上学的结束"意味的不过是一个短暂的"教条的社会主义(Doctrinaire Socialism)"时期的结束。

由此,英国避免了启蒙运动自毁式的影响,尽管它曾是启蒙运动的一位主导者。还记得大卫·休谟(David Hume)所说的玩西洋双陆棋游戏吧,在玩游戏棋后再转向思考问题时,他开始厌恶他的怀疑论带来的后果——这实际上是英国国民生活的典型范例。它将 18 世纪的人道主义运动维持至今。在美国,人们对宪法的狂热崇拜也带来了同样的结果。由此,在 18 世纪高扬怀疑主义而让法国的保守主义者们感到害怕的英国,在 19 世纪却逐渐地被欧洲大陆的充满活力的知识分子们视为是守旧的。德国的浪漫主义者否定道德准则与国家的外部行为之间的关系,我已经提到过他们是如何愤慨地拒绝英国和美国的政治家们的道德说教,他们将这些说教或者视为是愚蠢的或者是不诚实的,或者是兼而有之。但是德国的社会主义者同样地困惑于英国劳工领袖的宗教上和道德上的说教。欧洲大陆的马克思主义者们一直在讨论英国和美国政治的"落后",甚至现今阿尔巴尼亚那里的共产主义者们可能也在好奇:像德国、法国和英国这样的国家是怎样远远落后于启蒙了的阿尔巴尼亚的。

*

同样也是就浪漫的个人主义而言,英国与欧洲大陆之间有着类似。拜伦(Byron)通过欧洲文学将高贵的浪漫非道德论者的形象传播到很远的地方,直至俄国的草原。普希金的《叶甫盖尼·奥涅金》(*Onegin*, 1833)中的诗人连斯基(Lenski),在他那遥远的乡村房子中就有一幅拜伦的绘像。但是,英国自己却将拜伦消除得无影无踪。恶的问题,"恶在道德上也许优于善"的可能性,这些在欧洲大陆上影响了所有的19世纪的思想的问题,在英国却从未被提出。莫利(Morley)在他的著作《论妥协》(*On Compromise*)中叹息于这样的事实,即英国的国民精神抑制他们进行大胆的思辨性思维以保证他们在政治上是无害的。如果他活到了今天看到了我们的现状,莫利可能会觉得英国仍然只是在通向灾难的道路上保持落后。又或者,乐观点来看,他可能会看到英国像美国那样,通过逐步地使社会更人性化,同时增进公民间的感情以使得他们忘记相互的歧视,已经有效地松弛了任何基督教社会或后基督教社会所固有的内部矛盾。这也是这些国家的成就,将18世纪的思想框架几乎原封不动地保存至今。

然而,1789年法国开创了一条新路,引领着世界走向后基督教理性主义所固有矛盾的一种革命性的圆满。整个革命的意识形态是一个来自绝对个人主义的专制主义的衍生物的变体。它的论证很简单,尚有待完善。如果社会不是神创的,那么它就是人造的,而且人们能够随心所欲地去处理他与社会的关系。这样,我们所拥有的社会必然是一个坏的社会,因而我们必须马上建造一个好的社会。为了达到这个目的,必须夺取权力,而且在一个坏的社会中只能通过革命夺取权力;因此,必须前进,进行革命。而且,要实现社会的全面改进,就需要全面的力量,因此就必须把所有对己的反抗都视为叛国罪,要毫不留情地予以镇压。

我们都很熟悉这种逻辑,我们可以很容易地确定这种逻辑从罗伯斯庇尔(Robespierre)和圣茹斯特(St Just)到库恩·贝拉(Bela Kun)、希特勒等那里有着大致上的完整实现。但是,在从罗伯斯庇尔到其后继者那里,有一种前进:**将救世主式的暴力从方式转变成自身的目的**。这是道德热情以它们的现代形式——个人的虚无主义或者是极权主义的暴力——达到的最终位置。我将这种转变称为"**道德倒置**"(*moral inversion*)的过程。

J. L. 塔尔蒙(J. L. Talmon)对推动法国革命并充盈于这一革命运动直至大约1848年的诸多观念的充分的记录式的描述,使得我们认识到这一转变的深度,并且也让我们看到一些关于这一转变开始的标志。① 下面就是罗伯斯庇尔在向他的追随者进行演讲时使用的文字:

> 但是,我向你保证,那纯粹而敏感的灵魂的确存在;那如此温柔、迫切、不可抗拒的激情,慷慨之心的痛苦和欢乐,对暴政的深深恐惧,对被压迫者的同情心,对祖国的神圣的爱,对人性的崇高而神圣的爱,它们都存在,没有它们,大革命就只不过是一种破坏另一种罪行的明显的罪行;在这个地球上建立世界第一个共和国的雄心,它也存在;人们的利己主义并没有被削弱,它在纯洁良知的平静中和大众利益的迷人景象中找到了极致的快乐。你可以感觉到它此时此刻在你的灵魂中燃烧。我在我自己的灵魂中感觉到了。

的确,它存在,纯粹而敏感的灵魂的激情,崇高而神圣的人性之爱——它如今也存在,只不过不再使用这样的字眼来谈论自己。罗伯斯庇尔的行文中包含着一些较为现代的词语的萌芽,比如在他谈及利己主义(égoïsme)在公共利益中感到快乐时。这些措辞与爱尔维修(Helvetius)的功利主义相似,它将会科学地建立关于人性的理想,通过把它们建立在人对快乐的追求的基础上。接下来就是反对这些人道主义的理想;边沁轻蔑地谈及自然权利和自然法则,将它们作为无意义的术语。"实用是最高的目标,"他写道,"它将法律、美德、真理和正义都包含于自身之中。"

---

① J. L. TALMON, *The Origin of Totalitarian Democracy*, London: Secker & Warburg, 1952.

我们已经看到：在英国，边沁的科学道德的逻辑所幸被搁置了，其理论被解读为支持英国的自由主义改革；但在欧洲大陆，我们由此看到的是关于物力论的系统构想进入了与其原始的情感表现间的越来越实际的竞争之中。这两者就其所涉范围而言都是革命的，而且它们关于乌托邦的幻想都接近疯狂；但是，随着时间的流逝，所有这些过度的希望日益被吸收入声称有着科学的权威性的学说之中。而且，这种新的科学的乌托邦主义声称，未来社会必须完全地服从于它的科学的统治者；一旦政治被提升至与自然科学同等的高度，那么良心的自由就会消失。① 卢梭所说的"公共意志"的"绝对无误"也就被转换成科学的社会学的不容置疑的结论。

*

大约与此同时，来自卢梭的非道德论也遭受了类似的科学镀金，最终形成了类似于屠格涅夫（Turgenev）最早描述的"**虚无主义者**（*nihilist*）"那样的角色。由普希金在俄国以他的奥涅金和赫尔曼（《黑桃皇后》中外形酷似拿破仑的男主角）式的先锋角色开始的浪漫的非道德论者的队列并没有中断。在拉斯柯尔尼科夫杀人仅仅只是为了检验他的不道德的能力时，他们的问题被更推进一步。尼采在他的《查拉图斯特拉如是说》中对这个无力的罪犯的悲剧的辩解中，独立地再塑了拉斯柯尔尼科夫的形象。这一角色与其他类似的角色，在德国和法国很流行，但是在俄国却并不流行。在俄国，从约1860年往后，启发年轻人的流行理想是冷酷的、客观的、科学的虚无主义者，最初的形象也就是屠格涅夫的书中男主角，医学生巴扎罗夫。

尽管如此，今天我们已经到达超越虚无主义的境地，即使我们到达的位置与我们之前所处的相似，即使我们不能预见这样的创造潜力，凭借它，人们能够发现不会导致返回虚无主义的途径。但是有一种可能性应被提及。或许现在的反弹在更加有远见的政治良知的高涨中表

---

① See F. A. HAYEK, *The Counter-Revolution of Science*, Glencoe, Illinois: Free Press, 1952, 特别是他关于孔德（Comte）的研究。

现得很稳定。我们可能会很确定地形成某种暂停逻辑,就像使得英国和美国高高兴兴地在走向通往灾难的道路上保持落后的那种逻辑一样,它的确会以它曾在英国出现的那种方式出现。欧洲的宗教战争在17世纪中叶到达这个国家,由此英国的冲突持续了很多年。一个国王被斩首,另一个被废黜。但是,1688年的光荣革命、《权利请愿书》和约翰·洛克的学说终结了这一冲突,而且建立了一个世俗化的社会的基础,这是自基督教产生后的第一次。文明礼仪战胜了宗教,一个动态的却仍团结的社会被建立了。欧洲不能重复这一壮举吗?难道我们不能从过去四十年的灾难中吸取教训去建立公民的合作关系,团结起来决意进行不断的改革?——当我们的物力论受到这样认识的约束时:如果我们现实地实践其原则,那么激进主义会将我们抛回灾难中。

这可能发生。但这几乎不是思辨的合法领域;因为由此向前,思想必须采取行动的形式。

2
两种文化
1959

　　查尔斯·斯诺爵士抱怨科学与我们的文化中的其他部分之间存在鸿沟。我同意他的"鸿沟论",但角度却与他不同。我也并不认为科学对我们思想中的其他部分的影响是很微弱的。相反,今天人们思想中的以科学为名的论断是非常广泛的。弗洛伊德和马克思,现代文化中很少有人会不受他们思想的影响,或者是受他们其中一人的影响,或者是同时受到两人的影响。这两个人的学说都是以其科学性而获得权威性。然而,这些学说只不过是源自浪漫主义者和功利主义者的一股更为广阔的涌流的两个支流,而浪漫主义者和功利主义者自身则是源自被牛顿的发现所鼓舞的启蒙运动的哲学家们。

　　无可否认,在科学产生之前,古希腊的思想是理性主义的,这种理性主义的一条涓涓细流持久地流淌过接下来的诸世纪。然而,是17世纪的科学的影响唤起了近代的理性主义,并赋予它压倒性的力量。保罗·阿扎尔(Paul Hazard)写道:"某天,法国人民,几乎全体无例外地像博叙埃那样思考。第二天,他们又像伏尔泰那样思考。"①

　　这话有些夸张,但它描述的画面却带有某种戏剧性的真实。我们可以补充一点,正如信徒们三个世纪的感召足以将基督教确立为罗马

---

① PAUL HAZARD, *The European Mind*, 1680 - 1715, trs. J. L. May, London: Hollis & Carter, 1953, p. xv.

帝国的国教那样，英国皇家学会成立后的这三个世纪以来，科学也足以将自己确立为后基督教时代最高的理智权威。17世纪的最高权威在裁决异见时说的是"它是反宗教的"。而在20世纪，这一裁决异见的类似话语则是"它是反科学的"。

虽然我认同在科学与文化的其他部分之间有一个鸿沟——危险的鸿沟，但在我看来，这一鸿沟并非像查尔斯·斯诺所描述的那样是指搞文学的人对热力学一无所知。即使是成熟的科学家，他们对科学的大多数分支也不过是只知其名称而已。这种情况是我们的现代科学建立于其基础上的劳动分工所固有的，这种分工对于我们所有现代文化的进步而言同样是必不可少的。我们的文化遗产之丰富超出了任何人的脑容量的一万倍以上，因此我们至少要有一万名专家来传承它。知识的去专业化将会因为倡导广泛的浅薄涉猎而生产出一群常识问答比赛的获胜者，却毁掉了我们的文化。

我们的任务不是要抑制知识的专业化，而是要在知识的整个范围内取得平衡、获得真理。这就是我看"鸿沟"问题的角度，从这个角度可以看到科学和文化的其他部分之间的根深蒂固的相互扰动。我认为这一扰动最初内在于近代科学对中世纪思想的解放性的影响中，只是后来才转变成病态的。

科学反抗权威。它主张经验概括，拒绝来自第一因的推论。它的最终理想是一个关于宇宙的机械论，但是对于人，它的目标仅是做出一个关于他的道德的和社会的责任的自然主义的说明。

依据这些原则给予的自由，科学天才们将人类对自然的智力控制扩展得远远超出之前的范围。通过世俗化人类的道德热情，科学的理性主义也引发了一个改进几乎所有公私人际关系的改革运动。理性主义者关于福利的理想，关于一个有教养、有责任的公民的理想，在无数湮没无闻的孤立个体中凝聚成一种积极主动的共同关注。简言之，科学的理性主义是引领人类走向19世纪引以自豪的所有理智的、道德的和社会进步的主要引导者，也引领着人类取得那时以后的所有重大进步。

然而，对科学理性主义的基本原则稍作严格的考察，则很容易看出其荒谬。比如,不接受任何权威、习惯和传统的束缚;如果果真遵循这样的原则,那么人类将无法进行思考,因为即便是单纯地使用语言,也必须依赖于对权威、习惯和传统的接受。经验归纳,在严格的使用中,根本不可能产生任何知识;而且,关于宇宙的机械论的说明也不过是一个没有意义的理想。并不是因为测不准原理的提出所带来的影响使得关于宇宙的机械论的说明成为一种无意义的理想,实际上,测不准原理与这一点是不相干的;真正的原因是:对于宇宙中所有原子的位置的预测根本不能为任何人解答有关他们科学兴趣的任何问题。至于对道德进行自然主义的说明,它必定会忽略并因而也含蓄地否定人类责任的真正存在。这更是荒谬的。

在科学理性主义朝着遥远的地方奔向它那虚假的目标的同时,科学理性主义也确实很好地服务着人类。但这并不能持久。最终它那荒谬的理想所具有的真理承载力必然会耗尽,而它那显然的荒谬将会充盈自身。

这是在20世纪所发生的。科学蒙昧主义已经弥漫于我们的文化,而且由于它为科学确立了虚假的关于精确性的理想,如今这甚至扭曲了科学自身。无论何时,当生物学家们谈及生物体的器官和功能时,他们总会受到"目的论"的幽灵的困扰。他们试图通过确认生物体的器官和功能最终都能还原为物理现象和化学过程来去除这些目的论的概念。这种方法是无意义的,他们却对此并不在意。神经病学家照着学样,宣称所有的精神活动也是可以通过物理和化学来说明的。通过如下宣称,与"意识(consciousness)"有关的难题消失了:

"某个叫作'意识'的东西的存在,是一个庄严神圣的**假说**:不是一个数据,无法直接观测……"(赫布)。"尽管我们不能没有'意识'这个概念,但实际上并没有'意识'这个东西"(库别)。"作为实体的认识者是一个多余的假定"(拉什利)。①

---

① 这些引文来自罗素·布莱恩(RUSSELL BRAIN)爵士[*Brain*, 78(1955), pp. 669 – 70]对下面这本书的评论:*Brain Mechanism and Consciousness*: *A Symposium*, J. F. DELAFRESNAYE (ed.), Oxford: Blackwell Scientific Publications, 1954. 在这一评论中,罗素爵士并未对来自那三位著名的神经病学家的这些观点进行批评。

这种观点的荒谬如此明显,但这些名人却因为他们的科学使命感而认可它。神经病学家和我们这些人一样,也知道"意识"和"无意识"之间的区别;当他们否定"意识"的实际存在时,他们认为,既然它不能根据科学来说明,那它的存在就对科学构成威胁,因此,为了科学的利益必须做出这样的否定。实际上,任何想要严肃地挑战这种盲从的神经病学家都会被视为损害科学的人。

这些谬论的阴影深藏在现行的自然选择进化论中。自然选择论者必须假定意识是**有用的**,实际上他们确实经常这样假定。因为如果意识不是有用的,那么它们就会在自然选择中被抑制;但是既然所有的身体过程都必须由物理现象和化学过程来说明,那么自然选择论者就不能承认意识能够使得一个活的身体运作起来,这就意味着他假定意识是**完全不起作用的**。① 我曾试着寻找对这一关键性的自相矛盾做出回应的文献,但最终一无所获。科学家们不会在这样的问题上做详细阐述,如果他们想被真正地视为科学家。

在整个生物科学的范围内,这样含混其词的言辞和想法的例子数不胜数。我并不认为这种为了满足科学标准的需要而否认事物真实本质的做法已经对科学自身带来了普遍的损害;这种损害大都还是存在于对其理论的探讨中。但不管怎样,在这些讨论中我主要关注的是现行科学的主要原则对我们整个文化的影响,在这一影响中,我们可以看到,为了支持强硬的科学理想,对真实的漠视已经散播了众多的混乱并最终带来了灾难性的结果。

这一进程已经沿着各种各样的线路展开。再来看看弗洛伊德和马克思。他们的思想以并行的方式改造了 18 世纪的遗产。启蒙运动认为人的道德责任稳固地以自然为根基。卢梭相信自然人未被社会腐化;他确立了强烈激情的固有权利,确立了富有创造力的自发性和独一无二的个体性的固有权利。爱尔维修和边沁发展出一种关于自然主义

---

① 在美国科学促进协会的一次会议上(1956 年的圣诞节在纽约举行),我极力推动会议承认将人类视为无知觉的自动装置是极其荒谬的,而这时,著名的神经病学家 R. W. 杰勒德(R. W. Gerard)却这样激昂地回应我:"有件事我们是知道的,观念不能使肌肉运动!"我几乎不能相信我的耳朵。

的更为枯燥、更为机械的版本；它把人还原为一堆欲望，这些欲望根据一个数学公式来进行满足自己的活动。

类似卢梭提出的"高尚的野蛮人"，弗洛伊德提出的"力比多"也受到了社会的约束。但是，"力比多"却没有什么高尚的特征；相反，道德是外在地强加给"力比多"的，而这一约束实际上是被谴责的，因为它导致了一些疾病。"善"和"恶"被"健康"和"疾病"所取代。

与之并行的从边沁到马克思的演进，源自对不同社会阶级的共同利益的否定。公正不再通过功利战胜偏见来实现，而是通过一个阶级战胜另一阶级来实现；"有助于无产阶级的胜利的"就是"善"，反之，就是"恶"。自然主义由此从一个道德命令转变成一个道德怀疑主义的学说。

然而，现代思想所特有的并不是这一怀疑主义本身。因为道德怀疑主义和紧随其后的快乐主义、放荡主义、马基雅维利主义等，从前就一直在流行，而现今只是大致如同往日那样在起作用。形成现代思想的决定性的步骤发生在接下来的活动中：**当道德怀疑主义被与道德义愤结合在一起时**。正是这两个在逻辑上并不相容的态度的融合产生出了现代虚无主义。＊（编者注：见本书第一篇文章中对这一论点的发挥。）

44

对于典型的现代革命者而言，他准备以人性为名而作的恶或能够容忍的恶的程度是他的道德力的尺度。他通过**外显的**不道德影响了他**内在的**道德的力量。但是，这样的道德倒置从来不是绝对的，在某些时候人们会在倒置的要求面前退缩，而设法在他们自己的能力内重建真理和人类理想。这也就是在我们听到"失败了的神"这样的言论之时。

然而那些在道德倒置面前退缩的人可能仍然会觉得，他们的倒转标志着对社会正义更为强烈的热情。在某种意义上他们是对的。冷漠的人们能够保持不受道德倒置的影响，其原因只是因为他们几乎没有寻求积极的外在表现的社会热情。

在我们这个时代，由此就简单地谈论人们是高尚或不高尚的，这是不可能的。在斯诺写道"'可望而不可即的东西（jam tomorrow）'常常会使得人类最高尚的东西显现出来"时，我们应当进一步追问，他所指的道德究竟是"内在的"还是"外显的",因为从这两种标准中的某一种来看时是光荣的行为,但在从另一种标准来看时却是极其恶心的行为。

这种标准的冲突在世界范围内分裂着人类民众,割裂家庭,毁坏友谊,之前从没有哪种冲突会带来这样的后果。"如果历史上有过这样一个时代,"蒂利希(Tillich)写道,"由无数的好意所支撑的人类的目标给人类带来不断堆积的灾难,那这个时代就是20世纪。"① 然而,由于道德标准的持续混乱,还有更大的灾难威胁着人们。因为尽管近来有所改善,但在那些巨大的革命力量与正在致力于保证拥有原子弹的人类能够幸存的传统力量之间仍没有足够的共同立场。

的确,走到极致的科学理性主义已经毁坏了我们这个世纪的公共生活,它也为人文学科打开了宽广的发现之途。源自陀思妥耶夫斯基的现代写作路线试图探究虚无主义的限度、寻找道德现实的真正残留物。虽然这一探究有时会带来毫无意义的绝望,然而总的来说,这一运动巩固了我们这个世纪的道德水准,并且为重塑道德的基础清扫了地面。

一个并行的探究是考察由于拒绝所有的既有形式而带来的混乱。这有时也会带来空虚(像达达主义那样),但是这一宽泛的运动有着很多的发现。它创造了一个回应着人们未意识到的感知的和谐世界。它足以召唤起超现实主义的魔幻领域,叙述内容的蓄意荒诞开启了通向这一领域的道路。

这一运动实际上只不过是一个早期的不那么激进的解放的高潮。从19世纪60年代的印象主义开始,过去的这个世纪实现了这样的壮举:将其自身从向现实主义和感伤主义的普遍下堕中拽出,以重新具有一个新的原始文明的活力。我相信,如果没有之前的那个中场休息——那个漫长的"黑暗世纪",这样的重获青春也不可能实现。

最近,在欧洲人和美国人的思想倾向中发生了一个影响深远的变化。大概自1950年起,社会热情开始普遍下降。在西方,这种情绪的

---

① PAUL TI LLICH, 'The Dilemma of Our Period', i. e. *The Cambridge Review*, no. 4, September, 1955.

变化减少了那些对于更具体的改良工程的乌托邦渴望，而在苏联及其追随国中，这种变化引发了在面对道德倒置的最为恐怖的形式时的退缩。在波兰，共产主义知识分子的倒转比这进行得更为深入，而在失败的匈牙利革命中，这种倒转一直在进行。在这两个国家，道德倒置的人们激烈地将自己倒转过来。在之前的历史上从未发生过这样的运动。

与之相应的知识分子的运动，也就是被苏维埃政府谴责为"修正主义"的运动；关于这种修正主义，在西方也有与之对应的活动，这表现在对那些在纯粹理想主义的意义上推进关于虚无主义的探究的大师进行重新解读的倾向中。由此，艾里克·弗洛姆在他那广为阅读的著作《健全的社会》中，由对弗洛伊德和马克思的讨论得出这样的结论：精神健康的人带着爱、理性、忠诚而生活，他尊重自己和他周围的人的生命，这可以说是产生人道主义的公有制社会主义（Humanistic Communitarian Socialism）①的一个条件。

然而，尽管没有具体的学说，西方的修正主义和苏联的修正主义一样强大，并且也追寻着与其类似的路线。正如反抗的共产主义者们回复到大众民族主义，法国人民在向戴高乐时代的行进中也是这么做的；而且在每个地方，面对虚无主义的理性主义时的退缩都受到宗教的支持——甚至类同18世纪那种类型的人道主义的理性主义者也以他们自己那相当不同的方式支持这种退缩。

我认为，科学与我们文化的其他部分的关系如今必须在这一语境下被重新思考。科学仍然是唯一无争议的理智的权威，然而它几乎不能像以前那样去支持民族主义、宗教或自然伦理的要求。实际上，它的客观性的标准必定会否认实在有任何道德意义。化学分析或微观考察都不能证明那个作假证的人是不道德的。而且，科学理性主义的逻辑曾在我们当中完全运行并将我们带至它那最后的灾难性的结论，因为习惯的惯性，它也不会就此被暂停。我们不可能恢复到之前那个纯真的状态。

---

① ERICH FROMM, *The Sane Society*, New York: Rinehart and Toronto: Clarke, Irwin, and Co., 1955, p. 275.

不，人道主义的修正主义能且仅能通过修正科学本身的主张来被保证。首要的任务就是要将生物学，包括心理学，从物理主义的蹂躏中解放出来；必须消除那些强加于生命科学的荒谬论断。这个任务很难，因为它对于那种追求非个人的客观性的理想提出异议，而那种理想却是唯一的让我们觉得能够放心地信赖的理想。然而，这个荒谬的理想必须被丢弃。如果我们成功地做到这一点，我们将会发现，科学不再威胁人类可靠的存在，而且我们也能重启启蒙的伟大事业，而不会在当前这个世纪的启蒙进程中灾难性地陷入那些陷阱之中。

第二部分

科学的本质

3
科学共和国：它的政治和经济理论
1962

　　我的这一标题意在阐明科学家共同体的组织方式与政治体的某些特征类似，而且科学共同体的运行遵循一些与调控物质产品生产的经济原则相类似的原则。文中我将要谈到的，许多可能都是大部分科学家知晓的东西，但是我认为我的论述将会从一个新的角度重铸这个主题，这样的论述既能够从政治和经济理论中有所获益，又能对政治和经济理论有所启示。在独立的科学家们的自由协作中，我们将会看到一个高度浓缩的关于自由社会的模型，它独自呈现了在一个国家的复杂功能中难以识别的关于自由社会的某些基本特征。

　　首先要阐明的事实是：那些自由地选择研究问题、自由地根据自己的个人判断探究那些问题的科学家，实际上都是作为一个个联系紧密的组织成员在协作。这一点可以通过考虑相反的例子而得到印证。所谓相反的例子，也就是众多个体参与完成某个共同的任务，但并不以任何方式进行协作。比如，一群剥豌豆的妇女，她们有着共同的任务，但是她们各自干自己的事，并不协作。再比如，一支象棋队，队员们各自下棋，也不协作。在这些例子中，那群妇女所剥豌豆的总量和那支象棋队所赢比赛的总量不会受到成员间彼此独立地工作的影响。然而，如果科学家们完全彼此孤立地开展研究，却会给科学的发展带来影响。每个科学家或许能在一段时间内继续根据最初的共同可用的信息，从中提出一些问题。但是不久，来自那些信息的问题就被提完了，而由于科学家们彼此孤立,他们无法获得他人所取得的有关成果的信息。正是因为缺乏这些更进一步的信息,科学家们也就无法再提出任何有价值的新问题,这样,科学的发展进程也会停滞。

这说明科学家们的活动实际上是协调的,上述分析也展现了科学家们的那种协调原则。这里的协调源自每个科学家根据其他科学家们迄今为止的最新成果不断地调整自己的努力。我们可以将其称为,通过独立的主动性间的相互调节而实现的协调——之所以能实现这种协调,是因为每个独立的主动性都会考虑到在同一系统中的运作的其他主动性。

*

用这些抽象的词语来表述独立的主动性间自动自发的协调原则,看起来似乎有些晦涩。因此,我将用一个简单的例子来阐明这个原则。假设我们有一堆某张拼图的碎片,而由于某种原因,我们必须在尽可能短的时间内把这张巨大的拼图拼好。为了加快拼图速度,我们自然会去找些帮手来共同完成这个任务;但问题在于,我们应以什么样的方式来最好地使用这些帮手。假如我们将那些碎片平均地分给那些帮手,让他们各自拼自己拿到的那部分碎片,显然,这种适合于让众多妇女共同完成剥豌豆任务的方法,在这里却是完全无效的,因为每个个人分到的那些碎片很可能无法拼在一起。我们也可以采取稍微合理一点的方法,比如,给每一个帮手都提供所有碎片的复制品,让他们各自独立工作,最后再以某种方式将他们的成果整合起来。但是即便使用这种方法,这个团队的成绩也不一定能够大大优于单个人所能取得的最好成绩。帮手们有效协作并取得最大的优于他们中的单个人所能取得的成绩的唯一方式是:让他们在能看见同伴工作进展的地方一起拼图,这样,每当一块碎片被某人合适地拼合进拼图之后,其他所有的人都会马上思考可能的下一步。在这种合作系统中,每个帮手都在自己主动性的引领下行动,而且这些行动又包含着对其他人取得的最新进展的回应,这样,完成他们共同任务的速度就会大大加快。这里,我们在一个简化的例子中看到了众多独立的主动性被组织起来完成一个共同任务的方式:在每个连续的阶段上,每个独立的主动性都能根据其他主动性的类似活动所创造出的最新状态来调整自己。

这样的独立主动性间的自我协调所带来的联合结果将出乎任何带来这一结构的参与者的意料。他们的协调如同被"一只看不见的手"所引导,走向对隐藏事物的共同发现。因为最终的结果是未知的,所以这种协调只能逐步地前进,而且,如果每个连续的环节都能由最胜任的人来进行,那么最后实现的总成绩也将会是最好的可能。我们可以设想,比如,在拼图的例子中上述条件都被满足了,每个帮手都密切留意迄今为止已经完成的某块图形的边缘出现的新机会,同时密切注意某些碎片,以便一旦发现某块碎片可能与另一块图形边缘的某个地方相匹配,就将它拼合上去。这样,这个团队的工作效率将会超过任何单个成员所能达到的工作效率,因为以这种方式合作的团队成员发现新机会(也就是将新的碎片合适地拼合到拼图中去的机会)的速度比任何孤立行动的个人的发现速度要快得多。

任何试图在某个单一的权威之下组织团队的尝试都会消除团队成员的独立的主动性,并由此将他们联合的工作效率削减至那个作为中心向他们发出指令的单个人的工作效率。这种组织方式实际上使得团队无法协作。

科学的进步在本质上也是这样:独立的主动性持续地根据其他所有人取得的成果调整自己。只要每个科学家始终都为仅凭个人之力无法带来其进步的科学尽其所能地做出自己的贡献(除非他放弃自己选择的问题,从而造成影响着科学进步的损失),我们就可断言:那些独立的自我协调的主动性所进行的科学追寻确保了最高效的科学发展的组织形式。而且,我们还必须再次指出:任何想要作为中心指导科学家们工作的权威实际上都会令科学发展陷入停滞。

*

这里,我所谈到的由自我协调的过程带来的个体的科学研究间最大程度的协调,可能会让人联想到市场运行中生产者与消费者所实现的自我协调。实际上,正是因为想到这一点,所以前文我才会说"看不见的手"引导着独立的主动性之间的协调,从而实现科学的最大进步,正如亚当·斯密用"看不见的手"来描述市场中独立的生产者和消费者如何在商品价格的指引下获得最大程度的物质满足。我认为,市场的协调功能实际上只是"通过相互调节实现协调"的一个特殊例子。在科学领域中,这种调节通过关注其他科学家公开发表的成果而实现;而在市场中,这种相互调节以发布当前交易关系的价格体系为媒介,正是价格体系的存在使得供需能够平衡。

但是,那套统治市场的价格体系不仅能发布信息——经济主体正是根据这些信息调整自己的行为;它还直接驱动经济主体以货币来开展经济活动。与此相对照的是,我们将会看到:激发科学家对由其他科学家公开发表的成果所带来的智识状况做出直接回应的是现行的专业标准。

然而,一个科学家做出决定,选择某个问题进行探究并排除其他的研究路径,这样的行为可以说是具有广义上的经济活动的某些特征。因为他的决定是为了通过使用有限的智力资源和物质资源来实现最高的可能产出。科学家要实现这一目标,应当选择一个对自己来说既不太难也不太容易的问题。因为选择一个不能充分发挥其能力的问题将会浪费他的部分才能;而去攻克一个对他来说太过困难的问题也会让他虚掷所有的才能。心理学家勒温(K. Lewin)发现,无论是思考某个对自己来说太过困难的问题还是某个过于简单的问题,人们都无法完全投入。因此,科学家选择的研究路线必须是能够让科学家最大程度地自我投入的;只有这样的选择才能激发主体最强烈的兴奋,让主体保持最集中的注意力和最活跃的思维。在一定程度上,这种选择还受到科学家所能够使用的人力和物力资源的限制,但是,如果一个科学家只是从如何毫不浪费地使用其可用资源的角度出发来选择他的研究问题,这也是不明智的。在某些时候,如果科学家面临这样的情况——他能研究更深刻、更重要的问题,但这种研究在资源方面有一些浪费;那么,此时科学家应当毫不犹豫地承担资源上的损失。

＊

专业标准就是在这里开始发挥其对科学家研究活动的推动作用。科学家主要根据科学共同体所公认的关于科学贡献的标准来评估问题的深度和预期解决方案的重要性,尽管他可能会根据自己的工作需要对这些标准进行修改。科学贡献的衡量标准有许多,这里我主要从三个方面阐释它们。这些标准彼此之间并非完全独立,但在这里我无法进一步分析它们之间的相互关系。

(1)一个科学成果如要得到认可,它首先必须符合的标准是:它的似真性必须达到足够的程度。一直以来,科学出版物备受许多奇谈怪论、虚假欺诈和粗制滥造的投稿困扰,科学期刊如果不想被这些文章所充斥,那么就要将这类文章拒之门外。这种对似真性程度的审查不仅会淘汰那些明显荒谬的投稿,而且还经常会拒绝那些从现有的科学知识来看显得不可靠的文章。实际上,如果一篇文章所涉及的问题从科学上来看是不合理的,那么即使是对其展开试验性的探究都是相当困难的。现今,很少有实验室愿意接受研究超感官知觉的学生,甚至一项重新测试获得性状的遗传传递的研究项目,也会在一开始就遭到极力阻止。而且,即便所有这些障碍都被克服,即使论文出自一位在科学界享有盛誉的作者,这篇论文还是有可能仅因其结论与当前流行的关于事物本质的科学观点存在尖锐冲突而被彻底无视。

下面我将用一个我在别处已经使用过的例子来说明这一点。① 在1947年6月的《英国皇家学会会报》上,瑞利勋爵(英国皇家学会的著名会员)发布了一组简单的试验,他声称,当氢原子撞击金属线时,将把高达100电子伏特的能量传给金属线。如果这是真的,那么这一发现的革命性意义将远远超过奥托·汉恩(Otto Hahn)对原子裂变的发现。可是,当我就此向物理学家们请教时,他们只是耸耸肩膀。他们找不到这个试验的错误之处,但都不相信这一试验的结论,甚至认为根本

---

① M. POLANYI, *The Logic of Liberty*, London: Routledge & Kegan Paul, and Chicago: University of Chicago Press, 1951, p. 12.

不值得花时间来重复这一试验。他们对试验的结论不屑一顾。我在《个人知识》一书中对瑞利勋爵的试验给出了一种可能的解释①，从中我们可以看到，物理学家们对这一发现的漠视并未让他们错过些什么。

（2）评估某个成果的科学贡献的第二条标准在于它的科学价值，科学价值由以下三项系数组成：（a）准确性；（b）它对系统的重要性；（c）主题的内在吸引力。我们可以在一篇物理学论文与一篇生物学论文的对照中体会这三项系数如何共同决定一篇论文的科学价值。物理学研究的是无生命物，远远没有生物学研究的生命物有趣。但是，物理学以其高度的精确度和宽广的理论域弥补了主题的无趣，而生物学则以吸引人的题材补偿了其在精确度和理论美上的不足。

（3）除了要具有足够程度的似真性和一定的科学价值外，评估成果的科学贡献还有第三项标准，那就是它的原创性。为申报专利，某项技术发明的原创性是根据该发明在那些熟悉此种技术的人那里所引发的惊讶程度来评估的。与此类似，某项发现的原创性也可以根据它的发布在科学界内所引发的惊讶程度来评估。发现的不可预知性与它对系统的重要性会有重叠，然而某项发现所引起的惊讶——也就是令我们赞叹作出这一发现的勇气与独创精神——与它对系统的重要性却并不相同。有一些极为大胆、极具独创精神的发现——比如海王星的发现——恰恰缺乏那种对系统的重要性。

*

似真性标准和科学价值标准都倾向于强调一致性，而独创性标准则鼓励异议。在指导与激励科学工作的过程中，这种内在的张力是必要的。科学的专业标准必须在施加一个纪律框架的同时，鼓励对这个框架的反叛。这些标准要求被严肃对待，因而这就要求任何研究都应大致符合现行的关于事物本质的主导信念，但同时因为原创性的要求，也应允许一定程度的对这些主导信念的背离。因而，科学公断的权威

---

① M. POLANYI, *Personal Knowledge*, London: Routledge & KeganPaul, and Chicago: University of Chicago Press, 1958, p.276.

普遍地推行着那些公断学说，而其目的却正是为了推动对这些学说在某些方面的颠覆。

科学领域里专业标准的双重功能不过是如下信念的逻辑结果：科学真理只是实在的一个方面，传授科学的正统学说也正是为了引导科研新手们以其特有的方式建立起与客观实在的联系。因此，科学标准的权威性的发挥正是为了给这一权威引导下的人们提供反对该权威的独立根基。这种通过唤起并同化对立面而实现自我更新的能力，看起来逻辑地内在于科学的正统学说发挥权威性的源头之中。

那么，它是谁？确切地说，谁在行使正统学说的权威？我已经提到，科学公断就好比它的代理人。但这又会引发难题。单个的科学家最多不过能对科学总体疆域的某个微小部分有着合理的理解。那么这样的一个专家集合体如何可能形成某个公论呢？这些专家又如何可能共同地发挥着如此微妙的功能：推行当前通用的关于事物本质的观点和关于被推荐的那些成果的通行评价，同时又鼓励那种将会革新正统学说的独创性工作？在探求这些问题的答案时，我们还将揭示另一个对于控制众多独立的科学主动性而言所必需的组织原则。这个原则建立在下列事实的基础上：诚然，科学家通常只能在科学的一小块领域中做出有效判断，但他们通常也能够在与自己专业相邻的某块区域内作出判断，这块区域中包含着一些其他科学家专攻的某些领域。这样，我们可以看到，一个个的科学家能进行合理的批判性判断的那些领域间有相当程度的交叠。作为某组具有交叠能力的群体的成员的某位科学家自然也会是别的类似群体的成员，这样，科学全域就被那些交叠邻域的链条和网络覆盖了。这些链条和网络上的每个节点都会在那些俯瞰着同样的交叠区域的科学家们的评价间建立起共识，如此这般地从一个交叠的相邻区域延伸到另一个，于是，关于科学贡献的价值评价的共识由此贯穿科学全域而被建立起来。事实上，正是通过这些交叠的邻域，关于科学贡献的统一标准才能在科学的全域内——包括从天文学到医学的所有学科——通行。这张交错重叠的网络正是科学公断的所在之处。科学公断不是任何单个的头脑所持的观点，但它包括成千上万由众多个体分别持有的碎片，而每个个体又依靠共识之链间接认可他人的评价。正是那条共识之链将某个个体与其他所有的人通过一连串的交叠邻域连接起来。

*

无可否认,科学的权威并非平均地分配给科学家这一群体里的每位科学家;这个行业中某些杰出成员的地位超出其他的一些人。不过科学公断的权威基本上是共有的;它建立于科学家**之间**,而非凌驾于科学家之上。科学家们相互行使权威。诚然,相对于外行公众,科学家群体作为一个整体掌握着科学的权威。由此,这个群体也控制着训练青年人使之成为这一行业的成员的过程。但是,一旦新手成长为一个独立的科学家,就不再有任何上级凌驾于他之上。此时,他对科学公断的服从就通过加入相互鉴赏之链而实现,在这条相互鉴赏之链上,他被要求对自己所服从的权威承担均等份额的责任。

接着我要探讨下面的问题,即便对于这些问题我无法深入到其细节之中:权威行使的权力究竟有多大?是怎样的多样化?大学里的教职和其他一些职位提供着独立研究的机会,这些职位的任命主要依据科学公断对候选人的鉴定。将论文推荐提交给期刊的推荐人要负责将那些被当前的科学公论认定为谬误的投稿拒之门外,而且,科学公断还可以通过科学期刊上的评论来增强或毁坏教科书的影响,从而控制教科书的发行。如果报纸文章或其他通俗读物胆敢传播与科学公断相对立的观点,科学公断的代表们将会对之进行猛烈地攻击。学校里的科学教育也同样地受到科学公断的控制。实际上,人类对宇宙的整体视野正是以对科学公断权威的默认为前提条件的。

前文我已经提到,贯穿科学全域的科学标准的一致性使得我们对不同领域(比如天文学和医学)的发现的价值进行比较成为可能。这一可能对于在科学的不同分支间合理地分配人力和物力资源具有重要意义。如果在科学的某个分支中,一篇投稿被科学期刊所接受的最低标准明显低于另一分支,那么这无疑会将过多的人力吸引到前一个分支。实际上,这也是合理分配研究资助金的基础性原则。以科学贡献为依据,那些收益走低的领域的资助金将被削减,科学的生长点上的资金投入将会增加,人们希望通过在这些方面增加财政资助能带来具有更高科学价值的科研工作。就这一目的而言,资金究竟是来自某个公众权威还是来自私人,究竟是由少数人资助还是由很多人资助,这些都无关紧要。只要每次分配都遵循科学公断的指引——科学公断会偏爱最有前途的科学家和研究主题,资金的分配就会自动实现科学整体发展的最大收益。无论如何,资金的分配将会趋向于实现科学公断的指引所能带来的科学价值的最大增值可能和科学才能的最充分发挥。

当然,科学公断有时也可能是错误的,这就会使得某些具有很高原创性和价值的非正统工作在一段时间内遭受阻碍甚至完全被压制。但是,承担这种风险是必要的,因为只有由这种有效的科学公断强制执行的纪律才能够阻止由那些奇思怪想者和半吊子制造出来的伪劣品充斥于科学领域。在那些尚未确立合理且权威的科学公断的地方,科学研究因为缺乏激励而停滞,而那些平庸的成果或空洞的吹嘘反而带来赫赫声名。政治和商业干扰着科研职位的任命以及科研资助金的划拨;科学期刊则因为充斥着大量垃圾而不值一读。

而且,仅当一个强有力且一致的科学公断就科学进步的内在价值向整个社会施加影响时,才能引起一般公众对科学研究的支持。只有通过赢得大众对自身权威的尊重,科学公断才能保护成熟科学家的完全独立,才能保证这些科学家的研究成果不受阻碍地公开,这两点的实现才能真正确保全世界的科学努力的自发协调。20世纪科学的空前进步正是在上述组织原则之下取得的。尽管我们能够很容易地在这些原则的实施中发现一些缺陷,但是仍然只有凭借这些原则才能更加有效地激发和协调如此广阔范围的集体创造力。

*

在过去的二三十年里,要求科学研究的发展应服务于社会福利的呼声与压力连绵不绝。这里我主要谈谈我在英国亲自见证的一些事实。1938年8月,英国科学促进会(British Association for the Advancement of Science)下面成立了一个新的关于科学的社会与国际关系的部门。这个部门成立的动机主要是想对科学发展给予周密的社会性的指导。这一计划实际上是受到了英国科学工作者协会（Association of Scientific Workers in Britain）极大的影响。1943年1月，该协会成员在伦敦的一间会厅内召开了一次会议，大多与会者是这个国家极为著名的科学家。如果正式地概括这次会议所作出的决定，那就是：科学研究不再以其自身为最终目的。来自苏维埃的报道鼓舞了这场革命，那些报道描述了苏联科学院为了支持经济发展的五年计划而制订的科学发展计划对科学研究的成功管理。

我欣赏那种促使人们希望将科学发展引导到造福社会的道路上去的那种豪情，可是我认为它的目标是不可能实现的，而且事实上也是荒谬的。

下面这个例子将会展示我所讲的这种不可能是什么意思。1945年1月，罗素勋爵和我在BBC的智囊团里共事。我们被问及爱因斯坦的相对论在技术上的可能应用，当时我们都答不出来。那时已经是相对论公开发表的四十年后，也是爱因斯坦开始那项研究五十年之后。此时距迈克尔逊—莫雷实验的最初进行也已经过去了五十八年。然而，当时我和罗素勋爵都未能想到的相对论的技术应用，在之后的几个月里就随着第一颗原子弹的爆炸而被显示出来。以损失质量为代价的爆炸释放出的能量恰好符合了相对论的公式 $e=mc^2$，很快，这个方程式就作为相对论极为重要的实践意义的标志醒目地登上了《时代》杂志的封面。

或许在1945年1月，罗素和我本应对相对论的技术应用有一定的预见，但是显然在那个世纪之交，当爱因斯坦开始探究那个最终引导他发现相对论的问题时，他也不可能预见到这个问题的研究所带来的这些影响。首先，相对论的技术应用还有赖于其他的许多重要发现，与这些发现结合起来，才会有相对论的技术应用，才会由此开启了原子时代。

任何试图引导科学研究追寻其本身之外的目标的尝试都将令科学偏离前进的方向。当所有的科学家都自愿地将自己的天赋应用于有关公众利益的任务时，非常时刻就来临了。可以想象得到，人们可能会渐渐憎恶科学的发展而停止一切科学研究，或者至少停止某种学科的整体研究,正如苏联中断了遗传学的研究长达二十五年那样。人们能够扼杀或切断科学的进步,但却不能随心所欲地规划它:一方面,科学追寻着自己的问题,它的进步仅仅是通过基本上无法预料的步骤而实现的;另一方面,科学进步对社会带来的实际福利也是偶然的。因此,科学的进步具有双重的不可预知性。

这样说时我并**没有**忘记当前大量的科学工作是在企业实验室和政府实验室里完成的,我只是暂时将这个事实搁置一边。① 这里在描述科学的自主发展的同时,我已充分地考虑到了科学与技术的联系。

*

然而,即使是那些承认科学发展有其自主性的人,可能也会为此而烦恼:任由这么重要的进程自主进行,却无法对此进程中那些零碎的主动性间的协调进行控制。最近的一次战争之后,人们控制科学进程中主动性间的协调的愿望在一段时期内高涨,但由此带来的一个事件显示出这项更为有限的任务也是不切实际的。

这个事件源自大学教育资助委员会,它在 1945 年夏向皇家学会发了一份函件。由查尔斯·达尔文爵士(Sir Charles Darwin)签署的这个文件要求皇家学会帮助保证"英国科学的平衡发展(The Balanced Development of Science in the United Kingdom)"——这是该文件的标题。

这个提案将本科阶段的教育排除在外,针对的是在研究过程中所教授的高层次学科。它主要关注的是在开设冷僻学科时大学之间缺乏协调,因为冷僻学科"只是在很少的一些地方或者在很少的一些情况下,甚至是在某种唯一的情况下才需要的专业研究"。由此,这会带来这样的担忧:职位的任命往往受到流行的影响,因而会导致某些重要的学科往往没有那么多人去研究,更多的研究精力被投放入不那么重要

---

① 在别的地方我已经详细地分析过理论科学和产业科学的关系,见 *Journal of the Institute of Metallurgy*, 89 (1961), pp. 401 ff. 参见 *Personal Knowledge*. pp. 174 – 84.

的学科中。因此,提案建议设立一个协调机构,以平衡研究精力的分配。皇家学会的众多分会涵盖了科学的各个主要分支,因此提案要求它编制出应得到扶持的学科名录,以便实现学科平衡。这样的学科目录将来还应经常更新,以指导大学教育资助委员会进行平衡科学精力在各研究领域之间分布的工作。

达尔文爵士的提案连同一份关于理事会和其他多组会员就提案进行的前期讨论的报告一起,在皇家学会的理事和各分会成员间传阅。那份报告承认在高等研究方面大学之间的协调存在缺陷(无计划),并同意由皇家学会定期地(大致为每年)提供学科间不均衡的调查报告。各分会成员都被要求提供被忽视的学科名录,以供理事会会议讨论。

面对这个我认为是极无意义的要求,我写信给物理学理事(已故的阿尔弗雷德·埃杰顿爵士)表达我的质疑。我认为,当前的实践——将大学所能吸引到的最杰出的候选人安排到那些空缺的职位上——就是对在科学研究的各条竞争性路线上合理分配科学精力的最佳捍卫。作为例证(这应当得益于作为物理学家的查尔斯·达尔文爵士),我回忆了三十年以来曼彻斯特大学物理系主任职位的历届任命。曼彻斯特大学先后任命了舒斯特(Schuster)、卢瑟福(Rutherford)、W. L. 布拉格(W. L. Bragg)和布莱克特(Blackett)到这个职位上,这些人依次分别代表着各自那个时段上物理学的"冷僻"部门:光谱学、放射学、X射线结晶学、宇宙射线等。我很确定地认为曼彻斯特大学的这些任命都是合理的,但如果他们当时关注还未产生有相当能力的人的那些学科的要求,那则是不明智的。向某个新学科提供更多机会的主要标准是该学科的著名科学家的数量在增长,而其他学科中的创造性活动在减少——这意味着资源正从这些学科中撤出。当然,也应承认,在某些特定的情况下,我们也有必要偏离这个方针,但我仍极力主张这应当被视为维护科学研究之平衡发展的基本方针。

阿尔弗雷德·埃杰顿爵士对我的观点表示赞成,正是通过他,我的观点才引起分会成员们的重视。然而,在分会开会时,我还是如期地提交了一份化学领域中"被忽视的学科"名单。可是,会议讨论的结果显得如此含糊和琐碎(稍后我将以实例阐明),以至于我写信给化学分会主席声明,如果分会讨论的推荐结果被递交给我所在的大学的评议会,那么我将不支持这些推荐。

然而,我的担忧后来被证明是不必要的。在各分会的主席们那里,这样的一个观点已经在蔓延:"假若每个大学的岗位总是选择最著名的领军科学家而不考虑其专业,那么每个科学领域都会自然而然地出现令人满意的状况。"尽管还有一些人仍然担心这会导致对时髦学科的过多追随,但是从各分会的讨论结果来看,都没有什么实质性确定意见的达成。事实上,达尔文本人已经公开声称各分会的报告"相当令人失望"。

随着阿尔弗雷德·埃杰顿爵士作为理事代表皇家学会理事会签署了一封通函,发给英国所有大学的校长,并将该函件副本发给大学教育资助委员会,于是,这场历时一年的活动宣告结束。通函中包括来自各分会的报告,通函对这些报告基本持认可态度。不过,在这封通函的正文中,只有少数推荐意见被详细指明具有特殊的重要性,其中包含有七条关于设立新的研究方向的建议。但是对于应如何协调这些新的研究方向与英国现有的所有研究活动,通函中却没有谈及。这个文件对大学的影响似乎是可以忽略不计的。化学分会建议设立"一个关于分析化学的重要方向",作为物理化学专业的教授,这个建议本应与我有关,可是我在曼彻斯特大学却从未感受到这一建议的影响。

*

我在这里记录这个事件并不是为了显示它的错误。它是一个重要的历史事件。物理学上大部分的主要原理都是建立在对某个不可能之事的重视的基础上,而且,除了皇家学会之外,没有哪个科学家团体更有资格展示:一个中心权威并不能有效地提高科学增长点的自发突现。这个事件证明,对于科学的前进,人类所能做或者所需要做的只是协助科学的自发运动迈向某些将会有伟大发现的新领域,其代价就是另一些领域的衰落。虽然出于某些特别的考虑,在某些情况下可能与这种做法有所偏差,但这种做法应当被视为是维持科学研究平衡发展的主要原则。①

我还要回忆战后发生的另一个与这些原则有关联的突出事件。我已经说过,分配给纯理论科学的研究资助金的多少,与资助金的来源是公众还是私人并无多大关系。纯理论科学的研究资助金在划拨给大学的研究资助金总额中应总保持相当的比例。但是战后,当英国大学的庞大扩张开支由国家支付时,人们就认为,作为回报,大学应对国家利益做出直接的支持。这一想法在1946年7月由大学校长委员会向英国所有大学发出的一份备忘录中被明确表达,时任曼彻斯特大学理事会主席的欧内斯特·西蒙(Ernest Simon)爵士宣称这份备忘录具有"几乎是革命性的"意义。下面我将摘录这份备忘录中的部分原文:

> 大学彻底地接受了这样的观点:政府不但有权利也有义务要求科学研究满足它的需要,因而在英国所有关于国家利益的研究领域都应被扶持开发,实际上,在大学里所有这些领域也正得到充分的扶持开发……
>
> 因此,在大学校长们看来,各大学不仅应各自合理地使用交托给他们的资源,还应共同制定并切实执行为国家利益服务的战略。在执行这个任务的过程中,无论是在各自行动还是在共同行动时,大学都将乐于接受来自政府的指导,这种指导的力度远远超出不久之前他们一直习惯的力度……
>
> 因此,校长们都会乐意见到:大学教育资助委员会被正式授权并被配备好去承担调查大学的研究活动的所有主要领域的任务,以此保证大学的高等教育和科学研究能够在整体上满足国家的所有范围的需要……

这里,我们再次看到了那种热切的愿望,它希望认可那种文化活动

---

① 这里涉及对资金在不同的科学分支中进行分配的原则的分析,正是在这一点上对经济理论可能有所启示。它提出了一种有关资源在各个无法以金钱衡量的相互竞争的目标间合理分配的方式。所有服务于纯粹的集体利益的公共财政支出都与此类似。对于数量众多的政府部门,单个人至多只能了解一点点,因而只有通过一张交互重叠的网络进行的价值比较,才有可能对这众多政府部门的相对需要做出正确的共同评价。

的集体组织，尽管这些文化活动的蓬勃发展实际上有赖于个体的主动性根据其他竞争者所取得的进展来调整自身，并有赖于个体的主动性在一个文化公断的引导下寻求的来自公众或私人的支持。事实上，大学间的竞争已日益集中到争取国库资金方面，而且这种竞争的结果在很大程度上决定着许多大学能否运转于其中的框架。但是，决定大学发展的最为重要的一些管理决策仍然是自由的，比如，为新的空缺职位挑选候选人，这些决策不是由一众大学集体决定的，而只能取决于大学之间的竞争结果。除此之外，没有别的途径。最后我们看到，校长们发出的这份备忘录并未在大学的发展中留下什么印记，到了今天，它已经差不多被那些为数不多的看过它的人所忘记。①

*

总之，那些想要引导科学走向更直接地服务于公众利益的方向的运动，那些试图由某个中心来更有效地协调科学追求的运动，都渐渐沉寂了。在英国的大学里，科学还是以那场试图对科学进行社会性指导的运动开始之前的模式那样发展。我认为，苏联所取得的所有科学进步和其他国家取得的一样，都归功于具有原创精神的头脑的主动性，这些具有原创精神的头脑以自己的标准选择自己的课题展开研究。这并不意味着要求社会为满足科学家个人的求知愉悦提供资金资助。虽然的确只有科学家才能充分享受发现之美，但是，发现的那种纯粹的科学吸引力也能引起广泛的回应。在日常新闻里，我们随处可以看到这种回应。近些年来，天文学中霍伊尔（Hoyle）与洛弗尔（Lovell）的观察成果和理论，还有更近些时候赖尔（Ryle）的观察与理论，已经激起了英国和其他一些地区公众的广泛回应，公众对这些进展的兴趣与科学家们自己对这些进展的兴趣并无本质的不同。

这一点不足为奇，因为在过去的三百年里，科学进步日益控制着人

---

① 我在曼彻斯特大学从未听说过这个备忘录。我是从欧内斯特·西蒙爵士的一篇文章中知道这个备忘录的。见'A Historical University Document', *Universities Quarterly*, 1-2 (1946-48), pp. 189-92。我在这里摘录的备忘录原文就是转引自西蒙爵士的这篇文章。

类对宇宙的视野,它已经深远地(积极地或是消极地)改变了人类对自身存在的意义的认识。它的理论影响与哲学影响是无处不在的。

有些人认为,公众之所以对科学感兴趣,仅仅是因为公众将科学视为财富与权力的源泉,这是一种极其错误的判断。没有理由表明:一个带着探索事物本质这一目的的选民支持科学的那种热切会弱于那些曾赞助过大学的私人慈善家。从大学的真正根基来看,它们本应有勇气去吸引全体选民和普通民众。这是科学的诚信所必需的。因为证明大学中科学研究的合理性的唯一理由就在于:大学为个人提供了在不受外界的侵扰和诱惑下融入科学公断的形成中去的机会。事实上,尽管科学发现最终会渗透到所有人的思想中,但普通民众无法参与到做出发现的求知环境中去。只有沉迷于追求发现的头脑才能做出发现。为了做出发现,科学家需要一个专门的研究环境,在那里,他有着想法近似的同事,他们敏锐地具有与他一样的目标,强烈地影响着他的表现。学院科学的领土应当享有特权,以便确保科学公断对它的统治。

*

这个至高无上的权威的存在,孕育、主宰和保护了科学探究的自由追寻;这与人们普遍接受的观点相矛盾,那个普遍的观点认为,近代科学正是建立在对权威的全然拒斥的基础上。这个观点的形成植根于我们在此必须承认的一系列重要的历史事实。哥白尼学说的信奉者不得不与由罗马教会和援引《圣经》的路德教派所支持的亚里士多德的权威斗争;维萨里(Vesalius)则是在打破盖仑(Galen)的权威的基础上才创立近代人体解剖学。在近代科学逐渐成形的几个世纪中,拒斥权威一直是它战斗的口号;这是培根、笛卡尔的呐喊,也是伦敦皇家学会的创立者们共同的口号。伟人们清晰地讲出了一些极其正确和重要的东西,不过现今我们应该仔细思考一下他们的拒斥权威究竟意指什么?尽管在他们的领域中其他类型的敌手可能也已经出现了,但是我们由此宣称科学是建立在拒斥一切类型的权威的基础上,这其实是一种误导。在地球上,科学共和国的疆域延伸得越广,每个国家中就有越多的人成为其成员,科学共和国所掌控的物质资源就越加丰富,那么,对强而有力的主宰科学共和国的科学权威的需要也就更加清晰地显现出来。今天,当我们拒绝政治权威与宗教权威对科学研究的干涉时,我们只能在建立捍卫科学追寻的科学权威的名义下行事。

实际上,我们可以很清楚地看到,我们所描述的科学权威的功能远远不止确认科学宣称的事实。首先,科学上没有纯粹的事实。科学事实是一种被科学公断承认为如此这般的事实,这种承认既因为有一些支持这一事实的证据作为根据,也因为就现行的关于事物本质的科学观念而言,这一事实显得具有足够的似真性。此外,科学并不是纯粹的事实的集合,而是一套建立在关于这些事实的科学解释的基础上的事实体系。正是这套事实体系被科学权威所认可。在这一体系中,科学权威认可了某种特殊的对系统固有的科学兴趣的分配;兴趣的分配是由科学公断在筛选和奖励当前的科学成果的过程中通过微妙的价值判断而确立的。正是由于科学权威在不断地做出评价,由此排除某些科学成果或者认可某些成果不同等级的价值,科学才可以**是其所是**。认可了科学权威,我们也就从总体上接受了所有这些价值判断。

而且,还要看到,这些科学评价都是由众多的科学家共同做出的,他们中的每一个都只能胜任对当前科学工作中的某个极小部分的评估工作,因此在任何时候,单个的科学家都不能担起直接做出某个科学宣称的重任。此外,还应记得,每位科学家最初都是这样来确立自己的立脚之处的:加入到一张相互鉴赏之网的某些点上,这张相互鉴赏之网已远远超出科学家自身的视野范围。因此,每个这样的认可都意味着服从于一个贯穿科学全域、范围甚广的价值判断体系,这也是每个被科学王国新接纳的公民此后都必须认可的价值判断体系,尽管他们对这些判断所涉及的主题可能几乎一无所知。由此,我们可以看到关于科学贡献的标准如何经由众多广泛分布的迥异个体的联合而代代相传,艺术的、道德的和法律的传统也是以这种方式传承下去。我们可以因此得出结论:关于科学贡献的鉴赏也是在某个传统的基础上建立起来的,这个传统被以后的一代代人所接受并发展成为他们一代代人自己的科学公断。这个结论从如下事实获得重要支撑:科学探究的方法无法明确表达,因此,它只能以类似艺术传承的方式——比如师徒相授的方式——来传递。科学权威在本质上是传统的。

*

然而,这个传统支持培养原创性的权威。尽管科学公断将大量权威性的主张强加给科学的学徒们,但同时它也对在某些特殊情况下与这些权威表述相左的异议给予了尽可能的鼓励。尽管科学制度的总机制会压制那些与现行的关于事物本质的观点相矛盾的明显证据,将那些证据视为错误的,但同时这些科学权威也会对那些深刻改变现行的关于事物本质观点的发现致以最高的敬意。普朗克(Planck)在1900年提出的量子论花了十一年才获得最终认可。但在过了三十年后,普朗克在科学界获得的地位迄今也只有牛顿能与之相比。科学传统普遍地推行着它的公断学说,其目的却正是为了推动对这些学说在某些方面的颠覆。

关于这一点我在这里作了一些重复,因为由这一点我们可以看到科学与其他智识追求的许多类似之处。在现代文学中,我们就能看到科学中的那种原创性与传统间关系的对应物。T. S. 艾略特(T. S. Eliot)曾写道:"'传统'这个词鲜少出现,除非是在非难它的句子中。"① 接着,艾略特阐述了我们对原创性独有的鉴赏是如何与我们所认可的文学价值的真正源头相冲突的:

> 我们满意地凝思诗人与其前辈,尤其是最近的那些前辈的不同;我们竭力寻找到他的某些独一无二的东西以享受这些东西。然而,如果我们不是带着这样的想法去理解某位诗人,我们就经常会发现,他的作品中不仅仅是最好的部分,甚至是最个性化的那些部分,都是在最有力地宣告着他的前辈也就是那些死去的诗人们的不朽!②

艾略特在《小吉丁》(Litttle Gidding)中也说过,先人的思想只会在很久之后才向后人显示它们的全域:

---

① T. S. Eliot, *Selected Essays*, London: Faber, 1941, p. 13.
② T. S. Eliot, *Selected Essays*, London: Faber, 1941, p. 14.

死者活着的时候，无法以言词表达的，他们死后告诉你：
死者的交流思想超乎生者的语言之外是用火表达的。

科学中也是如此：哥白尼和开普勒"告诉"牛顿去哪里找到那些对他们而言无法想象的发现。

*

在这一点上，我们遇到了政治理论上的一个重要问题：一个现代社会能否被传统所束缚。面对法国大革命的爆发，埃德蒙·伯克(Edmund Burke)抨击法国大革命企图一举重铸一个伟大民族的所有体系，他预言这种与传统的彻底决裂将会使法国堕入暴政。在对伯克的回应中，托姆·潘恩(Tom Paine)激昂地宣称每代人都拥有绝对的自决权。那一争论延续至今。争论中，托姆·潘恩的思想一直占据优势，但近些年来，反对托姆·潘恩并支持伯克的辩护在美国开始活跃。我并不想参与美国的那一论争，但我想我可以简短地总结在过去的170年里英国的情形。从边沁(Bentham)到约翰·斯图尔特·密尔(John Stuart Mill)，到最近的以赛亚·伯林(Isaiah Berlin)，对这些英国最具影响力的政论作家来说，自由就在于随心行事，只要每个人都能让其他人同样地随心行事。就这个观点而言，没有什么来约束英国**作为一个整体**在任何时刻的随心行事。对于伯克眼中的"那些生者、逝者和将生者的合伙关系"，这些领头的理论家们却熟视无睹。不过现实的实践却不是这样。在现实实践中，正是伯克所看到的那种合伙关系掌控着英国；这就像是打着以扫(Esau)的名头，但实际却是雅各(Jacob)在行事。

这样的情形很奇怪。不过，这肯定有某些深层次的原因，因为这种情形与我们在科学的组织描述的情形相当类似。这个类比似乎能真正揭示出这种奇怪情形的原因。现代人声称除了那些颠扑不破之理外，他们不相信任何东西；笛卡尔、康德、约翰·斯图尔特·密尔和伯特兰·罗素(Bertrand Russell)都在教给他这个道理。这些思想家让我们无法找到坚实的根基以接受传统。但是，现在我们已经看到，只有在一个关于传统信仰与价值的复杂系统内，科学的追寻才能进行，科学才能够被代代相传，正如传统信念也被证明是在社会生活中不可或缺的。对此,现代人能做些什么呢？面对这种两难困境,人们的处理方式是:在**政治理论**上继续宣称绝对自决权,在**政治实践**中依赖传统的引导。

不过,这种暧昧的解决方法是不稳定的。如果法国革命所孕育的现代动态的社会**实际存在**,那么这一社会对于含糊地接受某个传统框架作为它的引领者和掌控者不会总是满意。法国大革命在历史上第一次建立了一个决定无限改进人类社会的政府,它的影响绵延至今。它影响最为深远的渴望包含在关于社会主义的理念之中。这一理念反对社会的原有整体结构,要求对这一结构进行彻底革新和重塑。20世纪,这一要求在剧烈程度远远超出法国革命的俄国革命中被付诸行动。俄国革命的无限要求引发了全世界的强烈回应。无论是对于将其作为炽热的信念而接受的地方而言,还是对于将其作为威胁而抵制的地方而言,俄国革命的理念挑战着所有地方的传统框架,因为现代社会虽然在理论上主张绝对的自治权,但在实践中一直遵循着传统框架。

*

我已经描述了这场运动如何在许多英国科学家那里激发起为科学追求设立特定的社会目标的愿望。科学进步会影响社会整体的利益,但科学进步是由众多个体科学家追寻个人科学兴趣的满足而带来的,这令那些英国科学家的社会良心感到不舒服。他们认为公共权威应该捍卫一切公众福利,因此科学活动也应在政府的指导下为公众利益而进行。他们认为当前的科学活动应当是迈向某个明确宣称的目标的有意行为,这一目标也是当前科学知识的增长在整体上要达到的目标,但事实上,任何单个的科学家对这一目标除了一些相当模糊的把握之外是一无所知的。在那些英国科学家看来,如果要求科学家们有自主选题的权利,那么这是狭隘的和非社会的,因为这种要求与社会谨慎地决定自身命运的权利相悖。

但是,我不是已经说过这场运动现今实质上已经沉寂了吗？现如今,不是连那些遍及欧洲的社会党都承认市场的有效性吗？难道我们没有听到今天甚至是在苏联境内的重要科研中心里都有对科学研究之独立性的公开要求吗？既然现今看来那场运动已经失去其意义，那为何还要再次进行这一讨论？

我的回答是，不能将社会的明智建立在政治醒悟的基础上。今天，公众更为冷静的情绪状态只有这样才能被巩固，即人们将这一状态视为这样的机会——这个机会使得人们能够在一个更坚实的基础上建立自由社会的原则。那么，就这一目的而言，我们关于科学共和国的政治的和经济的分析究竟告诉了我们什么呢？

初看上去，我似乎是将科学追求比作市场。但重点恰恰在相反的方向上。独立的科学家间的自我协调体现了一条更高的原则，这条原则在应用于物质产品的生产和分配时，它就被还原为市场机制。

*

我将用更通俗的语言来简明勾勒这条更高的原则。科学共和国向我们展现了众多独立的主动性间的联合，这种联合走向某个不确定的成就。它通过服务于传统权威而受到约束和激发，但这个权威是动态的；权威之所以能持续存在，依赖于它通过追随者的原创性而实现的不断的自我更新。

科学共和国是一个探索者的社会。这个社会致力于追求某个未知的将来，对于这个未知的未来，它相信是可以达到的，而且这个未来也是值得追求的。就科学家而言，这些探索者努力探寻隐藏着的实在，以获得求知满足。而且，在满足自身的同时，他们也启发着所有的人，由此帮助社会履行不断进行智识的自我完善的责任。

一个自由社会将会被看到，它整个地专注于探求自我改进——各种自我改进。这显示了主宰科学共和国的那些原则的普遍性。这样看来，一个专注于发现的社会，必须通过支持那些相互自发协调的独立的主动性而得到发展。这里的调整也包括对抗和对立的回应，在一个作为整体的社会内部，这种对抗的发生要比在科学内部频繁得多。即便如此，所有这些独立的主动性还是必须接受传统权威来指导它们的活动，传统权威通过在其追随者中培育原创性来进行自我更新。

既然动态的正统思想自称引导着真理的追寻，这也就以真理的名义默认了对手的权利;这里所说的真理,简言之,包含了被我们视为是自我改进的典范的一切卓越的东西。因此,由这样的社会所保障的个体自由——用黑格尔的话说——是一种积极的自由。它与人们随心行事的权利无关;但它确保人们有权说出他们所认识到的真理。这样的一个社会并不提供特别广泛的私人自由。正如我们在这里阐明的,自由社会的独特之处在于对公共自由的培育。

*

从以上关于自由社会的分析,我们可以看到,社会的自由和奴役都取决于其对自我改进的追求,而这种自我改进又取决于那些有待被揭示的真理的暗示,这些真理呼唤着人们来将其揭示。

这个观点超越了埃德蒙·伯克和托姆·潘恩的争论。它拒绝潘恩关于每代人的绝对自决的要求,但这一拒绝是为了它自身的关于人和社会的无限改进这一理想。它接受了伯克关于自由植根于传统的论点,却又将它移入一个孕育着彻底的进步的系统。它否决了那种关于社会中所有的人都为人们的意志所决定的某个共同目标而劳动的梦想。在对卓越的追求中,它并没有涉及大众意志的部分,相反,它承认这样的社会状况:公共利益仅被零星地知道,公共利益的实现是众多个体各自主动解决那些零碎的问题的共同结果。以社会主义的角度来看,这种关于自由社会的理想是保守的、碎片化的,因而也是漫无目的的、不负责任的和自私的,并且显然是混乱无序的。就那些指责的确指出了它的典型特征而言,一个被设想为探索者之社会的自由社会将开放地面对这些指责。但是,如果我们承认那些特征是追求社会自我改进所不可或缺的,我们或许可以将那些特征看作是这项宏伟事业的不那么吸引人的方面。

这些特征当然也存在于科学孕育进步的过程中,并且也存在于社会追求其他类型的真理的过程。事实上,随着社会所致力的求知努力和道德努力在范围上不断扩展并且开辟新的专门方向,这些特点很有可能变得越来越显著。它必将带来更多的零碎化的主动性活动,由此,有意的社会整体革新所遇到的阻力也就增大了。

4
社会中科学的发展

1967

科学判断的根据

当前科学哲学的境况是很奇怪的。逻辑实证主义运动,这个旨在对有效性和意义进行严格定义的运动,大概在二十年前达到了它要求的高度并获得了威望。但从那时起,有一点变得日益清晰,那就是:这一运动的目标是无法达到的。(据我所知)人们还未能找到合适的理论替代那种人们所向往的关于科学真理的严格标准,因而我们如今并没有被广泛认可的关于科学知识的理论。

大多数科学方面的写作者都毋庸置疑地认可科学的有效性,他们认为,对这一点并不需要进行哲学的论证而且也无法进行论证。你可能很少看到人们阐述这种观点,但是这种观点却在当前的实践中显现出来。以欧内斯特·内格尔(Ernest Nagel)那个得到普遍认可的关于科学的描述为例。① 他写道:我们并不知道在对科学进行的解释中所假设的那些前提是否为真;如果我们采用了这一要求,即那些被使用的

---

① ERNEST NAGEI, *The Structure of Science*, New York: Harcourt, Brace and World, 1961, p. 43.

前提必须是被确认为真的,那么在当前的科学中许多被广为接受的解释都是不合格的,都应予以抛弃。事实上,内格尔的意思是,我们要克制着不去追问那些科学解释究竟基于什么,以此来拯救我们对科学解释的真理性的信仰。由此,科学真理就被定义为是"科学家们所确认的并相信为真的"东西。

然而这种对哲学论证的缺乏却并未损害科学的公众权威性,相反却提升了它的权威性。现代的哲学家们声称科学主张都不过是实验性的,而且永远是开放性地面向那些有着相反证据的反驳,他们以此为我们那些在科学上无法解释的信仰申辩。这种申辩增加了科学的权威性。这些也被用以展现:当科学知识是极为可靠之时,科学家们同时也是极为开明的,由此树立了一个有着无与伦比的谦逊和宽容的榜样。

维里科夫斯基事件

然而在这个世纪,科学的基础仍被多次挑战。零星的攻击时而出现,有时是颁布法规反对讲授进化论,有时是教皇通谕警告人们不要相信进化论。一场正面的大规模攻击发生在苏联。但是,一个更为个人的对科学基础的挑战来自维里科夫斯基的那本大概在十五年前出版的极其异类的书——《碰撞中的世界》。① 这本书受到科学家们的断然拒斥,然而它在非专家的公众中却引起了广泛的反响,对于专家们对这本书的简单拒斥,这些公众非常憎恶。大约三年前出现了新的证据支持维里科夫斯基的理论,然而这一证据又被科学家们生硬地拒斥,于是,科学家和公众间的分歧便进一步扩大了。对于很多人来说,科学家们的那些做法看起来十分不公正,由此一群社会科学家开始着手关注这

---

① IMMANUEL VELIKOVSKY, *Worlds in Collision*, New York: Doubleday, 1950.

一问题。在《美国行为科学家》①的编辑阿尔弗雷德·德·格拉齐亚(Alfred de Grazia)博士(纽约大学社会理论与政府机构领域的教授)的领导下,这些社会科学家在这本刊物上发起了一场针对检验、认可或拒绝科学投稿的整套程序的系统抨击。

就我目前的讨论目的而言,可以用几句话来概括维里科夫斯基的理论。这一理论建立在将旧约全书、印度吠陀经、希腊罗马神话中描述的从公元前15世纪到公元前7世纪发生在地球上的大灾难事件作为证据予以接受的基础上。它将地球上的大灾难和剧变都归结为地球一次又一次地掠过一颗彗星的尾巴。维里科夫斯基认为,那颗彗星随后和火星相碰撞,丢掉了它的尾巴,转变了它的面目,由此变成了行星——金星。接着,更大的地球剧变发生在公元前687年——火星几乎与地球碰撞,此时地球完全翻转过来,因此太阳在西方升起在东方落下。为了说明这些事件,维里科夫斯基向牛顿万有引力定律中增添了这样的假设:行星之间有着强大的电磁场在起作用。

我前面说过,这些观点在当时为天文学家们所拒斥,但是这些观点对更大范围的非专业人士有着吸引力:那本书实际上成为畅销书。对此,那些天文学家和其他一些科学家的反应是如此激烈,因而出版维里科夫斯基那本书的麦克米兰出版公司在他们所施加的强大压力下,不得不放弃出版权。他们将出版权移交给道布尔戴出版公司,这个公司在面对来自科学公断的敌意时不像麦克米兰出版公司那么脆弱。

最后,在1963年9月,《美国行为科学家》上出现了那些抗议维里科夫斯基所受的对待的文章,这本杂志的编辑德·格拉齐亚教授,陈述了进行这一质询的目的:"主要的问题是很明显的:谁确定科学真理?什么是他们的根据?"他还补充道:"对科学家们的行为必须做出一些判

---

① *The American Behavioral Scientist*, VII (1963) 包含有 ALFRED DE GRZAZIA 在 'The Politics of Science and Dr Velikovsky' (p.3) 中写的前言, 还有 R. E. JUERGENS 的文章 'Minds in Chaos: A Recital of the Velikovsky Story', pp. 4 - 17; L. C. STECCHINI 的文章 'The Inconstant Heavens: Velikovsky in Relation to Some Past Cosmic Perplexities', pp. 19 - 44; 以及 ALFRED DE GRAZIA 的文章 'The Scientific Reception System and Dr Velikovsky', pp. 45 - 49。

断,如果发现那些行为有负面影响,那就必须提出一些补救措施。"①在提及这一期杂志上的那三篇文章时,德·格拉齐亚继续写道:

> 如果作者的判断是正确的,那么科学界很严重地未能达到它宣称的目标,它把不公正作为理所当然的事,因而科学界亟须调查和改革。②

如今,如果我们认可对科学的现代批判,认为它在今天给我们留下的没有什么其他的关于科学学说的最高标准,它所留下的标准不过是"科学学说就是科学家们认可其有效性的学说",那么,对德·格拉齐亚的第一个问题"谁确定科学真理?"的回答就很简单:"是科学家们"。对于第二个问题"什么是他们的根据?",我们将会回答:对于科学家们是如何做出决断的,我们无法做出说明。

但这种回答无法让人接受。我们必须能够说出科学家们对维里科夫斯基的观点的反应是否公平。如果不公平,那么,究竟错在哪里?为了找出错在哪里,德·格拉齐亚教授列出了关于检验被推荐投稿的合理程序的一些要点:投稿不能未经阅读就被拒绝;作者可以要求其内容被检验,可以要求参与关于其内容的公开讨论;如果其内容意味着激进式的创新,应当被欢迎;如果其观点起先被拒绝了,那么作者应当有增补证据后再次投稿的机会,而他的观点应当被再次友善地考察;没有凌驾于实验证据之上的权威。

---

① *The American Behavioral Scientist*, VII (1963) 包含 ALFRED DE GRZAZIA 在'The Politics of Science and Dr Velikovsky'(p. 3)中写的前言,还有 R. E. JUERGENS 的文章'Minds in Chaos: A Recital of the Velikovsky Story', pp. 4 - 17; L. C. STECCHINI 的文章'The Inconstant Heavens: Velikovsky in Relation to Some Past Cosmic Perplexities', pp. 19 - 44;以及 ALFRED DE GRAZIA 的文章'The Scientific Reception System and Dr Velikovsky', p. 3。

② 上述引文的来源论文在阿尔弗雷德·德·格拉齐亚编撰的 *The Velikovsky Affair*(New York: University Books, 1966)一书出版前经过进一步的完善,对《美国行为科学》中的版本有所增补。我在文中引用的德·格拉齐亚教授的这篇文章在那本书中经过了修改,"主要的问题"这一段现在出现在德·格拉齐亚为那本书写的前言中,其他我逐字引用的段落在那本书中已经看不到了。尽管我现在找不到这些材料原文出现在《美国行为科学》上的具体位置,但是我能说我已经开始更好地理解德·格拉齐亚提出的关于科学投稿应当在怎样的基础上为科学家们所认可这一问题的价值。

德·格拉齐亚教授展示了科学家们在对待维里科夫斯基的著作时对上述所有要点的违背。那些著名的天文学家们将维里科夫斯基的著作斥为纯粹的胡说，而他们却又坦言自己并未读过维里科夫斯基的书。维里科夫斯基请求能够获准参加一个关于他的观点的公开讨论，但是这个请求却被拒绝了。他得出结论认为金星的表面很热且其大气中有大量的碳氢化合物，他请求哈佛大学天文台对这一预测进行检验；这一请求也被拒绝。这发生在1956年。1963年2月，美国太空探索器"水手2号"证实了维里科夫斯基关于金星的预测：它的表面温度是800 °F，它的云状物中充满碳氢化合物。① 但是这一证实并未成功地引起科学家们对维里科夫斯基的理论重新开始讨论；这种证实被视为奇异的巧合。权威战胜了事实。

德·格拉齐亚教授的失望很容易理解，因为科学家们辜负了他们的职位，他们不能乐于听到新的观点，不能谦逊地服从于任何与他们当前的观点相矛盾的证据的检验。难怪他进一步指出，一个新的成果被科学所认可，可能并不是依靠关于它的真理性的证据，而是随机地，或者因为它服务于统治力量，或者它满足了某种经济的或政治的利益，又或者仅仅只是因为公认的教条的指示。

德·格拉齐亚教授对科学家们自称所遵循的看待科学新成果的原则与科学家们实际上看待维里科夫斯基的观点的方式所进行的比较是合理的；但是，实际上那些原则并不是那种字面意义上的运用。它们的运用受到它们的意会假设的限定，一旦这样来看，这不但解释了维里科夫斯基事件中的那种异常现象，也解释了当前关于科学的哲学批判所留下的"未能对科学的有效性做出说明"这一困境。因为这两种异常都是由于这一事实：对科学真理的精确标准的追求使得我们忽略了那些意会原则，实际上科学正是建立在这些意会原则的基础上。接着我就来展示这些意会的运作。

---

① 参见 JUERGENS, 'Minds in Chaos: A Recital of the Velikovsky Story', p. 7。

科学判断中的意会成分

在科学中有一种至关重要的判断,也就是那种关于**"似真性"**的评估。只有具有似真性的观点才会被科学家们关注、讨论和检验。这样的一个决定后来可能被证实是正确的,但在做这个决定时,那种关于似真性的评估是建立在对直觉的广泛运用的基础上,而这些直觉是被许多细微的迹象所指引,因此,这种评估是**全然无法论证的**(*altogether undemonstrable*)。**它是意会的。**

为了进一步解释我的意思,我们来回想这样一个例子:某个似真性少到荒谬地步的主张。很多年前我在《自然》上看到了一封来信,该信的作者观察到从兔子到牛等一系列不同动物的预产期的平均值是数值 π 的整数倍数。他提出的证据是充足的,所作的论证也很好。然而这个期刊对这个投稿的接受只不过是一个玩笑。即使再多的证据也不会让一个现代的生物学家相信预产期的平均值是数值 π 的整数倍数。我们关于事物本质的观念告诉我们这样的关系是荒谬的。

一个更具技术性且来自物理学的例子是 1947 年《英国皇家学会学报》上发表的瑞利勋爵(Lord Rayleigh)的一篇文章①;我在以前的文章中曾讨论过这个例子。这里我还有必要描述一下这样的例子:某类对可能的现实的观察,曾经被长时间的否定,此后一度被认可,然后又被拒斥,很快又被认可,不久又被拒斥——在二十五年的时间里连续不断地发生着这种认可与拒斥的相互更替。这里所说的观察涉及元素的表观转变。自人们认可了元素的"不可变性"之后,这样的观察都被视为"受到人为的影响"而被抛在一边。在卢瑟福(Rutherford)和索迪(Soddy)确定了放射性元素蜕变的事实后,那样的观察开始被出版物

---

① LORD RAYLEIGH, 'The Surprising Amount of Energy which can be Collected from Gases after the Electric Discharge has Passed', *Proceedings of the Royal Society*, 189 (1947), pp. 296-99.

重视和认可——但在人们认识到放射现象只出现在极少数的相当稀有的元素那里后，涉及那类观察的文章又在学术期刊上消失了。然而，在卢瑟福发现了元素的人工蜕变后，作为回应，一些貌似经过严格验证的关于那些观察的报道又出现在期刊上；不久，随着人们进一步明白这种蜕变不会在化学实验室中发生时，那类报道又消失了。无疑，元素表观的化学转变一直在持续发生，然而却被毫不犹豫地忽视了那么久，直至元素的放射性被发现。

意会成分和错误判断的危险

假使维里科夫斯基的观点如同"预产期的平均值是数值π的整数倍数"那样，如同《英国皇家学会学报》上发表的瑞利勋爵的那篇文章的结论那样，抑或如同元素的化学转变现在看起来那样，是如此的不具有似真性——或者维里科夫斯基的观点看似比那些主张更荒谬——那么，维里科夫斯基的观点必然会遭受当前科学的那种对待：匆匆一瞥，未仔细阅读就拒斥它们，拒绝与作者就这些观点展开公开讨论。因为在这种情况下，应维里科夫斯基的要求，放下自己的工作去检验他的观点，这看起来完全是在无谓地浪费时间、费用和精力。

那么，该如何看待维里科夫斯基的那些被印证了的预测呢？这些难道不应当引起科学界对其著作的重新思考吗？不，已经被拒斥为荒谬的理论，在它的一些预测被证实后也常常不被视为具有似真性。爱丁顿（Eddington）的宇宙理论的命运就证明了这一点。1946年，我记录了一位著名数学家（曼彻斯特大学的教授）一段焦虑的言辞，他抱怨近来的测量值为爱丁顿涉及质子和电子的质量的方程式提供了越来越多的证据。他担心这种对爱丁顿理论（他认为这一理论是荒谬的）的确证会使得这一理论被广泛认可。他的焦虑被证明是多余的。数年后，我注意到一系列新的测量值将爱丁顿理论的另一个预测的精确度提高了三十倍，但这也被大多数物理学家们视为偶然而不予理会。这一理论由此被打入地狱——未来任何可能的确证都不能将它从那里拉上来。在拒绝正视维里科夫斯基的一些预测被印证了这一事实之时,科学家们也合适地采取了相同的方法,与他们在对待爱丁顿的理论时以及对待许多其他类似事件时所采取的方法一样。①

当然,这并不意味着科学家们这样做**总是**对的。我自己就遭受了由这样的错误判断带来的不公审判。在《美国行为科学》出版那期抗议维里科夫斯基所受到的来自科学公断的那种对待的文章的同月,我在《科学》②上发表了一篇文章,描述了我的吸附理论在半个世纪里是如何被漠视的,只因为它的预设与我们当前关于分子间的力的性质的观点相矛盾,即使我的理论已经被证明是正确的。但我并不抱怨这种对权威的错误运用。"疑难案件出坏法"。在我经历的这个事件中,带来这种错误运用的那种纪律却是必不可少的。众多声称在物理、化学、生物、医学方面有着重大发现的投稿轰炸着期刊,其中大多数都是荒谬的。只有拒绝这样的投稿,保证科学出版物最基本的公正,科学才可能继续存在。这可能会导致忽视甚至是压制了一些有价值的成果,但我认为这样的冒险是无法避免的。如果科学纪律将大量重要的科学观点都拒在科学的大门之外,那么此时,稍稍松弛一下科学纪律的严格程度是有必要的。但是如果这种松弛又致使很多假成果踏进科学的门槛,这种状况的确又令人绝望。只要关于似真性的科学判断不是太频繁地犯严重的错误,科学的探寻就能继续。

科学判断的公论基础

然而我们仍然会怀疑:在当前这种关于似真性的判断的持续进行下,如何可能出现任何真正有独创性的东西?但是,我们确实可以看到科学呈现在我们眼前的那幅由连续的令人惊叹的进展组成的全景图。

---

① 这里和前四段中引用的历史事件出自我的著作 *Science, Faith and Society*, London: Oxford University Press, 1946;和 *The Logic of Liberty*, London: Routledge and Chicago: University of Chicago Press, 1951。

② 见论文5。

这样让人惊叹的进展如何在有效的独断基础上产生？

在科学上我们经常听到的一个短语指向了对这一问题的解释。我们经常提到对一个理论的"意外的确证"。哥伦布对美洲的发现就是关于"地球是球形"的一个意外的确证；对电子衍射的发现就是对德布罗意的物质波理论的一个意外的确证；遗传学上的发现给孟德尔遗传规律带来意外的确证。在这里我们有了科学上所有进步的范式：发现的取得，来自对现存知识所暗示的未知的可能性的追寻。这也是为什么科学在历经一系列连续的革命后仍能保持其特性。

这一成就是建立在科学的一个意会维度的基础上，这一维度也是科学和所有经验观察所共有的。看到我面前的一个立体物，这同时也表明，这个立体物有另外一面，而且还有一个隐藏着的内在，这些都是可以去探究的。看到另一个人，也是在指示着这个人的头脑和身体进行无限的隐藏着的活动。知觉有着这种无穷无尽的深度，因为我们所感知到的是**实在的一个方面**，实在的众多方面都是指向那无限未知并且或许想象不到的经验的线索。这也就是科学思想的当前状况提供给某个多产的科学家的东西：他在其中看到了实在的一个方面，这个实在本身就是那些有前景的新问题的一个不竭的来源。他的工作也证明了这一点；科学能够持续地有着累累硕果，是因为它提供给我们关于实在的本质的洞察。

关于科学的这一观点只不过是确认了所有的科学家实际上都相信的一些东西。因为他们必须相信，科学向我们展示了关于实在的一个方面，并由此会在未来无穷无尽地且经常令人惊叹地展现实在的真相。只有带着这样的信念，科学家才能构想问题，进行探究，宣称发现；正是在这样的信念的基础上，科学家对学生们进行教导，在公众中行使他的权威。正是通过把这一信念传递给下一代，科学家们也授予他们的学生能开展自己的发现和创新的基础——甚至有时学生们的发现和创新与他们老师的截然相反。这一信念既能证明关于科学公正的纪律的合理性，也能保护科学原创性（scientific originality）的自由。

无可否认，只要对于事物的本质有着相似的观念，科学的这一体制就能发挥作用。的确，在科学中，建立在两种不同根据的基础上的两种观点间的理性讨论必定进行不下去。任何一方都没法提出这样的论据,即让对方能用他自己的话语系统进行解释,正如在许多重要的科学论辩的进程中都出现过的那样。一个很有名的例子是关于这一问题的激烈争论:发酵是由活细胞引起的还是由无生命的催化剂引起的?这个争论持续了半个多世纪,很多著名的化学家都参与了这一争论,比如沃勒(Woehler)和利比希(Liebig)支持主张"无生命的催化剂引起发酵"的一方,巴斯德(Pasteur)支持主张"活细胞引起发酵"的一方。有效地论争不可能进行,常常出现的是对对方观点的讥讽和嘲笑。这个争论直到在后来争论的对象中的对立主角消失后才算解决——也就是在1897年,人们从活细胞中分离出酶(无生命的催化剂);在某种程度上,争论双方都是对的。然而,对于一个争论,这样皆大欢喜的解决并非总会发生,并不是总会有这样的解决方式及时地出现来避免科学论争理性进程的致命崩溃。如果科学家们对事物的本质有着全然不同的看法,那么接下来的科学追寻也就无法进行。

科学发展方式的可能后果

这又让我回到维里科夫斯基事件的起因上。关于事物本质的基本假定会将科学内外的人极远地分隔开来。非专业人士接受某个科学学说通常并不是因为他们认同这一学说关于实在的观念,而是因为他们服从于科学的权威。因此,如果他们敢于严肃地对某个科学公断持有异议,那么,此时进行常规的争论是行不通的。如果有争议的问题是,某些证据是否应当被认真地对待;那么,此时进行常规的争论当然也是行不通的。对于非专业人士而言,不同动物的预产期的平均值是数值 π 的整数倍数,这没有什么好奇怪的,但是如果要求一个科学家向他展示这个观点为什么是荒谬的,他的质疑会将科学家逼得绝望。他将面对科学家那生硬的、未加思量的判断,就是那种仅仅看一眼某组数据就将其拒斥的判断,而那组数据却令非专业人士无比信服。他将会徒劳地要求那些证据至少要被恰当地检验,他不能理解为什么科学家——

那自豪于自己能以开放的态度欢迎任何新颖的观点、自豪于自己对自己的科学理论只是试验性地持有的科学家——会严厉地拒绝他的要求。

科学家与普通大众之间这样的分歧可能会使科学陷入危险。通常认为，因为科学能够带来经济利益，所以它会得到保护而免受外来的毁灭性的干扰；但实际并非如此。苏联政府采用了李森科（Lysenko）的理论，并严重地阻碍了生物学所有分支的研究长达三十年，完全忽视了这种做法对其农业的影响。实际上，执政党相信李森科对获得性遗传的运用提高了粮食栽培技术，而这种操作被科学遗传学宣布为是不可能的。经济动机远远不能阻止对科学的攻击，相反还会增强这种攻击——这种情况时常发生。那些误导了人类数个世纪的重大谬论多半是实用性的。

因此，以科学的技术成就为基础来保卫科学、对抗外来的干扰，这种做法可能是危险的。在科学并不开明的时候，假装科学是开明的，这种做法也同样可能是危险的。但是，宣称科学的目的是理解自然，这种做法看起来又是过时且无效的。进一步承认关于自然的说明是如何极大地依赖于关于实在的含糊的、无法论证的概念，这听起来又确实不体面。但是，既然这都是事实，这样说难道不是最安全的做法吗？

无论如何，仅在这样的基础上，支配科学生活的规则才能够被理解。这些基础就能解释：无数的独立科学家，大部分互不相识，如何能逐步地合作？他们都持有相同的难以确切表述的假设，遵循着一致的不成文的严格标准。下面，让我们看看这如何可能。

一个由很多科学家组成的科学共同体要能运行，那么，必须存在着很大范围的隐秘的但又能接近的真实，远远超出一个人的探寻能力；必须有提供给成千上万的人的工作。每一个科学家都由此从感觉到那个深层次的连贯性的某一点开始，持续地摸索着走向这样的连贯性。他那探求的想象力，由直觉所引导，不断向前直至他取得成功或承认失败。支撑着他的猜测的那些线索大多是不能指明的，他关于这些线索的潜在可能性的感觉也几乎不能被明确地描述。科学研究是一个连续地意会整合的行为——就像是辨别一个模糊的影像，或者像在画画，又

82

或者像在写诗。因此，两位科学家在同等条件下推动某项研究，或者某位科学家同时开展一个以上的问题的研究，这都是很罕见的。但是，两个或两个以上的科学家独立地做出同样的发现，这却并不罕见——因为不同的科学家可以实现那些唯一相同的有效的潜在可能性，而且的确可以充分地依赖于那些可能性以做出相同的发现。

这也是科学探索的主动权和相关的科学追寻必须交由个体科学家自由决定的原因；科学家必须拥有独立性，因为只有他个人的视界才能导致科学上的基本进步。探索可以像根据计划进行测量那样来进行，但这样的探索永远不会带来新的观点。

独立性有助于保证原创性，这种原创性是科学进步的精髓。但是，还有另一个必要条件，这个条件却必须通过科学公断的权威凌驾于科学家之上来维护。我们已经看到，科学公断发挥着监察作用，让不可靠的成果无法在科学家中散播。但是，作为科学的一部分，一个陈述必定不仅仅是**真的**，而且是**有意义的**，尤其对于科学来说是有意义的。可靠性——或者准确性——只是组成科学意义的一个因素；但它并不足够。在评估科学价值时还有两个更重要的因素：一个因素是某个新的事实进入科学的系统结构的方式——修正或扩展了这一结构；另一个因素与科学发现的可靠性和系统意义都无关，它涉及的是这一科学发现的主题，并且是在开始这个主题的科学探究之前、在这个主题最初被认识之时。这个因素也就是科学研究的那个对象的内在的**前科学吸引力**。

由此可以看到，一个成果的科学意义，或者说科学价值，由三个因素共同组成：**准确性**、对**系统的重要性**、**主题的内在吸引力**。这些因素在不同的科学领域中所占的比例有着很大的不同；某个因素的缺乏可以由另一因素占更大的比值来平衡。在数学物理学中，我们可以看到最高的精确度、最大范围的系统化，这就弥补了数学物理学所研究的无生命的对象所缺乏的内在吸引力。在科学的另一端，我们有像动物学和植物学这样的领域，它们缺乏精确性，也没有那种在范围和美感上比得上物理学的系统结构，但是这两个因素的缺乏被它们研究对象的内在吸引力所弥补，它们的研究对象是生物，其内在吸引力要远远大于无生命的物质。

从事科学研究的科学家必须对科学价值有着敏锐的感觉。他必须被那些有希望带来有科学价值结果的问题所吸引，必须能够摸索着走向这一有科学价值的结果。一个伟大的发现可能源自某个科学家意识到的他偶然碰到的某些事实的重要性。在放弃那些只会带来不重要的结果的研究路径时的迟钝，是研究中的一种缺点，很多管理着研究院的科学家都熟悉这种令人痛心的错误；这实际上是一个人研究能力中的缺陷。

对科学价值的评估同样也是确定科学共同体的体制结构的主要标准。服务于科学研究的资金和设备的分配应当有助于带来科学成就的总体最高增长。那些有影响力的核心机构的职权应当授予那些以他们的超常能力推动着科学前进的杰出科学家，奖金也应当以能鼓励科学最大的总体前进的方式发放。任何这一类的决定，都需要对科学价值进行比较；而要能以合理的方式进行这一比较，仅当存在着这样的真标准（true standards）：它能够比较从天文学到医学等科学所有领域里的科学成果的价值。

这并不意味着人们必须将**科学的某一整个分支**的科学价值与另一科学分支相比较。它只是要求我们能够对科学的不同分支在花费了近似的人力和物力的条件下所获得的**科学进展**（*scientific increments*）的价值进行比较。经济学的边际原则为我们提供了这样的概念模型：我们应当根据科学价值，尽量保持相等的边际收益，不断推动科学的前进。

但是某个人如何能够比较不同领域的科学发现（以及预期的发现）的价值呢？比如说，对天文学上的科学发现与医学上的科学发现的价值进行比较。没有人能够进行这种比较，而且也没有人需要进行这种比较。所需要进行的比较是在科学的那些紧密相邻的领域间进行的。延伸至相邻领域的判断将会出现部分交叠并形成横跨科学全域的链条。这一原则——**与相邻领域有着部分交叠的原则**——在这里将会执行资本市场的那种功能：在某个经济系统的数以千计的分支中，比较竞争性企业的利润率。

但是，科学增长的这两个重要原则——成熟的科学家须被授予独立性与衡量他们的业绩的科学价值——也带来了两个悬而未决的问题。第一个问题是,科学家们那些独立挑选自己的研究问题的自主性是如何协调的？第二个问题是,一个正确的科学观点的形成如何使得科学家们遵循恰当的科学严谨,如何以科学价值来指导他们,并由此使得他们的优点能够得到公正的评价和奖励？这些实际上是通过两个相关的原则来实现的,即**"通过相互调节实现自我协调"**原则,以及**"共同权威"**原则。

关于**通过相互调节实现自我协调**,在过去的二十年里我经常写到。① 每个科学家给他自己确立一个问题并开始探索,同时带着对其他所有科学家们已经取得的结果的看法,其他所有的科学家每个人也是给自己确立一个问题并开始探索,同时也带有对其他科学家之前已经取得的结果的看法。这样的自我协调实际上代表着,倘若研究中的工作机会和研究资金都得到了理性的分配,科学人才和物质资源的使用能获得最大效益。

我们继续来看**共同权威**原则。它存在于这样的事实中：科学家们一直观察着彼此,每一个科学家既会受到来自他人的批评,也会因他人的欣赏而受到鼓舞。这也是科学公断的形成,既执行着科学的标准,也调节着工作机会和研究津贴的分配。当然,只有那些在紧密相关的领域内工作的科学家们才能够在彼此间相互评价；但是他们的评价范围使得相邻领域出现部分交叠,由此形成了贯穿科学全域的链条。②

这样,一个间接的公论就在那些研究领域相隔很远以至于他们只

---

① 关于"社会中的相互调节"的理论最早的完全阐述出现在我的论文 'The Growth of Thought in Society', *Economica*, 8 n. s. (1941)中,之后这一理论又在上上个脚注(即本书 p56,脚注①)提到的那些书中以及在我最近的一本书 *The Tacit Dimension*(New York: Doubleday, 1966)中得到进一步的发展。关于它的概要,见前一篇论文。

② 建立在这种重叠的能力范围的基础上的共同权威也适用于其他的文化领域,实际上也适用于范围广泛的那些多方共同同意的活动,这种活动的参与者知道的,仅仅只是一个细微的碎片。这一方式是使资源能够在不同的无法以金钱来衡量的目的之间被理性地分配的方式。所有的服务于公共利益的公共经费都是这样来分配的。我认为,这是数以千计的政府部门能够合理地做出裁定的方式,尽管单独的个人对此能够知道的最深入的也不过是一个细微的碎片。

能了解彼此学科很小一部分的科学家间形成。"似真性"和"有价值"的标准在科学的每一个单独的点——科学家——那里同等地运用就足够了，因为这将会使得这两个标准同等地运用于科学的每一领域。来自科学相隔最远的分支的科学家也将会依赖彼此的研究结果，并且会盲目地支持彼此，反对任何非专业人士对某个科学家的专业权威的挑战。

这是科学共同体的形成方式。这些是科学所依赖的根基。这是做出发现的方式。科学受共同信念的支配，受传递给下一代的价值和实践的支配。任何加入科学共同体的独立的新成员都遵循这一传统，在相同的时刻和其他所有成员一起承担着重新解释传统甚至可能是革新有关传统的教义的责任。

自然提供给人类头脑的发现机会并不是我们制造出来的。我们只是形成了大量能够利用这些机会的思考，并为这些发现组织了大量人员。科学共同体的法则是由其任务的性质决定的。但这一任务自身是不确定的：它只是要求我们前进，走进未知。即使我们这样做了，这种前进也并不是为每一个人所知，因为每个人所能知的都不过是科学的一个微小碎片。

自然提供给人类头脑的发现机会引发了我们完全无法控制的回应，也就是社会中科学的发展。我们应当为成为这样巨大的超然力量的仆人而高兴吗？或许我们正建造——甚至应当以其他的方式构建——致力于对未知目标的追寻的探索者们的社会。或许我们引以为豪的思想自由会带来这样的惊人后果。这里我就不赘述了。

86

5
吸附势理论

1963

自 1948 年开始,当我从专门的科学探索中退出转而从事哲学研究时,我就会不时收到这样的报告:我的吸附理论,之前一直被拒斥的理论,正在逐渐获得认可。假如这一结果已毋庸置疑,[①]那么我认为,回顾和分析这个相当简单的理论这么长时间一直未能被认可的原因是非常有必要的。这个事件也能够揭示科学方法的一个很有意思的方面。

五十多年前,我写出了我的第一篇关于吸附理论的论文,它发表于 1914 年。在那篇论文中我假设(i)气体吸附在固体上,是一种由气体分子的空间位置所独特确定的势,也因此与吸附势场中存在的其他任何气体分子无关;(ii)当处于吸附场时,气体依照其标准的状态方程运动。当压缩到标准的蒸汽密度时,气体冷凝成液体。

这些原理在我 1916 年发表的一篇文章中首次进行了详细的阐发,我还提供了如下大范围的实验验证:从气体的完整吸附等温线得出吸附势的分布,用公式 $\varepsilon=f(\phi)$ 表示,公式中 ε 指吸附势,意为将一个分子从无限远吸到与吸附表面的距离为 ϕ 的一点上所做的功。由这一吸

[①] 我依赖于以下调查作出这一假定: M. M. DUBININ, 'The Potential Theory of Adsorption of Gases and Vapors for Adsorpents with Energetically Non-Uniform Surfaces', *Chemical Reviews*, 60(1960), pp. 235 – 41, R. S. HANSEN and C. A. SMOLDERS, 'Coloid and Surface Chemistry in the Mainstream of Modern Chemistry', *Journal of Chemical Education*, 391 (1962), pp. 167 – 78。

附-势曲线,所有其他测量到的等温线都可以计算出来,而且还可以看到,那些测量到的等温线都与这一理论相符合。这一结果之后在我的学生和其他研究者所撰写的大量论文中得到了确认。①

这个结果令人印象深刻。我的学生赫伯特·弗伦德里希(Herbert Freundlich)后来成为这一主题最权威的作者,在他的著作《表面化学》的第二版(1922年版)中完整地阐述了我的理论。他告诉我,"我自己现在投入了很多的精力研究您的这一理论,我希望它是正确的。"

实际上,他的话已经表露出一丝不安,不久我的理论几乎受到了普遍的拒斥。怎么会这样?

在这一理论诞生的那些年里,出现了一系列令人眼花缭乱的对事物本质的洞察。德拜(Debye)提出的分子的偶极矩公式、波尔(Bohr)提出的原子模型、布拉格父子(W. H. Bragg, W. L. Bragg)发现的氯化钠的离子结构,这些发现确认了电的作用力在物质的结构中的普遍功能。显然,这样一来,内聚力就必须用电的相互作用来解释。由此,这方面的大量理论又被提出。基萨母(Keesom)提出永久四极子间的静电相互作用;德拜提出了四极子和诱导偶极子的相互作用。也是在这一时期,科塞尔(Kossel)尝试将所有的化学键都解释为正负离子之间的吸引力。

---

① 在我1914年发表的那篇论文中,我从蒸汽的吸附等温线计算根据被吸附的数量而变化的被吸附分子的势能,我将被吸附的数量等同为距吸附剂表面(假定为平面)之间的距离(吸附剂表面是多孔的这一事实实际上并不影响这一理论所作的预测;在1916年发表的那篇论文中,我引入了一个概念,即势面形成的封闭体积是决定着势的变化的变量)。1914年,在我那篇论文发表的几个月前,奥伊肯在[EUCKEN, A., 'Zur Theorie der Adsorption', *Deutsche Pbpikaliche Gusellschaft*, 10 n. s. (1914), pp. 345-62]中首次提出了"吸附势"一词。奥伊肯根据一个关于"距离平面吸附剂越远,吸附势就越低"的假定公式,计算依赖于吸附等温线的线性部分的温度。这一程序中有四个方面的错误:(i) 没有充分考虑吸附剂的多孔性;相较于平面而言,这样的多孔性会极大地改变势能分布;(ii) 等温线假定的线性部分的倾角是根据从文献中得到的弯曲的等温线的初始斜率确定的——这一步骤是不可验证的;(iii) 这一程序是自相矛盾的,因为在这一程序中,理想气体定律所应用的环境是这一定律自身不可支持的环境;(iv) 用于平面固体壁的吸附势的假想公式不正确。八年后,奥伊肯在['Über die Theorie der Adsorptionsvorgönge', *Zeitschrift für Elecktrochemie*, 28 (1922), pp. 6-16]中攻击我的理论,却同时修改自己的假定,将我已经作出的一些假定包含于其中。

这种原子作用力观点使我的吸附理论站不住脚。从空间上固定的势无法推导出电的相互作用；它们会被场内的其他分子屏蔽。

欧文·朗缪尔(Irving Langmuir)在1916年到1918年间提出的三条实验结论，大大增强了使我的吸附理论站不住脚的那些异见的理论力量：(i)朗缪尔报告说云母表面吸附的气体在小于单分子强度的吸附层形成时达到饱和；(ii)他称等温线可以使用一个方程表示，即著名的"朗缪尔等温线"——此方程的假定是分子被作用力吸附到离散中心上，且该作用力比被吸附的分子之间的吸引力大很多，从而使得此吸引力可以忽略；(iii)朗缪尔通过漂亮的试验证明水表面层是单分子层，且其结构由下层水的静电作用决定。他凭借此工作获得诺贝尔奖。

所有这些证据看似证实了源于形成壁的原子晶格的离散点的短程电作用力或化合价的图像——也是让我的吸附理论站不住脚的图像。

从1914年8月到1918年10月，我担任奥匈帝国军队的医官，由于随后的一直持续到1919年底的革命和反革命运动，在这段时间我暂时对这些发展一无所知。其他消息不灵通的圈子里的成员在这段时间内也暂时被我的理论的简单性及其广泛的实验验证所打动。但是，这一理论即将到来的遭遇已成必然。

在我被弗里茨·哈伯(Fritz Haber)邀请到柏林的威廉皇家物理化学研究所对我的理论作一次详细的讲述时，转折点到来了。爱因斯坦被特别邀请出席我的讲座。一些还未完全接受原子间作用力的电概念的科学家参加了此次讲座，并祝贺我给这一领域带来了"光亮"，但是爱因斯坦和哈伯的判决是：我的理论显示出对已经被科学确认的物质的结构的漠视。在专业上，我是咬紧牙关才渡过那一刻。

然而，我对自己理论的信心却并未动摇，我继续展开一系列实验以证明它的正确性。这些实验为我的理论提供了很好的证据支撑，即使其中有一些相对于我的理论而言的系统偏差。对于这些偏差，我将其归因为这样的事实：表面张力非常小(可能是单分子级的)的吸附层会在一定程度上破坏"吸附物按照统计意义的状态方程运动"这一假定。我再次在柏林召开的哈伯主持的会议上报告我的结果。在我讲完后，哈伯断言，因为我承认实验中存在着一些相对于我的理论而言的系统偏差,并且用"吸附层可能为单分子厚度"来解释这些偏差,这表明我实际上已经放弃了我的理论。当然,我根本没有放弃,不过在对这一理论的相信上我确实变得非常孤立,至少得不到当时领头科学家们的支持。①

然而,我的理论处境逐渐出现了转机。1930年,F.伦敦(F. London)提出了一种关于内聚力的新理论,建立在电子系统极化之间的量子力学共振的基础上。我马上向伦敦提出如下问题:"这些作用力是否会被干预分子屏蔽? 固体是否因为这些作用力而具有空间上固定的吸附势?"伦敦展开了计算,我们联合发表了这一结果(1930年):吸附力的作用方式的确与我的理论的假定是一致的。发现这点后,我们推断固体壁的吸附势能的下降与壁的距离的三次方成比例(此后,我将这一推断称为"逆三次幂律")。

次年,我被邀请到法拉第学会就"吸附"这一主题作一次介绍性的讲座。在这次讲座上,我展示了用"逆三次幂律"来确定楔形裂隙的吸附势,得到关于活性炭的典型观测的 $\varepsilon = f(\phi)$ 曲线。

我当时认为自己终于赢了这场十五年之久的战斗。但实际上,我在法拉第学会宣讲的那篇文章并没有给人们留下什么印象。② 看起来,当时认为"波兰尼的吸附理论是错的"那样的观点已经坚定到这样的程度:人们只知反对波兰尼的吸附理论,而对于这一理论究竟是什么原因被拒斥的,人们已经不记得了。因此,我对那些反对意见的反驳并没有产生什么影响。

当然,还会遇到一些反对意见。朗缪尔声称,按照我提出的研究方向,"铯蒸汽在钨上的吸附"这一事实可以带来新的证据。因为化学吸附对非均相催化的影响,人们的关注也从内聚力带来的吸附转向化学

---

① 1928 年发表的一篇文章[Z. Phys. Chem., 132 (1928), p. 321]可以从一个新角度给我的理论以强有力的支持。它表明,在低于一个物质的熔点时,达到饱和时的吸附数量随着温度向熔点的靠近而稳定升高。这一效应的性质和幅度可以从我的理论所假定的一个事实中得到,那一事实即吸附层是被吸附物的一个无定形改性的。看起来这篇论文似乎完全没有人注意到。

② M. POLANYI, 'Theories of the Adsorption of Gases', *Transactions of the Faraday Society*, 28 (1932), pp. 316-33.

吸附,即使从这种化学吸附的角度出发很少能在吸收等温线的研究中找到平衡态。此外,我的实验材料的合适性也被质疑,因为它是多孔的,有着未知的不规则的表面结构形态。这些反对意见直到今天还在持续地产生着一些影响。

但是,朗缪尔将其关于云母(在1917年进行的观察)的等温线的观察进行外推的理论很快就被证明是错误的:人们发现饱和发生在多分子厚度的吸附层。朗缪尔等温线自身在理论上是错误的,这一点看起来直到今天仍然没有被人们充分地认识。对于任何由内聚力引起的吸附而言,朗缪尔等温线是不适用的,这种吸附的分子能在固体表面不同点的差别非常小,不可能超过吸附分子的内聚能。朗缪尔等温线可能适用于可逆的化学吸附。但我唯一知道的朗缪尔等温线明确适用的例子就是铯阳离子沉积到带负电荷的钨表面,一个非常不典型的关于吸附的例子。因此,将朗缪尔等温线作为吸附平衡的合适近似,这是误导。这个公式应当被整个地放弃。

近几年的研究工作表明,在最初的一层或两层被吸附的分子之外发生的平面上的吸附等温线可以由遵循"逆三次幂律"的吸附势推导出来,然而,其中对应于最开始几层沉积的那部分等温线不符合我的理论。我认为,这是因为吸附层的表面张力导致其在吸附的早期阶段不符合标准状态方程。确认推断出的"逆三次幂律"适用于平面的实验是一个漂亮的实验成果,然而多孔吸附剂有着这样的优势:吸附层累积在其表面是通过降低表面张力来实现的,因而使得标准状态方程适用于全部的观察到的等温线。由此,因为我的实验验证使用的是多孔吸附剂而怀疑我的理论的实验验证,那种怀疑被证明是不合理的。

对正确的吸附理论的认可被耽误了近半个世纪,对这一事实感到困惑的科学家们可能对上述的这段历史感兴趣,但我认为,这个故事应该为人们所重点注意的是它对科学方法的影响。

首先要提到的是,如果我当时对物理学的最新的重大进展了解得更多一些,也许就不会构思出我的理论,更别说努力地去验证它。而且,由于我最初不知道那些反对我的观点的强大的错误异见,我的观点才被免于扼杀在萌芽之中。最后,通过付出必要的劳动来证明我的理论，我可以不受这些反对意见的影响，但是我仍然无力反驳，对于那些深信我的观点必定不正确的人而言，我的验证不能给他们留下任何印象。因为电作用力不能产生我假定的那类吸附势，而且当时也没有什么想得到的原理能够解释吸附势。朗缪尔提出的主张支持当时流行的关于物质的观点，因此他的观点得到坚决的认可，尽管它们是错误的（或者说与固体表面的吸附是无关），同时我的证据被不加检验地拒斥了，尽管它是有效的。当时，我对此无能为力。

科学方法的这一失败是否可以避免？我认为不能。任何时候都必须有一个被广泛认可的主导性的关于事物本质的观点，据此，科学共同体的成员联合展开研究。必须有一个盛行的强大假定，任何有悖于这一假定的证据都是无效的。这类证据不得不被无视，即使人们不能说明无视它们的原因，然而他们都带着这样的希望：这类证据终究会被揭示出是假的或是无效的。

这里，我将重复一些我在之前的一篇论文中所作的评论，评论的对象是当前那些具有似真性的观点抑制与它们相反的证据的方式。① 实验室里，可以解释为化学元素嬗变的那类观察结果经常出现。但是只有这一转变过程因为某些原因被视为是"具有似真性的"之时，才会有一些知名的研究者在发表的文章中声称实现了这一转变。比如，在卢瑟福和索迪突然宣布发现放射性元素嬗变（1902—1903 年）的刺激下，原本审慎的研究者们发表了一系列错误的研究报告，宣称他们已经实现元素的嬗变。A. T. 卡梅伦（A. T. Cameron）于 1907 年、威廉·拉姆齐（William Ramsay）爵士于 1908 年宣称，在 α 粒子的作用下，铜转变成锂。

1913 年，科利（Collie）和帕特森（Patterson）称他们利用氢，通过放电得到了氦和氖。不久，这些声称被证明是错误的，之后很长一段时间都不再有人做出这类声明。直到 1922 年——由于当时的一个科学发现，即比卢瑟福早三年发现的人工嬗变的某些形式，在这一发现的影响

---

① M. POLANYI, *Science, Faith and Society*, Oxford: Oxford University Press, 1946, pp. 75-76.

下，又出现了新一波的基于错误证据的类似声称。德国的梅瑟(Miethe)和斯坦姆瑞奇(Stammreich)及日本的长冈(Nagaoka)各自独立地报告：在放电的作用下，水银转变成金。史密兹(Smits)和卡尔森(Karssen)报告了铅转变成汞和铊。帕内特(Paneth)和彼得斯(Peters)声称，在铂催化剂的影响下，氢可以被转化成氦。所有这些观点最后无疑都会被抛弃；1928年，其中最后一个观点也被放弃了。一年后，放射性元素的蜕变理论被确立，这一理论的确立也表明了那些转变元素的尝试都是徒劳的。从那时开始，我再也没有看到过那类声明的发表，尽管拉姆齐、帕内特以及其他人必定在不断提出关于这类转变的证据。然而，这类证据都被忽视，也不被出版物所认可，因为它们不再被认为具有充足的似真性。还有这样的例子，D. C. 米勒(D. C. Miller)的观察结果与迈克尔逊-莫雷实验的结果相矛盾。但这些观察结果却无人理会，它们被搁置在一旁长达五十年左右，尽管直到1955年也没能被解释或被证明是错误的。①

因此，我现在并未对我的理论所受的压制有所怨言，这种压制在当时看来有着充足的理由，尽管这些理由现在被证实是错误的。或许更难理解的是，在1932年，我再次对吸附理论进行了阐述，在那次阐述中，我也证明了最初那些反对我这一理论的意见是站不住脚的。但是，在那之后过了十五年多，对我的理论的重新发现和对其地位的逐渐恢复才开始。我认为，这是由于在前一个时期留下了太多的疑惑，因此科学家们必须花些时间认识新情况，同时也因为我自己的工作之前长期被认为是不足为信的，所以之后仍被质疑。如果这个问题更重要些，那么这段潜伏期无疑就会短一些。

对与正统的关于事物本质的观点相悖的证据予以压制或无视，所带来的危险当然是巨大的，因为它们往往被证明是灾难性的。科学通过允许一些不同于正统观点的异议，可以在一定程度上防范这些危险。

---

① 见 M. POLANYI, *Personal Knowledge*, London: Routledge & Kegan Paul, and Chicago: University of Chicago Press, 1958, p. 13；其他的例子，见该书 p. 276，和 M. POLANYI, *The logic of Liberty*, London: Routledge & Kegan Paul, and Chicago: University of Chicago Press, 1951, p. 17。

但是，科学公论必须在自负风险的情况下，考虑并决定这样的容忍可以达到什么样的程度，如果不允许出版物有那些"胡说"，那么科学期刊也就变得没什么价值了。

纪律必须严明，实际上也是如此。如果我是在五年后而不是在1916年提交那篇吸附理论的论文，我怀疑那篇论文将不能通过任何科学期刊的审核。我很幸运地受益于1916年的审稿人对那种纪律的相对忽视，还有布达佩斯大学理论物理学教授对那种纪律的完全忽视，他在1917年认可我围绕这一理论内容所作的博士毕业论文（希望他的亡灵可以原谅我说这些大不敬的话！）。

即便如此，那些对我的理论的反对也会中断我关于科学生涯的任何梦想——在放弃医学后，我的科学生涯本就开始得太晚——如果我不从事其他科学工作，我就不会认识到我的吸附理论所带给我的那些比质疑更有价值的东西。

即使是在曼彻斯特的维多利亚大学担任物理化学教授时，我也不能够讲授我的理论。当时曾希望考查本科生在这方面的知识。但是那时的考试都是由一个包括一名外聘主考和几名教职比我低的成员所组成的委员会设置并打分的。我不能试图把与当时被普遍认可的理论完全相反的观点强加给他们。大学的考试系统严格限制讲授与当时主导的科学公断相冲突的观点。

这里，我要重申一下，我并不是反对当前科学界的正统力量与异议权利之间的平衡。我只是坚持要确认这一事实，科学方法是并且必定是受制于正统的，正统只会允许一定程度的异议，而且对于异议者而言，这些异议带有极大的风险。作为科学家，为了学术上的诚实，我要求对这一情况有一个清楚的承认，而且我要提出批评的是：现今，这种状况不但并未得到承认，反而被当前关于科学的那些声明掩盖了。比如，伯特兰·罗素（Bertrand Russel）曾说：

> 科学的胜利是因为用观察和推理取代权威。在知识问题上，每一次试图复活权威就是一次倒退。而且，科学声明并不都是肯定的东西，而只是从当前掌握的证据来看，最有可能的东西，这就是科学态度的组成部分。科学带给理解其精神的

人的一个重大好处是：使得他们不需要主观权威的那种欺骗性的支持就能生存。①

这一陈述掩盖了这样的事实：当前的科学公断的权威性对于科学组织的纪律来说，是必不可少的；它的作用是无可估量的，尽管它也会给科学进步带来不绝的危险。我没有见过，在运用科学公断的权威性时对科学公断自身的学说的确定性没有要求。在任何情况下，认为对只是宣称可能性的科学公断进行证明，比对宣称肯定性的科学观点进行证明更加容易，这都是错误的想法。科学公断和科学观点都表达着一种寄托，在这一意义上，对两者的证明都必然超出证据的范围。

我刚才讲述的关于科学失败的例子，这个故事本身并不重要，但是它促使我思考关于科学解释的某种特殊的危险模式的风险。1912年到1930年，这一时期的物理学家们都认为只有电作用力能够说明分子内部的吸引，他们将此视为不可置疑的确定事实。指出"这一解释有不足"的论据都被视为不科学的东西被拒斥，因为没有其他的关于分子相互作用的原理看似可能。这让我想起今天大多数生物学家的那种急躁，他们将当前关于进化的自然选择论遇到的所有难题都放在一边，因为没有其他看似可能的解释能被作为科学的观点接受。这种做法，以没有任何其他能被作为科学的观点接受的备选观点为根据，可能有时是有效的，但在我看来，这也是科学权威的最危险的应用。

---

① B. RUSSELL, *The Impact of Science on Socieiy*, London: Allen and Unwin, 1952, pp. 110–11.

6
我研究 X 射线和晶体的时期
1962

一位伟大的诗人、学者曾说过,"国王在哪建宫殿,马车夫就在哪找工作"。大部分历史写的都是国王的事,也应当是这样;但马车夫们的工作也有自己的历史,而且这也很重要。如果不是追随那些富有进取精神的开拓者,伟大的发现者们可能不会取得什么重大成就。这里,我想起了那个有着广阔范围的知识域在早期拓荒时的短暂阶段——五十年前,马克斯·冯·劳厄(Max von Laue)最早涉足这一知识域,布拉格父子追随其后并作出重大发现,向人们揭示出这一领域的重要宝藏。

伟大科学家的示例是指引所有科学工作者的明灯,但是我们必须提防被它蒙蔽。对于"发现之光(the flash of discovery)"已经有太多的谈论,这可能会掩盖这样的事实:无论多伟大的发现,只能对科学家们智识状况中固有的潜在可能性产生影响。从我所做的那类工作来看这一点,要比从那些重大发现出发更容易看到,这也是我讲下面这个故事的原因。

在我开始这一工作时,当时的德国已经有了一系列的由威廉皇家学会支持的研究机构。其中一个是在柏林-达勒姆的新近建立的纤维化学研究所,我于 1920 年秋被任命在这里工作。初次接触,研究所就将我加入的这个行业的独特特征展现在我眼前。按照德国人的习惯,我拜访了在达勒姆的其他研究所的所长,首先拜访的是伟大的弗里茨·哈伯,也就是物理化学研究所的所长。哈伯之前看过我关于反应动力学的思考文章,在我的这次拜访中,哈伯就这些文章提出了严厉的告诫:"反应速度",他说,"是一个世界性的难题。你应该先'煮好一块肉'"。他的意思是,首先我应该证明我作为专业研究者的能力,其他的就顺理成章了。生物化学研究所的所长卡尔·纽伯格(Carl Neuberg)带给我的印象则全然不同。"不要待在这里,亲爱的同事。"他说,"在大学找你的第一份工作。在这里如果你两三年还没作出任何发现,你就只不过是一个老朽;但是,在大学里,你永远都有你的学术荣誉可以凭借。"

发现的确需要一些超出专业技能的东西,也就是识别那种问题的天赋——那种问题已经成熟,凭借你自己的力量能够去探寻它的答案,它所涉范围的大小能足以让你全身心地投入对它的研究,并且它也值得你为它付出这样的努力。哈伯曾经告诫过我,他觉得我研究的那个问题还没有成熟,在任何情况下对我来说都太大了。或许他是对的,然而,我在纤维化学研究院的新工作将我带向了一个不同的方向。在我来到研究所后,所长雷金纳德·奥利弗·赫尔佐格(Reginald Oliver Herzog)——他的善良以及宽泛的求知敏锐性,让我想起他就觉得温暖——很快地给了我"一片肉",也就是哈伯认为我首先需要的东西。在赫尔佐格与谢乐(Scherrer)同时独立地发现纤维的结晶性质后,赫尔佐格在其助手简克(Jancke)的帮助下,发现了被 X 射线束垂直照射的一束苎麻纤维会产生一个衍射图案,该图案由多组可构成两个对称的镜像平面的四个等效点组成,其中一个镜像平面穿过原射线束和纤维轴,另一个与前一个垂直。这个图案中包含着令人兴奋的东西,我被邀请解决这个谜团。在之后的几天,我第一次接触了关于 X 射线衍射的理论;因为战争和革命,也因为我之前对热力学和动力学的专一兴趣,在此之前,我几乎没有听说过 X 射线衍射的理论。然而,我很快就得出结论:那个四点图是由一组随机分布在一个轴周围的平行晶体引起的。这一解释被纳入赫尔佐格和简克联合发表的文章中。由此,我"做熟了一片肉"——它改变了我的地位。赫尔佐格体贴而热情地给我配备了试验工作所需的每一台设备,最为重要的是为我提供了雇佣助手和资助研究生的基金。在这方面,我真是太幸运了。来自维也纳的赫尔曼·马克(Herrmann Mark)、埃里希·施密德(Erich Schmid)和卡尔·韦森伯(Karl Weissenberg),还有欧文·冯·冈珀兹(Erwin von Gomperz)以及其他一些人员都加入了我的团队,这个地方很快挤满了人才。当时正是恶性通货膨胀的时期,贫穷的赫尔佐格发现支付所有这些人的工资是很困难的。因此,韦森伯领头召开了抗议会议,解决方案获得了通过;研究所获得了"助教-共和国"的美名。我们度过了一段美好时光。

我将从记忆中——而不是从论文中,即便是我自己的论文——找出在那段时间里我的一些更深入的研究成果的诞生方式。我发现,组成那幅纤维衍射图案的所有点都在一系列的双曲线上,每个双曲线上的点都是由与平行于纤维晶轴指数的平面反射而成。我以平行于纤维素轴的等同周期为函数,建立了公式以确定这些双曲线。做好这些准备后,我计算了纤维素的单位晶格,并得出结论:纤维素的结构要么是由单一的己糖连接成的直链大分子,要么是由脱水的己二糖所组成的聚集体。这两种结构都与单位晶格的对称性和尺寸相符——但遗憾的是,我缺乏那种排除第二个可能的化学感觉。

这一遗憾也带来了很有趣的结果。当我在哈伯主持的讨论会上第一次陈述这一结论时,四周响起了一片反对之声。我的这一结论听起来颇有些暧昧,尤其是其中纤维素的链结构既符合无限大的大分子量又符合异常小的小分子量的观点。在我本应肯定地将链结构作为唯一与纤维素已知的化学和物理性质相匹配的结构进行研究之时,我欣喜地目睹了观点不同的化学家们的观念革新。然而,我没有意识到这个问题的重要性。

我在处理浆液-丝蛋白时也犯了同类的错误。赫尔佐格发现了它的纤维衍射图,将其交给我评估。我确定了它的单位晶格,并观察到里面仅有容纳甘氨酸和丙氨酸的空间。但是,我没有拿定主意如何看待其他观察到的分解产物。我没有识别出这个问题巨大的重要性,在这个问题"半熟时"就将他交给了布瑞尔(Brill),作为他在我的指导下写作的博士论文选题。

这样的失败值得记录下来,用以修正当前流行的关于科学方法的理论,当前流行的这些理论完全是建立在成功案例的基础上。有趣的是,回想起来,在这一点上我的主动性的弱点,部分地要归因于:由于纤维素衍射图的中纬线上的两个点的位置与根据我的分析所推断出的理论值之间存在细微的偏差,我在这一路线上进行推断的信心被削弱了。这些零碎未弄清楚的地方让人筋疲力尽,但是令我欣慰的是,至少我没有遵守当时流行的星期日学校关于科学方法的训词,它要求人们拒绝接受哪怕只出现一个反例的理论(我现在仍不知道究竟是什么引起了那些点的位置出现偏差)。

在我发现纤维素衍射图中的双曲线并据此计算单位晶格后,由此确立的原则在我与韦森伯、马克的合作下,被转换为旋转晶体法。韦森伯的数学水平远超出我,而马克在操作技能方面近似天才。就我记忆所及,这个项目,包括使用延长的德拜照相机以将较高层线纳入观察的建议,是我提出的。韦森伯归纳出了层线关系,而我之前对这一点的涉及只是为了确立晶体的方向轴,包括在任意方向上的等同周期;马克使用新方法进行了第一批试验。我认为,是马克和我最先使用旋转晶体仪器来确定未知晶体的结构:在1923年,我们用此来确定白锡的结构。马克、施密德和我首次使用它来说明锌晶体的塑性流动。

接着,固体强度成为我的主要兴趣。出于技术方面的考虑,研究所将这个重大的问题分配给我。我知道,固态的性能特征也就是它的坚固性,尚未得到解释,实际上物理学家几乎对此不作探究。我注意到,根据近来对岩盐的结构发现,这种晶体可以承受的刚性断裂或塑性变形的强度比它现实中能承受的高出了上千倍。面对这一矛盾现象,我求助于现代物理学的两个特征:(1)岩盐晶体是一个巨分子;(2)在分子内部,能量可以通过不受经典力学定律控制的量子跃迁来传递。从基于岩盐实际强度的计算,我得出结论:通过破坏晶体产生新表面所需要的能量将要由储存在即将断裂的两侧(在两个方向分别延伸两至三毫米的区域内)的应力来提供。因此,我就着手通过实验证明小于几毫米的晶体的强度要比较大的晶体强。这一结果是不确定的,而且整个想法都可能是错误的;但是在探索的过程,我无意中发现材料强度的一个重要方面,它似乎映现出我最初要探究的那个矛盾,并使我更有信心继续沿着原来探究它的道路前进,这一重要方面就是:我逐渐认识到,冷加工可以使材料硬化。

任何破坏晶体的理想结构的过程(由此减少了被视为是单个分子的区域)都会提高结晶材料的阻抗力,我深受这一事实的触动。这看似确认了我用于解释晶体对于应力的低阻抗力和用于反驳不同理论的原理——受到格里菲斯(Griffiths)关于石英线的研究的启发——晶体强度低是由于裂缝或其他的结构缺陷。通过猛烈地刮擦其侧面而对岩盐晶体进行的冷加工,牵引钨晶体(来自白炽灯的灯丝)穿过管口以对其进行的冷加工,都证实了这一点。这一结果,在1921年9月以《通过冷加工带来的晶体硬化》为题在本生学会(Bunsen Gesellschaft)的会议上提交,引起了人们不确信的惊奇。古斯塔夫·塔曼(Gustav Tammann),在作为知名前辈讲话时,也表达了这种不确信的惊奇。然而,稍后的研究表明,我的研究结果基本上是可靠的。

期间,我继续先前问题的研究。一些冶金学家对我在单晶硬化方面的研究比较感兴趣,他们告诉我丘克拉斯基(Czochralski)发明的用于生产丝状金属结晶的方法。这一方法主要在于:从金属熔池中拉出一根丝状物,从而使它按照你拉出它的速度逐渐凝固。欧文·冯·冈珀兹这时跟着我做他的毕业论文,他就负责用这种方法制作锡和锌的单晶。遗憾的是,金属总是成块出来,之后由于赫尔曼·马克的介入才挽救了这个项目,他在金属液体上面覆盖了一个中间有孔的云母板,这样,通过这个孔抽出的就是光滑的圆柱形金属丝。如果没有他的这一精巧的方法,我们接下来对金属的塑性流动的研究就有可能不会发生。

我们的下一步工作是阐明锌和锡的塑性流动中的结晶学规律。这些现在已经是众所周知了。对于这一工作,我想说的只是:这是一个罕见的实例,多达三位科学家基本均等地参与了一个相当重要的工作的一部分,虽然这本应是常事。我们很幸运地发现了这样的一个问题,这个问题已经成熟,我们能够去探寻它的解决方案,它所涉范围的大小也足以让我们联合起来尽可能地发挥我们的才智去研究它,而且那个答案也值得我们付出这样的努力。在关于锌的这一研究文章发表的几个月后,英格兰的G. I. 泰勒(G. I. Taylor)与埃兰女士在发表的论文中阐述了类似的研究，解决了一个完全不同的系统（铝）中的相同问题，这也证明了我们所研究的这一问题的确是一个成熟问题。尽管这两篇同步发表的文章所应用的方法有着很大的不同，但是它们都评估了共同的智识状况中隐藏的同一些可能性。

接下来的这个插曲可以在一个较小的规模内阐释这一原理，顺便也可以展示那个时候我们所依赖的晶格知识是多么地粗糙。在马克和我那篇关于白锡的结构的论文发表后不久，荷兰科学家范·阿克尔（Van Arkel）来拜访了我们，他告诉我们：我们的结果是错误的，因为他确立了一个完全不同的关于金属的结构。仅仅讨论了几个小时后，大家就发现，范·阿克尔确立的结构跟我们所提出的是相同的，之所以看起来不同是因为，他确立的结构中所使用的轴线相对于我们所使用的有45度的偏移。

这一工作中的大部分都是在我在达勒姆首次"做好一片肉"后的两年多的时间内完成的——所有这些都被作为纤维化学的一种相当古怪的类型为我们那高尚的所长R. O. 赫尔佐格所支持。在确立了晶状固体中变形的几何机制后，我们现在可以有效地研究有关变形的物理问题，正是这些物理问题最早吸引我进入这一领域的研究。但是，马克正热衷于结构分析，韦森伯也有他自己研究的问题。因此，主要只剩下施密德和我开始着手固体强度的物理学分析，以整个团队之前取得的关于晶体学的研究结果为基础。施密德确立了在屈服点时的切应力定律。我们一起观察到晶体的最小变形也能导致明显的硬化，而且取消硬化的"恢复"过程并没有重结晶。施密德通过应用其切应力定律确定了更大变形时的硬化。我们共同证明了：由于流体静压下的应变，与滑移面垂直的应力使其耐热性不会受到影响。与W. 迈斯纳（W. Meissner）和E. 施密德在1 K温度下所做的实验，展示了晶体中的滑动不会产生热量这一特征，这与非晶体变形时的晶体塑性形成了根本对照，后者在绝对零度变成完全刚性。我与G. 马辛（G. Masing）对在液态空气温度下断裂的细粒度的锌进行的观测确认了这一事实：晶体材料的内部断裂会提高其对脆性断裂的抵抗力。到目前为止，在每一种情况下，我们都发现，晶体的强度是从它那反常的低值上升到格里菲斯在非结晶的石英线的研究中观察到的那种更高的理论强度——当晶级的扰动使得晶体状态朝向非晶体状态转变时。这也是我为奇怪的乔弗效应(Joffe-effect)找到的解释：我通过与 W. 埃瓦尔德(W. Ewald)共同进行的实验表明,溶解在岩盐棱柱表面的水降低了它对塑性流动的抵抗力,这一流动的开始就是进行冷加工,这也正如乔弗所观察到的那样,提高了晶体对脆性断裂的抵抗力。

我将略过我们开始于发现经冷加工的多晶金属的纤维结构的研究,我只想提到一点：可以通过在单晶中观察到的关于塑性变形的晶体学来解释这一现象,是一件多么美妙的事情。或许,更有趣的是,我与 P. 贝克(P. Beck)一起发现,对弯曲的铝结晶进行退火处理会使它再结晶,然而,如果在退火处理前将它矫直,它就不会再结晶。这些还只是一些外围线上的研究,因为他们并未能弄清固体强度的性质,其依然掩盖在这样的一个悖论之下：有助于恢复理想晶体结构的影响看似会弱化材料强度,使其远低于理想强度；然而对这一结构每一次的扰动,都会提高材料的强度,朝着理想值接近。

我对这一现象的着迷终有收获——但这种着迷还是被证明有些过分了。从埃里希·施密德在我七十岁生日之际所写的一篇文章中,我总结出：我已经形成的关于晶体硬化和弱化的图片使我忽略了一个修订它的重要线索。我与 W. 埃瓦尔德(1924 年)进行的实验表明,将岩盐晶向着一个方向弯曲,它会变硬,但这仅是对于在同一方向更进一步的弯曲而言；如果将其往相反的方向弯曲,它的强度实际上是降低了。施密德说这种力学恢复随后在多种晶体中都出现了,其中包括金属晶体。如果我之前注意到,变形实际上可能使晶体的强度降低,我就会更倾向于这样的观点：晶体对塑性变形的极低的抵抗力可能是因为晶体结构中的那种不规则,也就是现在众所周知的**"位错"**。但是,"位错带来高度的塑性"这一想法也的确逐渐在我的脑海中成形。1932 年 4 月,我在给列宁格勒的乔弗学会(Joffe's institute)的成员所做的讲座中对这一理论进行了详细的介绍,他们都接受了这一理论。回到柏林后,我将我的理论讲给奥罗万(Orowan)听,他告诉我,他在将要提交用以申请学位的论文中提出了一个类似的观点。他催促我发表我的文章而不用考虑他那竞争性的主张，但我宁愿推迟我的论文的发表，直到他也可以自由发表他的那一论文（这解释了为什么我的相关文献是在德国以德语发表，而且是在我离开这个国家一年，并已经在英格兰发表了很多文章之后）。

同时，科学家们只是揭示着当前的智识状况所能达到的那些隐藏知识——这一原则被再次展现出来。我们还可以看到同样的暗示会在完全不同的头脑中成长为同样的答案：这一次，这个不同的头脑是英国的 G. I. 泰勒；我在德国发表题为"Versetzung（位错）"的文章时，他在英国同时发表了题为"Dislocation（位错）"的文章。

到 1923 年秋季，我晋升为物理化学研究所的独立成员，离开了纤维化学研究所。哈伯接受了我，这时他对我作为科学家工作的能力充满信心，我马上就又再次投入到反应动力学的研究中。我研究 X 射线和晶体的时间持续了三年。

7
科学中难以明确说明的成分
1962

我希望在这篇论文的展开过程中，什么是我所说的"科学中难以明确说明的成分"能够逐渐清晰。我现在要谈的仅仅是个人判断对科学思想的贡献，这种个人判断不能被明言推理所代替。我将要努力展示的是，这种意会的操作不仅在发现中发挥着决定性的作用，而且在对科学知识的持有中也发挥着决定性的作用。我将勾勒出这些意会行为的结构并且展示出这一结构在何种程度上给予了依靠这些行为的理由。

我们从对康德思想的回忆开始。即便是如此强烈地热衷于严格确定纯粹理性的规则的康德，偶尔也会承认，在所有的判断行为中必定有个人决定的参与，而这种个人决定无法用任何规则来说明。康德说，没有哪种规则系统能够规定这些规则自身被应用的步骤。由一个不受任何明文规则限制的根本能动性决定着将某个个例归入某个普遍规则或普遍概念之中。对于这一能动性，康德只是说它"也是所谓'天赋机智'（mother-wit）的特性"（《纯粹理性批判》，A. 133.）。实际上，在另一处他又说，这一能力是进行任何判断时所不可或缺的，相当神秘莫测。他说知性在形成某个类的图形和应用某个类的图形于个别时的方式"是人类心灵深处隐藏着的一种技艺，我们任何时候都很难从大自然那里猜测到它的真实操作方式"（《纯粹理性批判》，A. 141.）。我们被告知，每次我们在普遍意义上谈及狗、树、桌子时，或者在将某物确定为狗、树或桌子时，我们都在进行这种秘密的操作，而这种操作的真实方式永远不可能被我们毫无遮蔽地揭示出来。

人们可能会好奇：纯粹理性的批判为什么会认可这样一个强大的精神能动性的运作，并且对其除了一些零星的涉及外并未作深入的分析。人们也会好奇，对于这种"理性对难以明确说明的决定的让步"，那一代的学者怎么会对其不作质疑？或许康德和他的后来者们本能地不愿惊醒这一沉睡的怪兽，他们担心这一怪兽一旦被惊醒，将会破坏他们关于知识的基本概念。因为你一旦直面不能形式化的心智技能那无所不在的控制地位，那么将会遇到这样的难题：在理性主义框架之内无法解决知识的确证问题。

*

在这里，我将只是考察一下即使在精密科学的堡垒中我们也会遇到的不能形式化的心智技能最为细微的痕迹，精密科学通常被视为展示着严格的客观性，比如经典力学理论。力学是有关支配着行星运动的公式。这一理论非常严格，通常被认为能够用来严格预测行星的观测位置及运行速度。然而事实并非如此。观测到的读数与理论预测值从来都不一致，这种不一致不但会超出理论可以解释的范围，而且按照康德关于将规则应用于经验的个例的论证来看，它最终只能用不能形式化的心智技能活动来解释。下面让我们来看一看实际上到底发生了什么。

在将观测结果与理论预测值进行比较时，我们首先要确定的是：这一偏差是完全随机的或是展示了某种有意义的倾向。我将把这一问题置于更广阔的背景下。当我们看着我们面前的事物时，从众多无序的观感中挑选出有意义的形状，这是我们不断持续进行的一项工作。通常意义上，辨别我们所看到的事物的过程是自动且正常发生的。但是，有证据（稍后我会给出例子）表明，看东西的能力必须在婴儿时期通过一个学习过程获得；而且众所周知，理科学生必须费力地学会通过望远镜、显微镜或射线照片中的模糊阴影去看到某些东西。的确，偶尔我们也不得不睁大双眼努力辨认某个模糊可见的物体。而且，伪装也会隐藏一般的可见物，通过破坏事物的惯常轮廓，让眼睛看不到。另外，我们的眼睛也会被误导，比如，我们看到了一些显然是紧挨在一起的东西，但是实际上这样的东西并不存在。数世纪以来，人们都将天上的星座视为有着重要意义的事物，但实际上它们纯粹是偶然的、错觉中的聚集体。

因此，一般说来，去感知一个对象也就是去解决一个问题；它要回答的问题是：那里是不是有什么东西？如果有，那是什么？我们起先会盯着无法完全看清楚的东西看。我们会集中注意力试着进行猜测，在我们逐渐肯定我们的猜测时，有可能我们实际上被那个碰巧与某实物相似的形状欺骗了。天文学家也必须通过这一方式确定已观测到的行星路径与它的理论运行路径之间的偏差是否显示某种规律性。天文学家必须尽力去感知这一偏差中是否存在"某个有意义的形状"，也就是，是否存在某种规律性。

由此作出的决断自然可以接受进一步检验，后文我将会再谈这一点。但是，那些检验并不会带来发现。一个天文学家，除非他拥有这样的能力，即能够辨认出很可能被证明是有意义的规律，否则，他终其一生都可能在进行着无用的核对。在模糊的标准的引导下，看到其他人看不到的事物，这的确是科学天才才具备的天赋，拥有这种能力也就好比是具有敏锐的视力一样。首个科学协会的成员们就为自己拥有这样的才能而自豪，因而将协会称为山猫学院(Accademia dei Lincei)。

的确，在某些情况下你可以运用统计分析在规律性和随机性之间作出判定。这一方法确实基于严格的数学规则。但实际上，这一方法的运用，在开始和做出结论时，都要依赖于一些无法用严格规则来规定的决定。首先，在开始时，我们会认为这一偏差看似蕴含着某种规律性——比如，这些偏差都出现在同一个方向或具有一定的周期性——但目前没有任何能够合理地辨认出这种规律性的方法。一旦锁定了疑似模式，我们就可以计算出它偶然出现的几率，这样可以得出关于该模式"不过是偶然形成的，因而是错觉"的概率数值（比如 1/10 或 1/100）。但在得到了这样的结果后，我们还要非形式化地决定：根据"这种疑似规律性是偶然形成的"这一概率数值，我们应当认为这种规律性为真，还是应当放弃这种猜测？

诚然，科学家们已普遍地接受这样的规则：对科学家所合理假定的事件发生几率设定一个最低限量。但这些规则也不过是科学家对他所认为的不合理的几率的模糊感觉，并没有什么其他的根据。据报道，已故的恩里科·费米(Enrico Fermi)曾说过，奇迹指的是事件发生的几率不到十分之一的情况。罗纳德·费希尔(Ronald Fisher)爵士在《实验的设计》(*The Design of Experiments*)一书中广泛使用的规则则多一些谨慎；仅当该模式偶然形成的几率小于二十分之一时，它才会被作为错觉而被抛弃。但是，如果有人提议将那一限制设定为五分之一或二百分之一，那么，我们除了说该提议不合理之外，也找不到充足的理由来反对它。因此，对于观测到的偏差进行数学分析，也只不过是部分地使识别"有意义的形状"的过程形式化，那一过程也就是每当我们看着事物时，知觉就非形式化地运作的过程。数学仅仅是在这样一个程序中插入一个形式化的链接，这一程序开始于对"有意义的形状"的直觉的猜测，结束于一个同样非形式化的关于抛弃它或认可它的决定，这一决定是依据计算所得的关于它偶然存在的概率数值而做出的。

有一个领域，我们在那里可以获得更进一步的形式化。如果我们把关于一个猜测模式的偶然出现的那种"数值上的不可能性"称为这种模式的独特性，那么我们会发现，这一特性在信息论那里被解释为一组信号所传达的信息数量。比如，我们注意到，对一连串的 20 个莫尔斯符号进行排列，可以有 2^{20} 种排列，每一种排列都可以传达一个独特的信息。也可以这样说，20 个莫尔斯符号的任何一种排列的独特性是 2^{20}——因为这一排列偶然出现的概率是 2^{-20}。因此，模式（如果是真实的）的独特性和偶然出现（如果是似是而非的）的概率有着同一个数值。但是，20 个莫尔斯符号这一物理事实并不能揭示它是否是独特的或是没有意义。仅仅是通过我们把排列解释为编码信息，才使得这种排列获得独特性；是由于我们把它有效地用作一组符号，它才能被赋予 2^{-20} 种不同的独特性。仅当我们由此把某个意义赋予某个序列，我们才能估算这一序列偶然出现的概率，发现它的发生比为 $1：2^{20}$。

因此我们可以看到，当信息论使得某个模式的独特性能够明言地表达出来时，这实际上也很清楚地表明，这一独特性是我们自己的一个非形式化行为的结果。而且,这也可以被视为又一次给出例子证明了这一事实:随机性仅与某个潜在可能的次序相联系,因而随机性和次序表达的都是一个非形式化的个人理解行为的结果。如果这 20 个信号实际上是随机地流经这个频道,那么我们就无法把它们的排列归结为某种可能性。这一序列在技术上将被称为"噪声",信号的任何特定的排列将会被等同于这 20 个信号的其他 $2^{20}-1$ 种序列中的某一种。实际上,噪声之所以被认为是噪声,就是因为我们无差别地将它的组成元素的任一特定排列都等同于它们的其他排列,并由此将它们解释为同一噪声。这就是关于噪声的哲学。

这就给天文学家们思考观察到的行星运行路径与行星理论上的运行路径间的某组特定的偏差这一任务带来了新的方面。所有的通讯频道都受到一定量的噪声影响,但我们必须在噪声干扰的背景下读取信号。如果噪声电平高并且真实信号稀疏,那么我们就必须集中注意力找出有意义的序列,同时无差别地将组成噪声的信号合在一起作为纯粹的背景。这也正是天文学家所必须做到的,如果他想要将行星运行路径上细微但有意义的摄动与作为背景的随机观测误差区别开来。

而且,将杂音等同于背景,这又富于启发地带着我们过渡到一个更为普遍的原则,这一原则关涉"有意义的形状"的识别。与伴随着的噪声相区分的通讯,可以被视为一个关于图形和背景间的对比的特定实例,图形和背景的对比关系是格式塔心理学所广泛探究的问题。想一想那些著名的歧义图,比如鲁宾的"花瓶/人脸图"。以某种方式看这幅图,你会看到两张脸的侧面,两张脸中间有一个空白区;接着,换一种方式看这幅图,你会看到图中间有一个花瓶,而花瓶两侧,也就是你之前看到两张脸的地方则是空白背景。这一体验表明,当某一区域被视为某个图形时,它就获得了意义和完整性,而当它被作为背景时,它就立即失去了意义和完整性——与此同时,之前还只是背景的区域现在变成了有意义的并且实在的图形。对此,我们可以将其归纳为:图形就是在不确定的背景下看到的独特的东西。我将对此详细阐释。

拟态能够使得昆虫隐藏在它的背景下,比如,它翅膀上的图案与它所栖息的树叶或草叶的图案相似。伪装也是采用类似的方法。在这两种情况中,如果图案将人们的注意力从对象的轮廓上转移开,那么这些图案就是特别有效的。如果想要取得相反的效果,也就是使得某一个对象变得显眼,则可以给它覆盖上能够突出其轮廓的特殊图案。当然,这种图案在那种带有随机分布、模糊等特征的背景下,效果最为明显。事实上,一个对象并不能与其背景完全地区分开来,除非它的细节与这些组成部分的背景没有任何确定的相关性;如果背景的细节本身是随机的,那么这一条件则必然会被满足。我们又再一次地看到,随机性保证着背景的不确定性。科学中由系统误差而带来的关于背景的不充分的随机性,其原因在于系统误差通过模拟某个真实效果而模糊了任意一个真实呈现的轮廓。例如,系统观测误差会掩盖行星运行路线与它的理论运行轨道间的任何实际偏差,因为系统观测误差会带来一种似是而非的规律性,实际偏差不太容易与这种规律性区分开来。图形也会被隐藏起来,比如,某幅拼图被随意涂鸦覆盖,这就相当于上文提到的被噪声淹没的电文。

但是现在我必须暂且离开观测误差这个话题,以便详细地阐述关于与对象区分开来的背景的整体概念。前文我曾经谈到,根据"我们如何看它",我们会从鲁宾的歧义画上看到大不相同的东西。对于我们能够如此有效地以两种不同方式看同一事物的能力,我必须作进一步的探究,因此,我还要讨论这样的情况:一个物体因为在其背景中移动而十分显眼。我们看到田里有一头牛在散步。这块田地,以及整个宇宙中我们肉眼可及的,甚至超出我们肉眼所及以至无限的整个景观——都被视为或被认为是静止的,这头牛在这整个的静止背景中小跑。这个无限延伸、包含着无限范围的未知的或者至少是未被注意的细节的背景,被视为是绝对静止的,而某些界限清楚的物体则可被视为在这一背景下移动——正如在这一背景下,我们也可以感觉自己在移动那样。

实际上,这种关系反过来也成立。充塞我们的视野直到地平线的整个区域通常都被视为静止的。当你站在一座如多瑙河那般宽阔的河流上的桥面上向下看时,你会看到河水纹丝不动,而你会觉得你自己和你正倚靠的桥栏正在河流上方飞行。如果你往上游方向看,你会觉得自己正在向前飞;如果往下游方向看,你会觉得自己正在向后飞。但是,当你抬起你的目光时,你视野中所看到的将是:河流的边界、桥梁的运动停止了,河水又在桥下流动。因此,每一次,超越地平线之外的无限延伸的区域都充当了背景——也正是在这一背景下,我们所看到原本湍急的河流处于静止状态,而我们所站立的桥梁在河流上飞行。

这也展示出,当我们以某种方式而不是另一种方式看一个区域时,这样的行为可能会带来非常不同的效果:把这个区域看成是一个邻近区域的背景,而这个邻近区域被我们作为观察对象;或者以反过来的方式看这两个区域。我们也可以清楚地看到,这两种不同的看相邻区域的方式其实是相关联的。一个对象这样被看到,**依赖于**(by virtue of)我们把它周围的东西视为它的背景——反之亦然。现在,这一点很突出地显现在这样的事实中:对**运动中**的对象的感知,与其周围无限延伸的处在绝对静止中的背景,是功能上相关的。这表明,当我们看到一个处在其背景下的对象时,我们正进行着单个的精神行为,这种所见可能是正确的也可能是虚幻的;实际上,**我们是根据这个对象的外显**(比如,它处在运动中)**来意识到它的背景**,我们关于这一对象所看到的,**可能是真也可能为假**。

这给了我们第一个暗示,也就是关于康德所认为的决定着将规则应用于经验的那种"天赋机智"的结构的暗示,也是关于隐藏在自然之中的那个神秘力量的结构的暗示,那个神秘力量解释了我们那种能够形成和运用普遍概念的能力——这个意会的力量,我将它视为科学中难以明确说明的成分,对此,我将进行论证。

朝着这一目标,接下来我们来考察一下埃姆斯(Ames)那个出色的实验:以一个非常特别的房间作为背景来看人物。在房间的对角的两个角落,分别站着一个成年男子和一个小男孩,而小男孩看起来比成年男子高。小男孩之所以看起来比成年男子高,这是因为房间的形状被扭曲,因而两人分别站立的角落处的天花板高度、与对面的墙的距离都有着很大的不同。小男孩站在天花板高度较低并且距观察者更近的角落;成年男子站在对角的角落里,他所处角落的天花板高度更高、离观察者的距离更远一些,因此,小男孩看起来比成年男子更高。

我们之所以会看到"小男孩比成年男子高",是因为某种错觉,这种错觉的形成有两个阶段,都与我们自身有关:(1)(用一只眼睛)从实验指定的位置来看,原本形状不规则的房间看起来却是规则的;(2)在这一看起来规则但实际却是角度歪斜的房间的背景下,我们再看站在两个对角角落里的人物的尺寸时,错误地把他们当作站在规则房间内的对角角落里那样来看。房间的虚假外显构成人物的虚假外显的背景;我们在其他的背景下——根据毕生经验,我们认为房间应该是规则的矩形——对房间形成了错觉。

在规定的位置上看房间,这两种错觉都是强制性的,因为在规定的那个位置,用一只眼睛从与歪斜房间的墙边线的对角角度来看这个房间,会看到它如同那些规则的房间一样。由于没有任何突出的关于"这个房间是不规则的"的线索,我们就由过去关于规则房间的经验确定了关于这个房间的印象;而一旦这个房间被视为规则的,它就被作为那些人物的背景,由此我们就会用在规则房间内观测人物尺寸的方式来判断这些实际上处在不规则房间内的人物的表观尺寸。

但是,上述原因说明中掩盖了一个决定性的空白。上述说明描述了两个阶段的发生顺序,在这两个阶段中,某些线索使得我们看到的两个人物有着荒谬的尺寸。然而,为什么线索没有在相反方向起作用呢?小男孩比成年男子矮小这一事实可以成为一个线索,用来纠正我们对房间的错觉,并由此否定那种认为"所有的房间都是直角平行六面体"的规则。

我们必须承认线索实际上**可以**以这种方式起作用。如果我们从一个被实验禁止的角度来看实验的布置,线索就的确可以以上述方式起作用。其他的"无意中泄露秘密的"线索也有同样的效果,例如,用长棍敲击一个不规则的房间的墙壁,用这种方法收集线索。这样的仔细审查可以推翻错觉,再一次使我们看到这两个人有着正常尺寸。但是,实现这一目标所需要付出的努力显示了其反作用力的强大。这一力量存在于倾向有着背景功能的区域中,因为它围绕着我们注意的中心对象向四周无限延伸。因此,它或者是被我们附带地看到,或者是被我们附带地记住,该区域强制性地影响着我们观看所关注的对象的方式。甚至可以说,我们主要是从所关注的对象的外显上意识到这个被附带地注意的区域。

背景与人物的这种相互影响阐明了一个一般性原则：无论何时，当我们集中注意力于某个对象时，我们需要依靠对许多此时并未直接关注的东西的觉知，但是这些我们并未关注的东西又成为有力的线索，使得我们关注的对象出现在我们的感观中。关于这一点，一个很明显也经常被评论的例子是：我们总是会忽略一些新奇的东西。因为没有关于这些东西的线索，因此我们不能看到它们。达尔文曾经描述过，火地岛人好奇地围挤在从贝格尔号轮船上落下来的小划艇周围，却没能注意到停泊在他们面前的贝格尔号轮船。科学家们也会如同这些火地岛人一样，甚至包括观察行星的天文学家，也就是我目前所限定的研究对象。在1846年加勒（Galle）根据勒维烈（Leverrier）的预测发现海王星后，这个新行星过去的位置被计算出来，人们发现早在1795年5月，莱兰德（Lalande）在巴黎就曾对这颗星有最早的记录。巴黎天文台获知这件事后，在检查莱兰德的笔记本时发现，他曾在5月8日和5月10日两次观测到这颗行星，并发现它们位置不一致（因为行星移动了），他由此否认了其中一次的观测结果，认为这一观测大概是错误的，并将另一次观测结果标记为是有疑问的。剑桥大学天文学家詹姆斯·查理士（James Challis）曾试图检验勒维烈和亚当斯（Adams）的预测，他在1846年的夏季曾四次看到这颗行星，有一次甚至注意到它有一个圆盘，然而这些观测结果并没有给他留下什么印象，因为他对他正检验的那个假设一直持怀疑态度。在1781年被威廉·赫歇尔（William Herschel）爵士作为行星发现前，天王星曾至少有十七次被作为恒星记录：这十七次，它的移动都未被注意。现在去责备这些天文学家用火地岛人对待新奇东西的态度去对待他们观测到的新结果是毫无意义的。对于在外显的纷繁变幻中找到关于永久性的线索的渴求，是引领我们将经验置于理智的控制下的最高研究法则。实际上，如果那些天文学家那时继续检验每一个新观测到的星体作为一个缓慢移动的行星的可能性，那么，他们就会把他们所有的时间都浪费在获得大量无意义的观察结果上。

不可否认，误导火地岛人的那个原则有着无法估量的价值。纷繁的原始经验没有任何意义,我们的感知力仅通过将那些不同的外显确定为同类对象或特性就能使得那些原始经验可以被理解。我们的眼睛是如何做到这一点的?傍晚时的白雪反射到我们眼睛中的光线要比阳光下的黑色晚礼服反射的少,如果你通过一个涂黑的管状物来窥看这些物体,白雪可能看起来是黑色的,而黑色的衣服则看起来很亮。但是,在我们以平常的方式看这些物体时,雪看起来总是白的,晚礼服看起来总是黑的。我们眼睛具有的最高功能就是使我们看到的同一个对象总是有着恒常的颜色、尺寸和形状,不论这个对象距我们的距离、所处的位置和所在地方的照明情况等。黑管试验表明,这一功能的实现,是通过从我们视线所能及的整体视野中获得线索,并依赖我们对这些周边线索的觉知,去看那个处在我们注意力中心的对象。

这就是周边印象被用作线索时所发挥的功能,我们的理解力通过看到与我们注意力的焦点对象相关联的东西而使得它们发挥作用。正是这种技能(art),依据相对较少和持久的对象去看到无限多样的线索的技能,使得我们了解这个世界。这是一个有技巧的整合过程,一只在黑暗中被养大的猴子在面临着需要借助眼睛去识别它的奶瓶这一任务时,不得不慢慢地学会这种整合,人类婴儿在习得看东西的技能时可能也同样地在学会这种整合。这类学习,也是学生在解剖和显微镜检查、放射学和临床观察等实践课上费劲地想要取得更好的成绩时所必须进行的;动物学家和植物学家也正是通过这类学习获得识别不同物种的个体标本的专业能力。

知觉依赖的主要线索实际上深深地隐藏在**身体内部**,但是它们自身却不能被感知者所感觉到。尽管我们可以注意到我们眼部肌肉的拉紧,意识到我们头部的姿势,但是,由我们眼睛中晶状体调节并控制眼球会聚的肌肉、内耳等所带来的内部刺激的复杂模式,以及我们的知觉提供的见到物体的外表便能感知其数据的精密系统,都不能被感知者所体验到。而且,格式塔心理学已经展示出,即便是追踪处于视野中的那些线索也需要花费很多的心思,因为这些线索只是被附带地看到,而且它们对被感知物体的外显的影响只能通过精心设计的实验研究才能被揭示出来。因此,大部分被用于观看对象的线索无法被识别出来;此外,如果这些线索被识别出来而且它们自身被看到,那么,这些线索就会丧失它们作为线索的提示力;丧失了这一功能,这些线索也就成了无意义的细节。然而,关于这些无法辨明的线索的所有隐性评价都是以我们全部的智力力量来进行的,尤其是在我们集中注意力进行感知之时;实验已经证明,这一过程依赖于一些通过努力才能获得的操作,而这些努力在某些情况下会显示出:它们的不懈追求是如此紧张以致引发精神崩溃。

最后,我们在这里完全地直面着我们心灵深处的那种康德所认为的无法阐明的神秘力量。我们已经看到,对于它运作的方式,我们可以知道很多;但同时我们也意识到,我们对它了解得越多,它就显得越无法用明确的客观规则来界定。相反,我们可以更加清晰地看到:它在本质上是个人的努力,由无法确切指认的线索所引领,那些线索引领着我们通向某个连贯性,而这个连贯性正是我们在追寻这一连贯性的过程中所感受到的。

现在让我们带着这样的认识回过头来看天文学家是如何确定:在随机的观测误差(或者是一定程度的系统观测误差)的背景下,观察到的行星路径与理论上该行星路径间的偏差是否显示着某种真实的规则性。按照我们的认识,他必须意识到,在他的研究中,他必须得依赖自己对证据的个人解释,因为秩序或随机性都无法测量或者精确确定,这样,他就必须根据自己对秩序的理解来识别秩序,根据自己对随机性的理解来识别随机性。天文学家可以找到例子支持自己在这种情况下的默认,比如结晶学,这是精密科学中最为彻底的一个部分,因为它仅建立了一套关于固体可能符合的完美秩序的系统,因而没有什么实验事实可以反驳它;因此人们所观察到的偏离于结晶学的偏差并不被视为是结晶学理论的失败,而只被视为是由观察样本的瑕疵导致的。而且,就他对随机情况的认定而言,他也可以在这样的事实中找到例证:量子力学法则及热力学法则,都是些关于可能性的陈述,仅仅使用一些任意的能够否定非常特殊情况的可能性的拒绝法则,就可以对量子力学和热力学的这些法则进行质疑。

但是现在,思考着自己的观测数据的天文学家还必须面对更进一步的方法论问题。他必然会意识到,他在科学训练中获得的知识框架会引导他看到符合这一框架的那些东西,忽略那些不符合这一框架的那些东西;而且,他还会意识到,证据对他的原创性的威胁——这一困境也是所有科学思考不可或缺的向导,是正确的科学纪律的护卫者。然而,他想要在他的探究中获得成功。看着自己的观测数据,他必须努力分辨出它们是否显示着某种"有意义的形状":或许某个偏离于现有理论的偏差非常重要,如同开普勒发现的与第谷的关于火星路径的数据的偏差或者是勒维烈在天王星的摄动中发现的偏差那样重要,这种偏差意味着一种新的特征,他如果正确地解释了这一偏差,那么他就可以名留青史;但是如果他错误地解释了这一偏差,那么他就会受到讥笑。从知觉的结构来看,没有什么可以凭借明言的规则以解决他的问题。他必须集中注意力于任何有关规律性的迹象,但是他的努力必须建立在对周边数据觉知的基础上,这些周边数据只能被他眼角的余光注意到或在他思维的后台运作中被记住——同时,可能还要对之前从未遇到过的新类型的秩序进行鉴别。

现在,我最好还是将天文学家面对的方法论问题留给他们自己去处理,我将尽量把他们所面对的问题予以扩展,以涵盖科学探索的其他路线。要记得,知觉的努力是由原始经验的零散特征所激发的,这些原始经验暗示着某个隐藏着的模式的存在,这个隐藏着的模式使得经验有意义。这样的一个暗示,如果是真实的,那它本身就是知识,是那种我们称为"好问题"的预知。问题驱动和指引着所有的求知努力,它鞭策并引导着我们不断深化研究以更深入地理解事物。认识"真问题",这的确是所有认知的范式。因为认知始终是一个被大量无法确切指认的线索所警醒的张力,认知由这些线索指引直指一个焦点,在焦点上,我们感觉到一个事物的存在——这个事物,就像一个问题,内嵌于线索之中,我们正是依靠这些线索关注到这个事物。这是从对知觉的考察中得出的结论,我们现已将它广泛地应用于通过科学探索进行的对知识的追寻中。我们会看到它涵盖着从科学发现的开端直至对已确立的知识的持有的这一科学进程中那些难以说明的成分。

所有研究都始于收集能激起探索之心的线索的过程,这些线索在很大程度上类似于知觉的那些周边线索——它们自身没有被注意到或者它们自身并不容易被注意到。一个好的问题意味着一个发现成功了一半。就晶体的 X 射线衍射而言,劳厄(Laue)的发现几乎是在他提出这个问题时就取得了。李政道和杨振宁最近获得了诺贝尔奖,他们的伟大贡献实际上只是在于指出了"两个方向上的螺旋度本质上是否对称"这一问题。他们仅花了四十八小时的实验工作就发现这是不对称的。萨摩斯的阿利斯塔克斯(Aristarchus)提出的那个与我们日常所见的表象相悖的问题,也就是"或许是地球绕着太阳转"这一问题,直到牛顿发现了万有引力,该问题才得到最终解决。

  问题是令人困惑又有着广阔前景的东西,研究将这一令人激动的东西付诸行动,在作出令人满意的发现时达到高潮。科学家必须具有这样的天赋:看到他人不能看到的问题,感觉到他人感觉不到的通向答案的方向,并最终揭示出让所有人惊奇的答案。与此相反,如果没有为问题所困扰或者没有为答案的曙光所激励,没有成就感的体验或者任务的完成并没有让人惊奇,那么这个人就只不过是在忙着以测量来扩展知识。测量是一项枯燥的工作,因为它的执行都被规则严密地规定,而科学则是也必须是激动人心的,因为它在很大程度上依赖于无法确切指认的线索,那些线索只能被一个对于这些线索的隐藏意义的热切回应所感觉到、组织起来和整合起来。我们已经指出并分析了我们的知觉是如何运行的,它依靠那些最终内嵌于知觉所识别的对象的外显中的隐藏线索,将我们的注意力集中于某个带有问题的中心。我认为,这也展示了科学追寻的进行过程;而且,也揭示了科学中难以明确说明的成分,这一成分在科学探索的开始就进入科学并且在科学探索中一直发挥着作用,即使在科学探索所取得的结果中也有这一成分的参与。在科学领域,该成分被称为直觉。本文的目的就是指出科学直觉的结构与知觉的结构是相同的。这样来看,直觉并不比知觉更神秘——但也并不比知觉更少一些神秘。它像知觉一样不可靠,但又令人诧异地总是倾向于是对的。直觉是一门技能,植根于我们天生的对隐藏着的模式的灵敏感受力,并通过一个学习的过程而学会发挥它的效能。科学直觉是一门较高的技能,像音乐、政治或拳击一样,它们都需要特殊的天赋,一些人的这些特殊天赋会远远超出其他人。科学直觉的伟大力量被称为创造力(originality),因为它们能够发现最为令人惊奇的东西并且让人们以新的方式来看世界。

现今,人们通常将科学探索的过程描绘为:建立一个假说,接着对这个假说进行检验。我不能接受这种说法。所有真正的科学探索都是从偶然发现的一个深刻且有前景的问题开始的,而这就意味着发现已经成功一半了。那个问题就是一个假说吗?相较于假说,那个问题是一个更加含糊的东西。而且,如果对问题的发现被假说的建立取代了,那么这样的假说将必定要么是被随意提出的,要么是被精心挑选的因而颇有可能是真的。如果是前者,那么它"被证明为真"的几率可以被忽略;如果是后者,我们就要面对这样的问题:这一假说是如何经过精心挑选而提出的?为什么需要超常的科学天赋才能找到它?这些科学天赋如何运作?这样的问题立刻就揭示出:直觉在确立新的科学知识的所有阶段中不可或缺;那些漏掉了这些直觉或者意会地将它们视为理所当然的,又或者仅用含糊的语言将它们包含于其中的对科学探索过程的描述,都无法真正切中有关科学探索和对科学知识的持有的主题。对于没有将心灵的直觉力量视为起着我们在本文中提到的这种决定性作用的那些认识理论而言,本文的每一段都向它们提出了它们难以解答的问题。

但是,即便是最高级别的直觉创造力,仅仅在相当大的程度上依赖于迄今已经被认可的关于科学的阐释框架,它也能够运作。这将为科学家的研究提供综合线索,就像贮存在我们思维的后台中的经验,这些经验为我们提供关于感知新奇对象的综合线索。这些综合线索是科学的前提,包含科学探索当前流行的方法。有这样一个说法,美国最高法院说美国宪法是什么样的,那美国宪法就是什么样的。同样地,当前的科学发现证明了科学前提是些什么,那它们就是些什么。严格来说,所谓科学前提,就是现今那些未来的发现对它们自身的显示。

虽然如此,但这些前提仍然植根于我们今天所认可的科学内部,而且我们还必须解释我们今天持有的科学知识如何能够引导科学家去发现更多的、未知的、实际上是不可想象的知识。现今人们常说:发现的伟大在于它会带来更多的丰硕成果。但是这种描述隐藏了它要说明的东西。它仍给我们留下了这种悖论：我们能够知道隐藏着的知识的存在，同时却也能感觉到对它的日益接近，在这种感觉的引导下，我们能够追寻对这一知识的发现。

我自己对这一悖论的解答是在格式塔心理学的引导下，用新的词汇重述一个古老的形而上学的观念。我们依赖的那些线索使得我们的经验有意义，那些线索经常仅作为其隐藏意义的指针而被我们意识到；这一意义是实在的一个方面，这个实在在未来的不确定范围内的发现中将不断显示自身。实际上，这是我对外部实在的定义：实在是通过线索吸引我们注意的东西，这些线索鞭策和引导着我们的思想向它靠得更近，而且，它对我们的吸引力来自它的独立存在，因而它能够总是以一些不可预料的方式显示自身。如果我们已经把握了实在的某个真实且深入的方面，那么它的未来显示将是对我们现有的关于它的认识的一个不可预料的确认。正是因为我们对这种隐藏真理的预期（anticipation），科学知识才会被认可；也正是因为这些隐藏真理存在于已被认可的科学知识之中，它才能够继续存在并在我们的头脑中发挥作用。这就是已经得到认可的科学如何作为所有更进一步的科学探究的前提起作用。要辨认出我们面前看到的东西究竟是什么，这一渴求引导着知觉的努力。知觉的努力是对这样的确信做出回应，即我们能够使得经验有意义，因为经验内部有其连贯性。同样，科学探究也是由对事物的理解的渴求而激发的。这样的努力只有在某种希望的支撑下才能进行，那种希望也就是关于能够触到事物隐藏着的模式的希望。因为科学是一个合理并且成功的事业，因此我确信并且抱有上述的希望。以上就是本文的论述，我要证明的是：对知识的追寻在很大程度上建立在隐藏着的线索的基础上，知识的获得和最终的认可都要依赖于个人判断。我认为，这一寄托从人类在宇宙中的位置来看是说得通的。

编者的话

读者可以在波兰尼1967年向美国心理学会所做的题为"逻辑和心理学"的讲座报告中找到一份关于在科学知识中无法确切指认的成分

的更为详细的清单['Logic and Psychology', American Psychologist, 23 (1968), 27-43.]。那篇报告里,在波兰尼对意会认知的描述中内嵌着一份说明,指出了五个方面的不确定:(1) 经验性知识与实在的关联中的那些无法确切指认的成分;(2) 用于确立真实的而不是虚幻的连贯性的规则,这些规则是无法确切指认的;(3) 坚持某个知识是正确的,这种坚持所基于的基础是不确定的;(4) 获得知识的那个意会整合过程是无法确切指认的;(5) 在改变科学判断的基础时所涉及的有关存在的改变,这是无法确切指认的。

第三部分

意会认知

8
认知与存在
1961

几年前,一位著名的精神病专家向他的学生们演示某种症状轻变发作的病人。然后全班一起讨论"这是癫痫发作还是癔病性癫痫发作"的问题。这个问题最后由这位精神病专家来解决:"先生们,"他说,"你们看到了真正的癫痫发作。我难以通过言语告诉你们怎样去辨别这种疾病;你们将会在越来越广泛的经验中学会这种辨认。"

临床实践者将病理状态的这种特殊的不可名状的外显称为它的表象(facies);我将其称为"外观"(physiognomy),以将它和人脸微妙多变的表情联系起来。在识别人脸时,我们也不能确切地讲出我们究竟是怎么认出它们的。我们也可以把"外观"描述为某个种类的独特外显——这种外显只能"从审美上"[①]去识别,我们也可以进一步将只有专家才能识别的酒和混合茶的特征也称为"外观"。

要对"外观"进行更为明确的说明,就要达到两个目标:(1)识别它的细节;(2)描述这些细节之间的关系。我将引用一些综合体(comprehensive entities)来例证这两个方面的互补,在这些例子中,这两个方面可被独立观察。

---

① 关于"审美上的识别",C. F. A. PANTIN 在 'The Recognition of Species'中作过详述。见 C. F. A. PANTIN, 'The Recognition of Species', *Science Progress*, 42 (1954), pp. 587–98.

(1) 大约在1914—1918年,当飞机飞行技术刚刚成熟时,人们从空中往下看时发现了很多史前人类聚居的遗迹,这些遗迹所在的地域是许多代人曾经涉足过的地方,但是之前却并未被人们所注意到。尽管航空照片清晰地显示出这些遗址的轮廓,但是组成这些轮廓的地面上的标志却时常不能被认出。这样的遗址就是一些综合体,从远处看能够毫不费力地被认出,但是要近距离地识别它们的细节却有着很大的困难。这一例子中的细节,像癔病性癫痫发作的例子中的细节一样,完全无法确切指认;但是,两者也有不同,在这个例子中,无法确切指认的细节之间的关系是可以明确描述的,而在关于某个外观的例子中,细节之间的关系却无法明确描述。

一般说来,识别某个综合体的一些细节也并非完全不可能,比如,一个被临床诊断出的疾病的一些症状。但是在这样的例子中,确切指认所受到的另一种限制变得明显,这一限制在格式塔心理学中有着充足的论述。确切指认仍然是不完全的,主要表现在以下两个方面:第一,总有一些细节会被遗留下来,无法进行确切指认;第二,即使所有的细节都能被指认出来,但是这种单个地孤立指认可能会在一定程度上改变细节的外显。孤立地看一只跳动的白猫,有可能会看到它成了一只深灰色的猫;但是如果一扇窗户也被包含到视野中,那么这只猫的颜色还是原本的白色或灰色。兰开夏郡曾发生过这一类的事,一位预订一件白底绿条纹衬衫的顾客拒绝收货,其原因就是他看到的衬衫底色是紫色。因为平面上色块的颜色会随着它所处的环境而变化,所以有色图案无法根据它那些孤立细节被确切指认。"红色色块"通常被用作基本的感觉材料的一个范例,它本身从来都不能被孤立地明确指认出来。

(2) 再来看另一个方面,也就是旨在说明一个综合体内部细节之间的关系。这在局部解剖学中是非常多见的。我们可以很容易地指认数个器官,包括人体中的血管和神经束(这是系统解剖学的任务),但是它们在身体内的相互关系却只能通过想象的持续努力才能把握,这一想象建立在解剖的连续阶段中所揭示出的各个局部的基础上。在理解某个地质地形,或理解一个复杂机械的零部件的空间关系时,我们都得克服类似的困难。即便是在把握晶体的规则结构时,也会遇到这样的问题。1923年，H·马克和我确立了白锡的原子结构。① 不久后，荷兰科学家范·阿克尔来拜访了我们，他说，他确立了一个完全不同的结构。最后，我们发现，范·阿克尔确立的结构跟我们所提出的结构有着相同的原子排列，但是他所描述的结构中所使用的轴线与我们所使用的轴线之间有着45度的夹角。在观察原子排列时，这种细微的不同却曾使得我们相互都不能识别出对方提出的结构与自己是相同的，其原因只是因为我们对原子排列所包含的关系缺乏充分的理解。在这一意义上，不透明物体的任何复杂的空间排列都是无法确切指认的。

这样，我们看到了旨在对一个综合体进行说明的相互补充的两方面：一方面是从对整体的识别出发，致力于对这个整体的细节的指认；另一方面是从对一组被推测出的细节的识别出发，致力于把握它们在整体中的关系。

我之所以称这两个方面是互补的，是因为两者共同地指向一个相同的最终目标；然而，在每一连续的步骤上，两者都在一定程度上对对方起着反作用。每次当我们把注意力集中在综合体的细节上时，我们对于该综合体作为一个连贯体而存在的这种感觉就会暂时被削弱；而当我们把注意力投向综合体这一整体时，细节就会被淹没在整体之中。这两个过程的协同优势来自这样的事实：通常，每一次对整体的分解所带来的对理解整体的助益，比此时并发的对它的整体感的弱化而带来的所失要多；而且，对细节的每一次新的整合给我们关于细节的理解所带来的助益，多于它给我们关于细节的理解所带来的损害——这一损害也就是在一定程度上抹去了它们各自的特性。因此，分析和整合的交替能够逐渐地带来对一个综合体更为深入的理解。

关于我这里所谈的观点，我们可以很容易地在医学上找到例证。一个医学生通过了解某个疾病的一系列症状以及它们的变形来深化他对这个疾病的认识，但是，只有临床实践才能教会他把在某个个体患者那里观察到的线索整合起来，形成关于这个患者所患疾病的正确诊断，而不是作出某个貌似可信的错误诊断。错误诊断时常看起来似乎比正

---

① 见论文6。

确诊断具有更高的可信度。

下面,我们来对"**说明一个综合体**"与"**掌握一项技能**"进行类比。技能的提高也是分解与整合的交替。比如专攻滑雪、滑冰、跑步、游泳的运动员,精进舞蹈、钢琴或绘画的艺术家,熟练工匠和实践行业的从业者,都曾进行"动作学习(motion-studies)",随后又将这些单独的动作熟练地合并到一个完整的施行(performance)中。

而且,对技能的确切指认,也受到限制,并且这些限制与对"外观"以及其他综合体进行详细说明所受到的限制类似。根据其组成动作对某个技能进行的分析总是不完全的。有很多众所周知的例子,比如,钢琴家那独特的"击键",对这个技能的分析引发了长久没有得出结论的争论;我们的共同经验也表明,没有哪种技能只通过分别地学习它的组成动作就能学会。而且,这里我们也可以看到,孤立地指认细节,这实际上也改变了细节:它们的动态特性没有了。实际上,当我们的注意力集中于一个技能的组成动作上时,我们往往无法施行这一技能。只有在我们的注意力从细节移开并且转向它们的联合目的(joint purpose)时,我们才能恢复这些细节的动态特性,才能实现它们的联合目的。而且,正如对"外观"的认识的例子一样,那种整合的行为本身是无法被确切指认的。模仿可以为我们掌握这一技能提供指引,但是最终我们必须依赖于我们自己对那个技能的正确感觉。最终我们要依靠我们自己才能掌握它的诀窍;在这一点上,教师的教授不能代替我们自己的体验。

知与行之间的确有着结构性的亲密关系,因此它们很少能被分离开来进行;我们通常遇到的是两者的结合。医学诊断也同样是把它们联合起来。轻敲肺与对由此引发的声音进行精细的辨别,都是一种肌肉技能(muscular feat)。对脾或肾的触诊,将对这一区域的有技巧的按压与对来自器官的反弹力的特殊触觉的熟悉感觉结合起来。因此,将有技巧的技艺包含到综合体之中,这是恰当的。尽管我们可能更加喜欢说"**理解**(understanding)一个综合物体或环境"、"**掌握**(master)一项技能",但实际上,我们几乎是把"**理解**(understanding)"和"**掌握**(master)"作为同义词使用。而且,我们在谈及对主题的理解和对技艺的掌握时,都会使用"**领会**(*grasp*)"一词,比如"领会某个主题"或"领会某个技艺"。

在我们感觉器官的运作中有一种独特的关于有技巧的"行"与"知"间的结合。前面我曾提及,我们视野中的所有部分的相互作用决定着我们所看到的东西。然而,是我们对自己的瞳孔和晶状体的主动调节以及对我们眼睛的会聚的主动调节才形成了两个视网膜像,我们感知到的图像以此为基础;而且,我们感知到的图像会再一次地依赖于这些行为——当从调节眼睛的肌肉那儿接收来的信息被我们并入到被感知的对象的特性中时。但这也并非全部;我们的知觉实际上也是被以下因素共同决定的:来自内耳的信息、来自使得我们的躯体和头保持正常位置的肌肉的信息、丰富的记忆。这些内部数据既在我们的视网膜成像的过程中指引着我们眼部肌肉的条件反射,又根据对相关刺激的总和感知控制着我们的评价。这也是一个清晰的证据,显示了——关于技能的例子也可以证明这一点——看东西的能力是通过训练获得的。

因此,视觉感知的确显现出那种独特的将有技巧的"行"和"知"结合起来的重要特征。但是这里也有一些新的东西,即这一事实:形成关于外在对象的视像的那些细节,它们的一个主要组成部分是**内部的**(*internal*)行为和刺激。尽管我们的眼部肌肉受到有意的控制,而且我们甚至能隐约地觉知到它们的拉紧,但这些内部的细节本身从未能被清晰地观察到。这种不可确切指认,与前文提到的有关遗迹的例子中所涉及的那些细节的不可确切指认,不是同一类别;前文提到,那些遗址的轮廓只能从空中将其细节联合起来才能看到,但知觉的细节(除了闻和尝)有着这样的特性:从身体的内部投射到身体外部的空间之中。

在对工具和探针的使用中也发生着类似的投射,在这类例子中,这一过程可以被更容易地考察,因为这类例子中被投射的刺激本身可以被很好地观察到。有很多众所周知的实例。荡桨的划船人会感觉到来自水的阻力,在使用裁纸刀时我们感觉到刀锋割着纸片。这些工具对我们的手掌和手指的实际撞击是无法被确切指认的,也正是在同一意义上,我们无法确切指认组成某个有技巧的行为的那些肌肉动作;我们是根据工具对其对象的作用来意识到它们,也就是在我们将它们整合而成的综合体中意识到它们。但是,工具对手的撞击被整合的方式与内部刺激被整合以形成我们的知觉的那种被整合的方式是类似的:被整合的刺激都是在外在于我们身体的地方被注意到的。在这一意义上,工具对手的撞击就类似于内部刺激那样起作用,这个工具也就相应地作为我们的手的延伸起作用。探测凹洞的探针,或者盲人用以探路的拐杖,也是这样起作用。探针或拐杖对我们手指的冲撞在它们的尖端那里,也就是它们触碰到物体外部的那个地方,在这一意义上,探针或拐杖就是我们手指的延伸,用以体会外物。

随着我们学会合理地使用工具、拐杖或探针,并在实践中进行这种使用,工具、拐杖或探针也逐渐地被同化入我们的身体。我们越精通于它们的使用,在抓住并操作它们时,我们就能越精确地、越有辨别力地在它们的另一头对撞击着我们身体的刺激予以定位。这与我们熟练地学会使用眼睛去看外部物体的那种学习的方式是相同的。

这样,我们现在已经在多个不同的认知过程中确立起类似的结构:(1)对外观的理解;(2)技能的施行;(3)对感觉器官的合理运用;(4)掌握工具和探针的使用。为了更好地说明这一结构,我们需要一个一般术语来解释这种由一系列细节到一个综合体的关系。这个结构中有这样的基本特征:**细节能够以两种不同的方式被注意到**。我们可以不带理解地意识到它们,比如,直接注意它们;或者是带着对它们的理解意识到它们,比如,根据它们在综合体中的参与而注意到它们。在前一种情况中,我们注意力的焦点集中于孤立的细节;在第二种情况中,我们的注意力直接超出了它们,而集中于它们所组成的综合体。因此,在前一种情况下,我们可以说,我们**焦点地**(focally)意识到细节;在第二种情况下,我们可以说,我们**根据它们在整体中的参与附带地**注意到它们。

这两种情况并不必然地意味着对细节的关注在程度上的某种变化。起先我们不带理解地看着患者的症状,之后,当我们诊断出他的疾病时,他的症状就变得有意义,而且不会因此就变得不那么被我们注意。焦点意知和附带意知**并非两种不同程度**的关注,而是给予同一些细节**两种不同类别**的关注。在视觉注意的例子中,我们可以说"**看着**

(*looking at*)"细节本身,这就区别于在看着由这些细节所组成的场景时的"**看到**(*seeing*)那些细节"。但是,"看到"和"看着"并不能被广泛地用以代替"附带的注意"和"焦点的注意"。

我们可以根据**意义**明确地表达这一不同。当我们不带理解地关注一系列细节时,它们是相对无意义的;而在这些细节所组成的综合体中附带地注意到这些细节时,这些细节是有意义的。由此,我们有两种意义:**一种**可以以外观的细节为例,在这类例子中,如下两样东西——(a)孤立的细节;(b)它们联合起来的意指——在空间上并非明显地分离开来;**另一种**可以以视觉知觉以及对工具和探针的使用为例,在这类例子中,未被理解的细节在我们身体之内或表面,它们的意指延伸至外部空间。有时这样称呼它们可能更方便,即把第一种意义称为**存在意义**,第二种意义称为**表述意义**。

关于无法确切指认性的那些例子现在可以用这些说法来概括。从高空发现某个史前遗址时,我们看到了那些细节的意义;那些细节,我们不能看到它们本身。另一方面,局部解剖学的研究始于不带理解地看到那些细节本身,然后,意识到它们的空间关系,用术语来说,空间关系代表着它们的意义,比如,对于一个外科医生而言的意义。在第一个例子中,无法确切指认性**阻碍了对既有意义的分析**;在第二个例子中,它**限制了对未知意义的发现**。在这两个例子中,分析和整合的交替既逐步深化了我们根据一个综合体的细节对它的意义的理解,也逐步深化了我们根据细节的联合意义对这些细节的意义的理解。就施行某个技能而言,这一交替使得我们的肌肉动作能够被调整地更适应于它们的联合目的。

在词语的指示意义中,我们拥有一套极为重要的表述意义。一个人的名字,就其自身而言是无意义的声音,但在用作指示被定名为这个名字的那个人时,它就获得了意义;正如用棍子对物体的敲击,当我们学会使用这个棍子在黑暗里探路时,那些敲击就获得了意义。对**一般**指示词的使用包含着对存在意义的确立,也就是这个词可以指称的所有个例的联合意义。在对某种技能的掌握中,在技能的掌握者对任何新的无前例的情况的处理中,我们都会遇到有着类似结构的表述意义和存在意义。

一般概念（General Conceptions）通常意味着一种预知（foreknowledge），这种预知虽然从未完全在认知行为中缺席过，但它在这一例子中比在其他目前考察的例子中更为明显。这样，我们就能够很方便地过渡到关于发现的过程，在发现的过程中，我们将会更明显地看到预知所起的重要作用。我将通过下文的分析逐渐呈现这一事实，因而，首先我要展示，所有的发现进程都经历着分析和整合的交替，这与我们逐步深化对一个综合体的理解方式类似。这里互补的两种运动是：探究一系列细节的联合意义，对还未知的细节目前还未被理解的意义进行详细说明，这两种研究相互交替。

经验归纳的过程可能看似只呈现出这两种运动中的前一种。因为它从对个别的观察出发，致力于发现它蕴藏在普遍规律中的关系。但实际上在经验归纳中，这两种运动都包括；因为在作出归纳的过程中包含着验证。归纳性的发现（inductive discovery），其进程实际上是在分析运动和整合运动间摆动。总的说来，在这一过程中，整合占据主导地位。

物理学在很大程度上就是建立在这样的以整合为主导的发现的基础上，但是，在生物学的发现进程中，通常是分析占主导地位。旨在更好地理解生命存在物的那些发现，以作为复杂综合体的植物和动物的存在为起点，通常接着就是根据它们的器官和器官的功能来分析这些复杂综合体，而对器官和器官功能的分析又要依据物理学和化学来进行。在生物学中，这些细节都被作为指向目的的手段，而这也适用于对生命存在物的物理研究和化学研究。物理—化学的过程使得植物和动物的生命机能能够很好地运作，没有这样的过程，植物和动物的生命机能也将无法正常运作，仅就物理—化学过程会以这样的方式对植物和动物的生命产生影响而言，物理—化学过程构成了生物学的主题。

但是，生物学的分析无疑也会伴随着与整合的交替，有时整合甚至也会占主导地位。新的综合体的确立方式，可以是如哈维发现血液循环的方式那样，这一发现部分地依赖于对静脉中的瓣膜观察；或者是如进化的过程被发现时那样，这一发现部分地依赖于有关古生代的资料。

我们也必然记得，物理学上已经取得的重大进展都是通过纯演绎获得的——每当已被认可的理论中那些惊人的蕴含被发现时。的确，在很大程度上，所有的发现都是演绎的。任何探索要想取得成功，它就必须从一个关于事物性质的真的（至少是在一定程度上是真的）概念出发。这样的预知必不可少，所有的发现都只不过是走向对这样的预知的确证。

认识和技能之间这种结构的类似使得我们能够将我们的探讨由发现扩展至发明。引导发现的预知，与发明的过程中的目的有对应关系，这一目的引导着对某个技能或某个新的实用装置的发明。发明家最为重要的天赋就是这样的能力：能够构想某个可能被证明是可行的实用目的。这通常也是一个研究室主任唯一的发明性的功能，他设置或者批准一些总问题，将这些问题交付给他的助手们去寻找答案。发明家带着对自己提出问题的强烈兴趣，思索着经验领域所提供的一些可能性，为解决问题进行着持续的努力，最后，这些带来了他的发明。这就是一个可行问题的启发式力量。柯勒（Koehler）曾经就大猩猩的活动对这一过程的初级阶段进行过精细地描述。他向我们展示了这个动物对某个欲望的执着是如何引发其视觉领域的重组，而这种重组向它揭示了能够满足它的欲望的工具和步骤。技能如何被获得和完善，我们如何学会使用工具或探针，我们如何提高我们感官知觉的力量，这些实际上都类似于上述所说的在某个可行问题的引导下获得某项发明的过程。我们还可以说，解决一个数学问题的基本进程也是这样的类似过程。人们是这样发现一个数学问题的答案的：人们带着填补在某个情况下悬而未决的空白的目的展开努力，那些空白正是一个可解决的问题的内在组成——这个可解决的问题，也正类似于发明家所解决的有关实用的问题。

现在，对前文所谈到的"我们关于事物性质的一般概念如何引导着归纳"，我们可以给出更精细的描述。只有在一个真正的问题的指导下，我们才能获得成功的归纳。一个归纳问题实际上是对迄今未被理解的细节的连贯性的暗示，如果这一暗示是正确的，那么在这一意义上，这个归纳问题是一个真正的问题。这样的一个猜测模糊地预示了将会支持这一猜测的那些证据,并且引导着那些被这一猜测深深吸引的人去发现这些证据。这个过程通常是逐步推进的,最初的问题和猜测会被每一条新的证据所修改和修正,这种修改和修正将会不断重复出现,直至最后某些概括作为最终结果被认可。

找到一个问题,这是任何发现的第一步,也是任何创造性行为的第一步。看到一个问题,就是看到一些潜藏的但是可以达到的东西。因此,对问题的认识类似于对无法确切指认的东西的认知一样,你对它的认知远比你能言传的要多。但是,对那些难以确切指认的东西,不论是那些细节或是那些细节的连贯性,我们对它们的觉知在这里被强化为关于它们潜藏存在的吸引人的暗示。这是一种对萌芽中的知识全神贯注的探求,这些知识强烈地要求证实自身。这就是一个问题的启发性的力量。

但我们可能还会说,通常我们所说的认识,在结构上类似于关于一个问题的认识。认识是一种活动,可能将它描述为一种认知的过程要更为合适些。实际上,随着科学家继续探究还未被理解的经验,那些将这些发现作为已确立的认识而接受的人会将这些认识持续应用于不断变化的情况,这种应用每一次都会更进一步地发展着这些认识。研究是一种紧张的动态探究,而认识是一种较安静的研究。两者遵循着相似的准则,总是处在进行之中,都是指向对已知的东西的更为深入的理解。

一个关于认识的理论必须能够适用于这两种认知。它应当能够证明我们对我们认知(无论是动态的或静态的)的依赖是合理的,尽管这种认知包含着无法确切指认的内容。我将使用根据其外观来识别某种疾病的例子来概述这个问题,这种概述也适用于其他已经考察过的关于认知的例子。

对某种疾病的认知无疑是无法确切指认的:(1) 在我们诊断一个病例时,许多我们实际上注意到的细节却都不能指认,更谈不上对它们进行描述;(2) 尽管我们能够根据这种疾病的典型性的外显识别这种疾病的个例,我们也无法充分地对这种识别进行描述。这有紧密联系的四个方面的原因:(a) 如(1)中所述,我们对于应进入这一描述的那些无法指认的细节是不清楚的;(b)这些细节间的关系——即使这些关系都能被明确指认——也只能用一些只有专家才能理解的模糊词语来描述;(c)在任何一个个例上识别出某种疾病,这种识别都是在将过去我们所识别的关于这种疾病的所有个例作为细节来理解——尽管这些个例有着个体差异,当然,对这些细节我们是无法确切指认的;(d)正是依赖于这一理解,我们在未来才能识别无限数量的更多的个例,这些个例可能会在无限多样的不可预料的方式上区别于那些之前已知的个例。这就是它的启发性的功能。

那么,我们如何证明这样的认知是可能的?显然无法根据它那涉及(1)和(2)的(a)、(b)、(c)、(d)那些无法确切指认的内容来进行证明。任何对它的证明都必然归结为我们自身的那种无法形式化的力量,康德曾经承认过这种力量,他的论述中涉及(2c)或(2d)的那种类别,他将这些力量称为"是在人类心灵深处隐藏着的一种技艺"。我们必须尤其相信我们理解无法确切指认综合体的能力,这些综合体在未来还会以无穷无尽的无法预料的方式显示自身。

这看起来可能显得荒谬。声称我们能够知道不可预料的东西,这显得有些自我矛盾。实际上,如果认知包含着这样的能力,即能够对我们所知的东西进行详尽的说明,这才真正是自我矛盾的。但是,如果所有的认知都依赖于对细节的附带觉知,正如就一个综合体而言那样,所有的认知在根本上都是意会的;这就意味着,我们的认知所包含的远比我们能够言传的要多得多。日心说的真正意义是由牛顿发现的,正是在牛顿作出那一发现的140年以前,哥白尼的日心说就已预期这一意义。

我们可以解释我们所具有的"所知比能够言传的要多"这一能力,如果我们相信某个外部实在的存在,相信我们能够建立起与这一实在的联系。这就是我所做的。我宣称将自己寄托于这样的信念上:有一个能被我们的认知逐渐达到的外部实在,我将所有正确的理解都视为关于这样一个实在的暗示,这样一个实在,它是真实的,还将会向我们不断深入的理解以无穷无尽的不可预料的显现方式显示自身。我通过我自己关于实在的暗示接受了这个"追寻真实"的责任;我知道,没有也不会有这样的精确规则能够证明我的结论。我对实在的参照使得我的无法确切指认的认知行为是合理的,即使这一参照当然地使得这样的行为的进行是在理性的客观的范围内。要与实在建立联系,这就必然为我自己和其他人规定了普遍意图。

我必须承认,我仅仅能在我所受的教育对我的自然能力的开发所达到的程度上,履行我服务于真理的责任。没有人能够超出他的形成环境太远,而且在超出这一领域后,他必须不加批判地依赖于它。我认为,正是我的思想母体决定了我的个人使命。它既提供给我以追寻真理的机会,但又限定了我得出自己的结论的责任。

作为个人认知的认识概念,在两个紧密联系的方面背离了关于可以严格证明的知识的理想。这一概念相信人们具有在即使不能明确地说明他们的认知的根据时也能获得知识的能力,而且它也认可了这样的事实:他的认知是在一个被偶然地给出的框架中进行的,这个框架在很大程度上是无法明确指认的。这两种承认相互关联,共同存在于那种有关整合的努力中;正是这一努力,使得人们获得认知。这一努力,一方面附带地依靠来自外部的刺激,来自我们身体的所有组成部分的刺激和来自被同化入我们的身体的工具或仪器的刺激;另一方面附带地依靠范围很广的语言指示器,这些语言指示器使得我们的前概念——以过去的经验为基础——与关于我们的主题的解释相关联。由此,由可确切指认性的界限所显示出的关于认知的结构,将我们对那些属于我们的主题的细节的附带觉知与我们的认知的文化背景融合起来。

在这一意义上,认知就是一种"内居",也即,使用一个框架以展开我们的理解,我们的理解依据这个框架所施加的指示和标准而进行。但是,任何一种特殊的内居都是精神存在的一种特殊形式。如果一种认知行为影响着我们在两个框架间的选择,或者修改着我们内居于其中的框架,这就意味着我们存在方式的改变。但是,既然有关存在的选择包含在一个关于认知的行为中,那么,带着普遍意图,我们就能够适当地进行这种选择。被动经历的类似的关于存在的变化,也不能损害我们个人判断的合理性。它们只是会影响我们的使命。在它们改变我们寻求真理的机会时,它们也留给我们在这些机会所限定的界限内形成我们自己的结论的自由。所有的思想都是肉身性的(incarnate);它依靠躯体与社会的支撑而存在。但是,除非这个思想是为真理而努力的,这一努力使得它能够带着责任、怀着普遍意图而行动,否则这个思想不是真正的**思想**。

我们已经看到,在对一个综合体的认知中,我们对其细节的附带觉知,和我们身体的和文化的附带觉知融为一体。接下来我将关注这些细节的附带特征对我们透过这些细节所认识到的综合体的那种存在的影响。

当我们观察一个人的脸并试图看穿他的想法时,我们并不是孤立地考察他的众多特征,而是把它们联合地视为他的面相的组成部分。由此,我们会意识到比我们能够明确说出的要多得多的细节和细节之间的关系。而且,即使是我们能够指认出的那些细节,当我们孤立地来看它们时,它们会失去意义并且会淹没在它周围的那些不相干的细节中。因此,要专门了解一个人的精神表现,通常是不可能的,除非是把它们作为它们所源自的思想的指示器来观察。关于一个综合体的那些无法确切指认的细节的任何集合都是这样。但是,在我们考察某个心灵的踪迹时,比考察史前遗址的痕迹更能明显看到细节的这种特征,因为心灵总是在它的踪迹中活跃地运作。

为了展示这一点,我必须回过头去看一看生命的低级层级。当我们识别出某个植物或动物时,我们就认为这个植物或动物是有某种意义的。因为我们是通过它的典型外形认出它的,而这一外形是它通过健康成长而获得的。同时,我们也会注意到它的外形中的任何瑕疵。由此,甚至当我们只是考虑着生命存在物的外形时,我们仅以判定这些生命存在物作为个体是否成功这一方式,就能够识别这些生命存在物。在这种形态学的层级上,个体性的中心比较微弱。但是,这一中心的显现将会随着我们的连续上升而逐步浓重起来:首先上升到生理功能的植物层级,接着进入到主动的、有知觉、有欲求的行为层级,接着上升到智力和创造性的层级,最后到达有责任的人的层级。每当我们指认了某个层级上的某个个体的存在时,我们都由此对它进行一种关于成功或失败的衡量。在我们识别出某个人时，我们对他进行的是有关"主动的、负责任的、有智力的"的衡量。我们将一个普通人作为人而知晓，他的外观的细节就因此获得了生动的意义，这种意义是我们根据这个人是人而知道的。

无论在哪个层级，当我们考虑一个生命存在物时，它的个体性的中心是真实的。因为它总是某个我们通过理解其在很大程度上无法确切指认的细节的连贯性而确定的东西，而且我们仍然认为它会以不确定范围的未来表现来显示自身。由此，关于实在的标准被满足了。人类心灵在这一意义上是极为真实的，而且的确比个体性的低级中心更为真实。我们会认为，比起控制着一个人的生长和欲求行为的低级中心而言，一个有智力的人的心灵将会在范围宽广得多的不确定的表现中显示自身。

个体性从低级到高级的这一前进包含着被观察的个体和作为观察者的我们自身之间关系的一个基本变化。在理解某个个体生命的低级层级时，我们根据我们认为这一层级应当符合的标准来衡量这个个体在这一层级上的成功与失败。按照生物学的一般规律，我们发现了观察者和他的对象之间的关系：他总是对它持批判态度。但是，随着我们的研究上升至研究对象的更高层级，批判就变成相互的；正当我们批判我们的研究对象时，它也批判着我们。这并不是这一前进的终点：我们的对象会更进一步地上升并变成我们的掌控者。我们由此变成我们的对象的学徒，要学着接受它对我们的批判。

这里，我们到达了一个有关教学的过程，这个过程就其本身而言，近似于对我们的使命的接受，它实际上是这一接受的组成部分。因为我们的文化背景在相当大的程度上是被有限数量的人的影响所决定的。原始文化的传承是由每一代的权威人物口头上传给下一代，由此代代相传。我们现代的、高度清晰的文化很大程度上流传自一小群人，这些人的著作和事迹被尊崇、被研究，人们希望从中获得指引。认知这些伟人，这也就是我们前文已经论述的"内居"。重复我前文对"内居"的论述，这种认知也就是：我们对这些伟人的著作和事迹的觉知提供给我们一个框架，我们的理解依据这个框架所施加的指示和标准而展开。

这一渐进的过渡并不是个花架子,它坚实地建立在认知和存在共同延伸的基础上。我们从学习性地内居于伟人的著作中逐步地下降到更低层级上对植物和动物的生物学研究,这一过程中,我们也能看到这一渐进的过渡。没有哪个阶段,我们没有参与到被观察的个体的生命之中。在所有的层级上,我们理解生命存在物都是通过我们对其细节的附带觉知。这些细节本身从未被观察到;我们把它们作为个体的表现来"阅读(read)"。我们依赖它们,把它们作为指示器,正如我们依赖一个探针或一个写好的文本,通过使它们成为我们自身的部分以达到它们之外的地方。由此,我们对生命存在物的理解在所有层级上都牵涉对内居的衡量;我们对生命的理解总是欢会神契的(convivial)。因此,从生物学过渡到对我们文化使命的接受,这一过程是连续的,没有间断的;在我们的文化使命中,我们共享着一个人类社会的生命,其中包含其先辈也就是我们的文化遗产的作者们的生命。

9
意会推论的逻辑

1964

　　这里,我想为我的知识理论提供新的论据,并且在新的维度上扩展这一理论。返回到大概二十年前我的理论出发点,我们将会最为迅速地到达这一理论的中心。① 通过考察科学探索的根据,我发现这一进程在每个阶段都是由无法言喻的思想力量在起决定作用。开始某个探索的好点子究竟是怎么找到的? 这无法用明确的规则来说明,证实或者驳斥针对某个问题所提出的解决方案,也没有固定的规则。广泛通行的规则可能貌似足够可行,但是科学探索经常是在与这些规则发生矛盾时得以继续进行和获得成功。而且,一个理论的明言内容无法说明它能为今后的发现所提供的引导。认为某个自然定律是正确的,也就是相信它的存在能够在一些尚不知道或许是想象不到的结果中展示它自身;也就是相信自然定律是某个实在的特征,这个实在将会像这样无穷尽地持续带来更多的结果。

　　这样看来,科学发现无法由明确的推论达到,它的正确主张也不能被明确地陈述出来。发现只能通过心灵的意会力量达到,而且,它的内容,就其是不确定的而言,只能被意会地认识。

---

　　① 见我的著作 *Science, Faith and Society*, Oxford: Oxford University Press, 1946;以及 *Personal Knowledge*, London: Routledge & Kegan Paul and Chicago: University of Chicago Press, 1958.

但是哪里可以找到这样的逻辑，即意会力量通过这一逻辑能够达到和坚持正确的结论？**我们有必要转向知觉的例子**。到现在，这个例子一直是我最基本的假设。仅仅根据这样的事实，即科学家们的知觉能够整合普通的知觉难以处理的形状，我认为科学家们能够在本质上知觉到持续形状的存在，这不同于普通的知觉。**科学认知在于识别格式塔，这一格式塔在本质上标示着一个真正的连贯性。**

格式塔心理学对知觉的研究表明，这样的连贯性是由意会的操作所建立的。当我在眼前移动我的手时，手的颜色、形状和大小都在持续发生变化，但实际上一系列快速变化的线索都被我纳入考虑之中，一些是视觉领域的线索，一些是来自我眼睛肌肉的线索，还有一些来自我身体更深层次的线索，如内耳迷路中的线索。我那种知觉到连贯性的能力使得我把这许多不同的和变化着的线索连接起来成为一个不变的对象，视为一个从不同的角度和在可变的光线下观察的在远近四处移动的对象。将许多变化着的细节成功地整合成一个单独的、持续的视觉景象，这使得我能识别眼前的现实对象。

整合对于成人的眼睛而言，几乎毫不费力，但是这种看东西的能力是通过在婴幼儿时的早期训练获得的，并且一直在实践中持续发展。医学生会为了学会辨别肺部 x 光片的正确形状而努力数个星期。训练而获得的知觉是所有的描述科学的基础。

虽然为获得知觉而进行的线索整合可能毫不费力，但是为获得发现而进行的线索整合可能就需要由非凡才能所引导的持续努力。但是，这一不同仅仅只是范围和深度的不同：从知觉到发现的过渡是连续的。这样，知觉整合的逻辑就可以作为发现的逻辑的模板。

观察一下当我们看着一个物体时这一整合的进行方式，比如通过一页纸上的一个小孔去看我们的一个手指。如果我这样做并且前后移动我的手指，当手指逐渐逼近我的眼睛时，我会看到它在慢慢增大。心理学家将这一效应称之为"失真感"（de-realization）。这里，这个移动的物体丢失了它的一些恒常性，因为它缺乏来自视域周围环境的证实；

而且，由于恒常性的丢失，这个物体也就丢失了它的一些直观现实性。①

最值得注意的，是我注意力中心的这个事物的外显（appearance）对那些我并未直接注意的线索的依赖方式。这些线索有两类，一些是我们无法体验（experience）到的。我眼部肌肉的收缩或者我迷路器官内部的震动，都是我无法直接注意到的。这些线索是**潜意识的**（*subliminal*）。关于我手指的视觉的另一些线索，是当我通过这个小孔看我的手指时，被这张纸所遮住的那些东西。通常我是用眼睛的余光看到这些东西，如果我想这样做的话，我也**能够**直接注意到它们。我们可以把这样的线索称为**边缘的**（*marginal*）。这两种线索我都不是直接注意到的，然而这两种线索对于我注意力焦点所在的对象的直观现实性都是有作用的。**可以说，相对于我对那个对象的焦点觉知而言，我对这两类线索的觉知都是附带觉知。**

这两类觉知——附带觉知和焦点觉知——对于意会地领悟连贯性而言，是十分重要的。格式塔心理学宣称，当识别一个整体时，我们看它的组成部分的方式与我们单独地看这些组成部分的方式是不同的。这表明，在一个整体之中，它的组成部分有着**功能性的外显**（*functional appearance*），这一外显是这些组成部分彼此孤立存在时所没有的，而且，当我们把注意力从部分转向整体时，我们可以引发整体中的这些组成部分的融合。

一个多世纪以前，威廉·惠威尔（William Whewell）描述了那些融合成为某个科学理论的组成成分的一个个已经获得的单独的发现，是如何地改变了它们的外显。

> 他写道：偶然发现一个正确的概念是很难的一步；但是这一步一旦迈出，情况马上呈现出一个与以前完全不同的面貌：取得这一发现表明它们是被放置入一个新的视角来观察；而捕捉到这个视角，则是一个特别的脑力活动，需要特别的天赋

---

① F. j. j. BUYTENDIJK, *Mensch und Tier*, Hamburg: Rowohts, 1958, p. 59.

和思维习惯。①

可以说,一个科学发现通过将我们的注意力由观察转向它们的理论连贯性,从而将我们对观察的焦点觉知转变为对它们的附带觉知。

这一整合行为,我们既可以在关于物体的视觉知觉中找到,也可以在科学理论的发现活动中找到的,它也就是我们一直在寻找的意会力量。我称之为**意会认知**(*tacit knowing*)。

如果我将那些被附带地认识的线索或部分称为意会认知的**近侧项**,把那些认识的焦点称为意会认知的**远侧项**,这将会使我关于意会认知的讨论更加方便。在关于知觉的例子中,我们关注的是一个与我们用以整合成关于它的图景的大部分线索相分离的对象;这里的近侧项和远侧项是两种极为不同的事物,它们通过意会认知连接起来。当我们认识一个整体是通过把它的部分整合进这些部分的联合外显时,或者发现一个理论是通过将观察整合进它们的理论外显时,情况就会有所不同。在这一情况下,近侧项所包含的事物被视为彼此孤立,而远侧项所包含的同样的事物则被视为是一个内在统一的整体。

但是,在这两种情况下,意会认知都显示出它的整合力量,将附带觉知融入焦点觉知,将近侧项融入远侧项。这样,我们可以说,在意会认知中我们总是**从**近侧项关注**到**远侧项。

在使得附带觉知从属于焦点觉知的过程中,意会认知**由前者直接指向后者**。我将这称为意会认知的**功能性的**方面。因为这一功能性的关系是在两类觉知之间建立的,因此,这种关系的指向性必然是会被意识到的。因而,这样的指向性也就与弗朗兹·布伦塔诺(Franz Brentano)认为的各种各样的意识所特有的那种意向性相一致。② 意会认知的这种向量性质将会被证明是重要的。

我们已经看到,当我们**从**近侧项关注**到**远侧项时,也引起了这两者

---

① *William whewell*, *Philosophy of Discovery*, London: John W. Parker & Son, 1860, p. 254.

② FRANZ BRENTANO, *Psychologic Von Empirischen Slandpimkt*(1874),引自 Oskar Kraus 编辑的版本,Leipzig: F. Meiner, 1924.

外显上的变化：它们都获得了一个整合的外显。被感知到的物体获得了恒定的大小、颜色和形状；被并入到一个理论的观察值，被还原成关于这一理论的个例；组成一个整体的各个部分将它们一个个单独的外显融入整体的外显中。这是意会认知在**现象上**的伴随物。同时，这也体现着意会认知**在本体论上的宣称**（ontological claim）。由此，意会认知的行为包含着这样的宣称：它的结果是关于实在的一个方面，就此而论，实在仍会以无穷无尽的未知的和甚至想象不到的方式来显示自身。

我关于实在的定义，也就是认为它仍会无穷无尽地显示自身，这一定义意味着在任何与实在相关联的知识中都有着**不确定**范围的**预期**的存在。但是，除了这种前景的不确定，就其内容不能被**明确地陈述**而言，意会认知也包含着不确定的**现实知识**。

以我们掌握某个技能的方式为例，我们能将这看得更清楚一些。如果我知道如何骑自行车或如何游泳，这并不意味着我能明确清晰地说出我是如何使自行车保持平衡或者我在游泳时是如何使自己漂浮起来。我可能一点也不知道我是如何做到的，或者所知的是完全错误的或相当不完全的，但这却并不影响我欢快地骑着自行车去兜风或是畅快地游泳。我知道如何骑自行车或如何游泳，但我却不知道如何协调使得骑行和游泳得以进行的肌肉动作的复杂模式，这看起来也说不通。实际上，我知道如何在整体上施行这些技能，也知道如何执行组成这些技能的基本动作，尽管我无法说出这些动作是什么样的。这都是源于一个事实：我只是附带地觉知这些东西，我们对一个东西的附带觉知并**不足以使得它能被确切地指认**。

在知觉和科学发现中，也有无法确切指认的附带成分。我们认识一个人的脸，能在成千上万的人中认出他来。但是，通常我们却不能说出我们究竟是怎样识别出这张我们认识的脸的。还有很多这种认出某个典型外显的个例——一些是司空见惯的平常例子，一些是更具技术性的例子——它们都具有与对一个人的识别相同的结构。大学生在实践课上被教授如何识别疾病的个例，如何识别岩石、动植物的标本。这是关于知觉的训练，知觉是描述科学（descriptive sciences）的基础。这种训练所传达的知识不能用言语表述，甚至也不能通过图画来表达；

它必须依赖于学生的识别能力,也就是识别某个外观的典型特征和这些特征在这个外观中的排列。

这种对技能和对某个外观的典型外显的成功传授难道不能证明我们**能够言传**我们对它们的认识吗?当然不能,因为一个学生必须通过他自己的努力去发现我们无法言传给他的某些东西。这样,他即使知道了这些东西也无法言传。

这个结果实际上超出了我预期要达到的目标。这样的例子不仅说明知觉的附带成分可能是无法确切指认的,也展示出那些意会知识是可以**被发现的**。当然,我们并不能够明确指认我们正在逐渐认识的究竟是什么。在学习技能的例子中也是这样:我们学会骑自行车,但是却不能说出我们到底是怎样做到的。

一些最近的观察结果在实验上展示了这一过程,即我们能够通过这一过程获得我们无法说出的知识。这样的实验在两类事件间建立起一个固定的联系,这两类事件我们都知道,但是我们只能明确地说出其中的一类。

拉扎勒斯(Lazarus)和麦克利里(McCleary)曾经通过这样的实验来展示这一过程:向一个人呈现一些无意义的音节,持续一个短暂时期,而且在其中的某些音节后向这个人进行电击。① 不久,这个人就表现出这样的征象:当他看到"电击音节"时,他就预期着电击的到来;然而,在被问及为什么会作出这样的预期时,他却无法明确地指认是什么使他作出这样的预期。他已经知道什么时候可能会有电击,但是却不

---

① R. S. LAZARUS and R. A. MCCLEARY, 'Autonomic Discrimination without Awareness: An Interim Report', *Journal of Personality*, 18 (1949), pp. 171–79. 和 'Autonomic Discrimination without Awareness: A Study of Subception', *Psychological Review*, 58 (1951), pp. 113–22. C. W. ERIKSEN 在 'Subception: Fact or Artifact?' [*Psychological Review*, 63 (1956), pp. 74–80]中对这些结果提出质疑。对此,Lazarus 在 'Subception: Fact or Artifact? A Reply to Eriksen', [*Psychological Review*, 63 (1956), pp. 343–47]中作出了回应。但是,稍后在一篇关于这一领域的综述文章中['Discrimination and Learning without Awareness: A Methodological Survey and Evaluation', *Psychological Review*, 67 (1960), pp. 279–300], Eriksen 确认了 Lazarus 和 McCleary 的实验,并且认可了将这些实验作为阈下知觉的证据。

能说出究竟是什么使得他作出这样的预期。他已经获得了这样的一种知识,这类似于我们通过一些迹象来认识一个人时我们所拥有的那种知识,也类似于我们通过协调基本的肌肉运动以施行某个技能时那些协调所依据的原理,这些原理也是我们所无法说出的。

拉扎勒斯将他发现的这一过程命名为"**阈下知觉**(*subception*)",这一名称被广泛地接受。但是,阈下知觉与格式塔的联系却几乎未被注意到。1960年,在拉扎勒斯与埃里克森(C. W. Eriksen)间以埃里克森承认阈下知觉而宣告结束的那场持久论战中,阈下知觉与格式塔的联系根本未被提及。

在我看来,我认为阈下知觉是对意会认知的一个显著的确证,阈下知觉最初是由格式塔心理学揭示的。如果我之前没有从大量丰富的其他有据可查的证据中确立起意会认知的结构,这里我就不会这样地依赖于阈下知觉来展示意会认知的结构。

心理学家们将阈下知觉称为"**一个无意识的学习**过程"。[①] 这个描述适合我们当前的目的。如果有无意识的学习,那么也必定会有**无意识的发现**,因为发现只不过是从自然中学习。比如,一个新手发现某个样本的典型外显,这种对于他自己而言的发现,只不过是对最先发现这个外显的某个科学家的那一发现行为的复制。惠威尔对数学物理学上的一个发现的描述(他想到了开普勒关于行星环绕太阳运动的椭圆形轨道这个发现)向我们展示了一个运转着的典型的意会整合行为。这一发现过程分为几个阶段,在开始时,科学家只是对其前景有着一个模糊且细微的预感。然而,这些改变了他个人思想的预感却是直接关涉到他的独创性的珍贵天赋。它们包含着对事物性质的深入感觉,包含着对这样的事实的觉知,即这些事实可能会作为某个疑似的连贯性的线索。对于科学探索而言,这样的预感是起着决定性作用的,但是它们的内容却是难以捉摸的,它们是如何形成的——这一过程也经常是无

---

① 出自 C. W. ERIKSEN, 'Discrimination and Learning without Awareness: A Methodological Survey and Evaluation', *Psychological Review*, 67 (1960), pp. 279–300.

法确切指认的。这是无意识发现的一个特有的技能。

由此,在意会认知的结构中,我们发现了这样的机制——它能逐步地带来发现,但对于那些步骤,我们无法明确指认。这一机制由此也能解释科学直觉,因为到目前为止关于科学直觉还没有其他的解释。这种直觉并不是被莱布尼茨或斯宾诺莎或胡塞尔称为"直觉"的那种最高的直接知识,而是一种关于进行科学猜测的日常技能,这种科学猜测是有机会猜对的。

那么,所有的意会操作都不只是暂时的吗?看起来,似乎仅用明言推论我们就能进行理性批判,那我们要抛弃关于明言推论的观念吗?我的回答是:有一个重要的领域,在其中明言的思想是不起作用的。没有什么明言的指导能够使得我们将两幅立体照片视为一幅三维画面;一个带着左右倒置的眼镜的人将不得不一连几日无助地四处走动,尽管他知道自己只需将看东西的顺序从左向右调换为从右向左。最终他学会用这个倒置眼镜来看东西,但是却不知道自己是如何做到的。仅通过学习以下这些知识,我们是无法学会让我们的自行车保持平衡的:为了补偿既定的失衡角 a,我们必须在失衡的这一边取一条曲线,曲线的半径(r)应当与自行车前进速度(v)的平方成正比:$r \sim \dfrac{v^2}{a}$。这样的知识是发挥不了作用的,除非被意会地知道。

我们已经看到,意会知识由两类觉知构成:**附带觉知**和**焦点觉知**。现在我们也已经看到,**意会知识**与**明言知识**是相对立的,但是,这两者之间并非壁垒森严。意会知识可以通过意会来获得,而明言知识则必须通过被意会地理解或应用来获得。因此,所有的知识,**或者是意会知识,或者根源于意会知识**。一个**全然**明言的知识是不可想象的。

我们可以观察一下这一过程:一个明言的指示,随着它更深地沉浸入一个意会的母体,它会变得越来越有效。拿一份汽车驾驶手册并牢记它的内容。假使你之前从未见过汽车,你也会从驾驶手册的图解中认出它的组成部分。接着你可以坐在驾驶座位上努力执行驾驶手册的文本中所规定的操作。由此,你将开始学驾驶并最终建立起这本手册与所有它所指示的对象和它所教授的技能之间的关联。这本手册的文本由此就转入驾驶员头脑的后台,而且几乎整个地被移入技能的意会操作中。

意会整合的速度和复杂度在其自身的领域内远远超过明言推论的操作。也正是因为如此,所以直觉的洞察力能在瞬间得出一个难以明确说明的结论。这已经被康拉德·洛伦兹(Konrad Lorenz)所指出。①当语言超出纯粹意会的领域而无限地扩展着人类的智力时,语言自身的逻辑——语言被使用的方式——仍然是意会的。实际上,很容易地可以看到,意会认知的结构包含着一个关于意义的一般理论,这一理论也适用于语言。

在拉扎勒斯的实验中,当某些音节使得受试者可以预期一个电击时,对于这个受试者而言,这即将到来的电击就变成这些音节的意义。这个观点不必再多作论证,就可以被推广至所有的关于附带项和焦点项之间的关系。使得一个骑车人保持平衡的基础动作不是无意义的,它们的意义在于它们联合起来所实现的保持平衡。在这个意义上,一个典型的面相就是它的那些特征的意义,实际上也就是我们通常所说的,一个面相表达一个特定的情绪。最后,我们还可以将某个被感知到的对象的那种有着恒常特征的外显视为它的那些线索的联合意义,那些线索的整合带来了这一外显。这是意会认知的**语义功能**。

一组声音被一个意会认知的行为转化成某个对象的**名字**,这个行为将这些声音整合成我们所关注的对象。伴随着这一转化,我们对这些声音的印象发生了典型的变化。在被转化成一个词后,它们听起来就不再像以前那样,它们可以说成是变成"透明的(transparent)":我们从它们(或者说透过它们)关注到它们被整合而成的对象。当前流行的那些想要通过声音与对象的关联来说明意义的理论,都未能对作为意义的本质的这一向量性质作出说明。②

将某个物体转化成工具,与将声音转化成词的这一转化相似。某

---

① 见 KONRAD LORENZ 的 *General Systems*,Ⅶ,(1962),pp. 37–56。
② 比如,可参见 W. V. O. QUINE,*Word and Object*,Cambridge: Massachusetts Institute of Technology Press, 1960, p. 221. 他的理论拒绝接受如布伦坦诺所关注的那种"意向"。

人第一次使用拐杖在黑暗中摸索着探路，在他的拐杖击打到某个物体上时，起先他会感觉到拐杖对他的手掌和手指的撞击。但是，当他学会有效地使用这个拐杖时，这些急促的撞击会转化成对拐杖触及物体的那个点的感觉；这时，对他而言，对拐杖的使用不再是关注**到**他手心的那种无意义的撞击，而是**从**这些撞击关注到它们在拐杖另一端的顶端的意义。

我已经提到过意会认知的阈下线索，这些线索本身并不能被体验到，它们由一些尽管能够被清晰看到但却不能被指认出来的边缘线索组成。但是现在，我们遇到了许多这样的个例：在这些个例中，意会认知将**明显地可以指认的**成分整合起来，而且我们也可以观察到那些事物的外显发生变化的方式，当我们将它们**作为**其意义的远侧项观看，而非仅仅**看着**它们时。

这一"从—到"(*from—to*)关系一旦建立起来就是持久的。然而，当我们将注意力由那些事物所指向的意义转回到获得这一意义的那些事物上时，原本的"从—到"关系就会严重受损。如果把注意力集中在自己的手指上，钢琴家将无法演奏；他手指的运动不再会对音乐演奏产生影响，它们失去了它们的意义。

这样，我们现在可以确定两种结构——暂时省略掉它们的必要限定条件。只要你在**看着** X，那么你就**不是从** X 关注到某些其他的东西，那些东西可能是它的意义。为了从 X 关注到它的意义，你就必须不再看着 X，**在你看着 X 时你就不再看到它的意义**。诚然，意义是坚韧的，它一旦建立起来，对它的摧毁就不总是有效的，而且这种摧毁很少是彻底的；但是，一旦我们又再看着 X，把它完全地作为一个对象，那么，这时对意义的摧毁将会是彻底的。

在《个人知识》中，我曾经描述过当我们的注意力转回到 X 时，X 的意义的毁坏，其原因是 X 在**逻辑上的无法确切指认性**。但是，这并未展示出注意力的这一转变所带来的破坏力是如何产生的。我们的注意力本是从（或者透过）一个事物直指它的意义，那么，当它转向关注这个事物时，究竟发生了什么？我们马上就会看到，从一个事物关注到它的意义，这就是使它**内化**，而再将注意力转回去看着这个事物时，这就是将其**外化**或者**异化**。这样，我们就可以说，我们通过**内化一个事物来赋予它以意义，通过异化它来摧毁它的意义**。

接下来，我们再来看知觉的过程；看看我们如何从大量的线索——有些在我们的视野的边缘，其他的一些在我们的身体内——关注到它们的意义，也就是我们感知到的东西。将我们的身体体验转换成对外部事物的知觉，这看起来也是这样的过程的个例：我们将无意义的体验转换成远侧项上这些体验整合而成的意义，正如我们在使用工具或探针时所做的那样。

有人可能会提出反对，因为在知觉行为中许多被转换的感觉不同于在使用工具和探针时被转换的感觉，知觉行为中的这些感觉在被转换前并不能够被明显注意到。但是，赫夫林（Hefferline）已经展示出，即便受试者毫无知觉，自发的肌肉抽搐也能够像拉扎勒斯实验中的那些预示电击惩罚的无意义音节那样发挥作用。① 根据雷兹兰（Razran）的报告，苏联的心理学研究已经就肠道刺激方面的一些观察结果证实了上述事实。② 这些也展示了我们身体内部的阈下活动被知觉行为转换到对外部事物的观看之中的方式。

有人说过，知觉不可能是一种投射，因为我们没有什么内在的体验会被投射到被感知的事物中。但是，这里我们可以确定的是：这类投射在关于意会认知的无数多样的个例中确实发生了，即使在有些情况下我们最初并没有感觉到那些内在过程本身。因此，我大胆地把大脑中的神经痕迹也囊括进意会认知之中，那些神经痕迹与我们体内的阈下刺激有着类似的生理基础。这样，我们就可以很笼统地说，无论在我们体内的哪个地方，如果某些过程引发了我们的意识，那么意会认知就会在我们对正关注的东西的体验上使得这一体内活动变得有意义。

这回答了一个老问题。假设一个生理学家已经完全地描绘出一个

---

① F. HEFFERLINE, B. KEENAN 和 A. R. HERFORD, 'Escape and Avoidance Conditioning in Human Subjects without Their Observation of the Responses', *Science*, 130 (1959), pp. 1338 - 39.

② G. RAZRAN, 'The Observable Unconscious and the Inferable Conscious in Current Soviet Psychology', *Psychological Review*, 68 (1961), pp. 81 - 147.

正看到某东西的人的眼中和脑中所发生的一切,那么为什么他的观察结果不能使他看到他观察的这个人所看到的东西? 这是因为,他是**看着**这些(即被观察者眼中和脑中所发生的一切)发生,而被观察者则是从这些或者透过这些关注**到**这些对他而言的意义。假如被观察者也能在镜子中看到自己的神经系统,那么他所看到的也不会多于生理学家所看到的。这里我们所看到的就是**异化**对意义的损害。在这个例子中,被异化的视野并不是完全无意义的,因为视觉器官有着作为视觉装置的意义。为了更好地说明这一点,我们可以设想:一个人正通过望远镜观看,当他正沉浸在对木星之卫星的赞美时,另一个人却在用望远镜观察他,并注意到几何光学定律。这里,我们正触及那个导致笛卡尔式二元论的问题。①

根据身体参与到知觉行为中的方式,我们可以得出一个更进一步的普遍性结论:这一方式包含所有知识和思想的身体根源。我们的身体是唯一的关于这样的一些东西的聚合体——这些东西为我们所知仅仅是通过:我们依靠对它们的觉知而关注到别的东西。我们身体的组成部件作为观察和操作外部对象的工具起作用。每当我们理解世界之时,我们都在依赖着我们对这个世界作用于我们身体的影响和我们的身体对这些影响的复杂回应的意会认识。这是我们的身体在宇宙中的特殊位置。

现象学将对我们身体的这一感觉与从外部将身体视作一个对象的观点相对比。② 意会认知的理论将这一对照视为**看着**某物与从某物关注**到**作为其意义的其他某物之间的区别。内居于我们的身体,很明显,这使得我们从我们的身体关注到外部事物,而外部的观察者却想要**看着**发生在身体内的事情,他看到我们的身体就如同看到一个物体或一个机器。这个观察者不会获得这些事情对于内居于身体中的人而言的

---

① 见论文 12 以及论文 13 的相关部分。

② 这一区分在下面这本著作中得到了最为广泛的阐发,M. MERLEAU-PONTY, *Phenomenology of Perception* (Colin Smith, trs.), London: Routledge, 1962,这是该著作的英译本,其原本的法文版是 *Phenomenologie de la Perception*, Paris: Gallimard, 1945。

意义,也不可能体会到那个人对自己身体的体验。这样,我们又看到了由于异化带来的对意义的损害,也再一次瞥见二元论的身影。

我已经展示了当我们使用拐杖探索着走路时,我们的附带觉知是怎样地将我们的身体向外延伸以将这个拐杖包含到我们的身体之中。在讲、读、写中使用语言也是延伸身体器官并使我们变成智能人类。可以说,当我们学会使用语言,或一个探针,或一个工具,并由此使得我们自己在意识到这些事物时如同意识到我们的身体一样,那么,我们就是将这些东西**内化**了并**使得我们自己内居于它们之中**。对自己这样的延伸给我们带来新的机能;我们的整个教育就是以这种方式运作;随着每一个人将我们的文化遗产予以内化,他也就成为以这种世界观去看世界和体验人生的人。

内化赋予意义,异化剥夺意义;当这两者被交替应用时,它们能**联合地形成**意义——但是这一辩证法超出了我讨论的主题。

将我们身体中的生命与我们对外在于我们的事物的认识连接起来的那种逻辑关系可以被进一步推广至这样的例子:在这些例子中,我们依靠我们对某些事物的觉知关注到另外的东西。当我们从一系列的细节关注到它们形成的整体时,我们就在这些细节和那个整体之间建立起一个逻辑关系,这一关系类似于我们的身体与外在于它的事物之间的逻辑关系。基于这种情况,我们可以将理解一个整体的行为视为**对其组成部分的内化**,正是这一内化使得我们内居于这些部分之中。可以说,我们居住在我们理解的细节中,正如在同样的意义上,我们居住在我们使用的工具和探针中,居住在我们于其中被养育长大的文化之中。

这样的内居不仅仅是形式上的,它更使得我们充满感情地参与到我们理解的东西之中。某些事情可能会让我们困惑,而某种情况又可能会让我们振奋——当我们的理解移除了我们的困惑时,我们会感到释然。这样的智力胜利带给我们一种掌控感,这种掌控感提升着我们的存在感。有关理解的这些感情蔓延地如此深入;在从"我—它"关系直到"我—你"关系的认知进程中,我们都可以看到这些感情在深度上一直在增加。

下面的讨论将从之前的某个分析中遗留的一些问题开始，也就是在我们分析一个词的意义如何被作为某单个物体的名称时留下的问题。我们会问，为什么一个名称能够指称一组事物？比如某类植物或动物。这是关于共相的一个古老的问题。它可以被概括为：一个如"人"这样的概念所指的人究竟是什么样的？他能够同时既是白皙的又是黝黑的，既是年轻的又是年老的，既是棕种人又是黑种人和黄种人吗？如果不能的话，那么他能够是一个没有任何属于某个人的属性的人吗？对这些问题的回答是，通常在谈到"人"时，我们并未关注任何类别的人，我们只是依赖于我们对个体人的附带觉知关注到他们的联合意义。这个意义是一个综合体，当我们关注它的细节本身时，对这个意义的认识就会被摧毁。这也解释了为什么关于人的概念不能被等同于某个特定系列的人，比如过去的或未来的。这个概念表示所有的人——包括过去的人、现在的人和未来的人——它是由所有个体人共同联合组成的，"人"一词适用于这一综合体。①

意会认知在本体论上的宣称要求这个实体是真实的。它被这样的事实所确证：人们会认为属于某个物种的成员共同有着不确定范围的还未被揭露出来的特征；这就是由这个物种所形成的类的内涵。是真实的、将生命存在物划分为不同物种，这些对于生物学而言是最基础的。而且，人类这个物种的独特地位是所有社会联系、所有人之间的情感、所有男人与女人之间的情感以及所有关于责任的观念的基础，实际上也就是我们作为人的整个生命的基础。由此，我们也内居于我们关于物种的概念之中。②

随着我们的内居从关于物种的概念转移到对关于个体的生命存在物的知识上，这一内居变得更深入了。这样的知识，其要点在科学出现的很久之前就已经确立了。在生物学出现之前，人们就已经认识了生

---

① 见论文10，第142页之后；也可参见论文11，第168－169页。
② 比如，这个观点曾被 PAUL ZIFF 教授在 'The Feelings of Robots' 一文中表达过（见 A. R. ANDERSON 编撰的 *Minds and Machines*，Englewood Cliffs, New Jersey: Prentice Hall, 1964.）。其他的一些作者对此提出质疑。我认为我的论述给他的观点提供了决定性的支持。

和死；有感觉和无感觉、聪明和愚蠢之间的区别，早在它们被科学研究之前，就能被人们识别；关于植物和动物的知识，关于分娩的知识，关于青年和老年的知识，关于心灵和身体的知识，关于器官和它们的功能的知识，关于食物、消化和排泄以及其他相关的知识，都是极其古老的知识。这样的前科学概念形成了生物科学的基础，并且至今仍然代表着生物科学的主要兴趣点。现代生物学已经极大地丰富发展了这些古代的见解，也由此证实了它们的深刻性。

而且，生物学家们现在得以认识这些原理所凭借的整合力量与在科学出现之前这些基本原理首次被发现时所凭借的整合力量是相同的，他们使用了类似的力量去建立他们自己的新的生物学概念。形态学、生理学、动物心理学——它们都涉及综合体。对于这些综合体，我们无法从数学上给出明确的界定，认识它们的唯一方式是通过理解它们的组成部分的连贯性。

要更好地理解这一点，我们可以再次回顾这一例子：我们的眼睛是如何将数以千计的快速变化的线索整合成有着恒定形状、大小和颜色，并在我们眼前移动的某个物体的外显的。我们要百万倍地增加这个行为的复杂度，才有可能接近我们在确立自我关于生命的知识和关于活生生的形态和机能的知识时所进行的整合的复杂度。

这一整合由我们所观察着的生命存在物的活性机能所引导。一头狮子猛扑过去抓住一只正在逃跑的羚羊的背，这实际上是在一秒钟之内以一种高度复杂而又精确的方式将它的观察和行动协调起来的。观察狮子的自然学家在头脑中将这些协调的元素整合成关于狮子捕猎的概念。一些至关重要的协调，比如胚胎发育，比上述协调发生的速度要慢得多，但是这些协调中被协调的细节甚至却还要丰富一些；对生理机能的研究让人们写出了众多的研究著作；人类智力活动所进行的协调更是无限的。

没有什么数学公式能够涵括一头狮子的形态以及它猛扑向一只羚羊的方式，也没有什么数学公式能够涵括其他生命存在物的数以百万计的各有特色的形态和协调行为。这些形态和相互关系都不能被精确地界定。

我已经说过,我们通过知觉的意会力量整合这些形态和相互关系。这里,我可以进一步补充,我们对生命存在物的知觉很大程度上在于在头脑中复制着生命存在物的机能所进行的那些积极协调。在这一意义上,我们关于生命的知识是对生命的分享——是一种重新体验,一种非常个人化的内居。因此,我们关于生命现象的知识中包含着很大范围无法确切指认的成分,也正是因为这样,所以生物科学仍然是一门相当依赖于经过训练的知觉的描述科学。在生物科学中,包含着非常多的、我们知道却无法说出来的东西。

这就是生命以及我们关于生命的知识,在此基础上才有生物学所取得的成就。但这却令现代生物学家反感。现代生物学家所受过的训练是用精确科学的例子去衡量某种知识是否完美,所以当他发现他的知识是如我们上述的那样因而是那么的"不完美"时,他会感到极度的不安。精确科学的理想源自力学,它们旨在达到一个与有形的、可在焦点上观察的对象相关联的数学理论。这里,所有的一切都被摆在明面、接受公众的详细审查,所有的一切都是完全非个人的。意会认知这一部分,则被简单地视为将理论应用于经验的行为,而且这一行为完全不受关注。在做出发现时,意会力量起着决定性的主导作用——这一事实完全被无视,在那些持有精确科学的理想的人看来,这根本就不是科学领域的事实。

实际上,生物学的结构与这一理想有着很大的不同。我们认识某个生命存在物,是通过对它的连贯的各部分的整合而实现的。这样的认识将附带项和焦点项连接起来,这两项我们是通过不同的方式知道的。生命存在物的细节是通过这样的方式被知道的:我们从它们关注到它们的联合意义,也就是这个生物体的生命。这也包括动物的感觉运动中枢以及作为智能和责任的持有者——人类心灵。由此,精确科学的那些**有形的焦点对象就被分为两个部分**:一部分是生命存在物的有形躯体,这些有形躯体不是被焦点地关注的;另一部分,也就是此时在我们注意力的焦点上的无形的东西,我们将其视作生命和心灵。这两个部分都同等地为现代的生物学家所反感。生物学家认为这种二元性非常不科学,是不可容忍的。

但是，在对那些进行着有机运作以维持生命的生命存在物的研究中，意会认知是必不可少的，并且必定起着主导作用。某些东西（比如人的心灵）的含糊是由于其资源的广阔。人们能够只是眼光一扫就领会 10^{40} 个不同的句子中的某一句的意思。按照我的观点，这种不确定性所包含的内容越多，就会使得我们的思想越接近实在。但是，这样的实在只能通过个人判断来识别：关于它的知识是个人的。我们对于一个生命存在物的器官和行为的附带觉知也是这样，正是依靠这种附带觉知我们才能够从这些器官和行为关注到这个生命存在物的生命或心灵。所有的意会认知都要求有认识者持续不断的参与，因此，"个人参与"也是所有知识所内在固有的，但是，认识者持续不断的参与也就在通过这样深入的内居而获得且维持着的知识中完全占据主导地位。

试图使我们关于生命存在物的知识"去个人化"，这种努力会带来这样的结果——异化，也就是使得对生命存在物的所有观察结果变得毫无意义。这种努力在走向理论上的极限的同时，也会消解关于生命的概念，使得对生命存在物的指认变得不可能。

缩小这一讨论的范围，以对另一个心灵的认识为例，会让我的论证变得更加清晰。我们在认识另一个人的心灵时所凭借的整合过程与我们认识生命时所凭借的整合过程相同。一个试图理解某个熟手的技能的新手，他会力图**在头脑中**将他的动作与那个熟手**在现实中**将那些动作联合起来的模式相结合。通过这种探究式的内居，这个新手掌握了那个熟手的技能。棋手们通过重复高手的棋步进入到他的思想中。我们通过从外部内居于一个人的行为**体验到作为他的行为的联合意义的他的心灵**。

行为主义试图使得心理学成为一门精确科学。它声称要观察——比如，**看着**心理行为的片断，并明确地将这些片断联系起来。但是，这些片断只有在对行为的意会整合中才能被识别，而这种对行为的意会整合却被行为主义视为是不科学的而遭到拒斥。因此，行为主义的分析能被理解只不过是因为它改述了它声称要替代的意会整合，虽然这种改述非常粗糙。

控制论声称要控制思想和感觉的形成，这一声称同样地建立在这样的假设上：心理过程明言地存在于可以指认的行为中，这些行为就其本身而言是可以通过一台计算机重现的。但是这个假设是不成立的，因为心理过程主要是通过内居于行为的众多细节被意会地识别的，但对于这些细节，我们却无法明确清晰地说出。然而，我们却会正确地拒绝将思想和感情归属给某个机器，无论它能多么完美地再现心理过程的外部行为。① 因为人的心灵在人的身体内活动并内居于身体之中，因此，某个心灵也只能被认识为正在某个身体中活动和内居的心灵。我们只能通过从外部内居于这个身体中来认识它。

但是，我们能否将身体设想为正展现着我们心灵的一台神经生理机器呢？对这一问题的回答是：感情、行为和思想具有一些心理特征，我们只能通过意会认知来感知这些心理特征，这一感知过程中的意会认知运作的原理，与我们通过意会认知来感知外部对象的现象特征这一感知过程中的意会认知运作的原理是相同的。如果我们观察身体的各个组成部分是如何表现心灵的，那么，所有的那些心理特征，我们将无法把握。前文我们曾经提过相关的例子，我们曾指出当我们看着视觉的神经生理装置时，就无法看到拥有这个装置的主体看到的东西。现在在我们眼前的全是这种二元论，前文的那个例子只是其中的一个个例。

但是，我认为，就有机体而言，"**看着**"和"**从……关注到**"的二元论与有机体的明显层级有关，这种独特层级的存在为二元论提供了一个坚实的基础。意会认知的结构在有机体的运作中有它的对应结构，决定着某个有机体的稳定性和力量的那些法则在控制着这个有机体的组成部分时，它们之间的关系就是这种对应结构。机器也是如此；因此，为了简化问题，我首先从机器开始这一讨论。讨论的结果可以被推广至生命存在物的机械学方面，并由此推广至全部的有机体。

就以我手腕上戴的手表作为一个有关机器的例子。手表为我指示时间。它能够不停地在走，这是因为它的主发条在游丝和摆轮的控制下进行绕旋反解；这能推动它的指针转动，指针能够指示时间。这是手

---

① 见论文 10。

表的工作原理,也正是这一原理规定了它的构造和运行方式。这个原理不能用自然规律来说明。手表中没有哪一个组成部分是由物质的自然平衡来形成的。这些组成部分都是由人工设计制造出来的,并且被灵敏地连接起来以发挥它们指示时间的功能。这就是它们的意义:"理解"一块手表,也就是理解它是做什么用的以及它是怎么工作的。无生命自然的规律则不涉及这些目的。它们不能决定手表的运行方式,正如打印机墨水的化学成分或物理现象不能决定打印的纸张的内容一样。

在被直接关注时,一个机器的组成部分是无意义的。我们这样理解机器:人们从一个机器的组成部分来关注到这些组成部分的联合功能,正是这一联合功能使这一机器运行。这里,这一认知结构对应着由不同原则决定的两个层级。被直接关注的这些细节被无生命自然的规律所控制;而这些细节在被联合起来以从它们关注到它们的联合功能时,它们是被机器的工作原理所控制。这种双重控制看起来是令人迷惑的。但是,物理科学明显无法说明一个系统的某些可变性,这些可变性被称为这个系统的边界条件。机器的工作原理控制着这些边界,而机器的工作原理并不违反那些物理的和化学的规律,那些规律是在这些边界的范围内起作用的。

生物学也有着同样的二元论。生物学家们会告诉你,他们是根据无生命自然的规律来说明生命存在物的,但是他们实际上做的,而且做得很成功的,却是根据类机器的法则($machine-like\ principles$)来说明生命的某些方面。这就假定了一个关于实在的层级,它在物理的和化学的规律所无法控制的边界上运作。

这展开了关于层级的整个序列的图景,这一序列一直通向担负责任的人类那一层级。这一序列将会形成一个关于运作的层级,每一个更高的层级控制着低一级的层级留下的不确定的空白。我们可以通过一个文艺作品的生产来展示这一结构。比如,以讲话为例,它包含五个层级。第一个层级,也是最低一个层级,是发出声音;第二个层级是词语的表达;第三个层级是连词成句;第四个层级,是句子的组合形成某种风格;第五个层级,也是最高的层级,是构成文本。

每一层级的法则都在其邻近的更高一层级的法则的控制下运作。词汇表使得你所发出的声音成为词;既定的词汇表根据某种语法形成句子;句子被纳入某种风格,接着它被用以传达这篇文章的观点。由此,每一层级都受到双重控制:第一,受到适用于这一层级的那些组成成分本身的法则的控制;第二,受到控制着某个综合体的法则的控制,这个综合体由那些组成成分构成。

这样的多重控制因为这样的事实而成为可能:支配着那些单独细节的那个较低层级上的法则将那些未确定的条件留给更高级的法则去控制。在发出声音时,将这些声音连接成词——这就被留给词汇表去控制。接着,词汇表无法连词成句,因而连词成句就被留待由某种语法去控制;接下来,这一序列按照这种逻辑继续下去。

因此,某个高级层级的运作不能由在更低一层级上支配着它的细节的那些法则来作出说明。你不可能由语音中推衍出某个词汇表;不可能从某个词汇表中获得某种语法;某种语法的正确使用不足以带来某个好的风格;某个好的风格也不足以形成某篇散文的内容。

稍稍看一下生命存在物的机能,就能使我们确信:它们有着广泛类似的分层结构。所有的活的机能都在对无生命自然的规律的边界条件的控制中,依赖于无生命自然的规律;植物性功能在最低层级上维持着生命,却无法说明植物和动物生长的可能性,无法说明动物肌肉运动的可能性;支配肌肉运动的法则无法说明这些运动如何整合成行为的内在模式;支配这一整合的法则又无法说明这样的模式如何通过智力的运作而形成;而智力的运作能够服务于使得人类进行负责任的选择的更高法则。

每一对层级都会呈现出它自己的二元论,因为我们无法用支配单独细节的法则去说明那个更高层级的运作。我们可以看到,在这个连续的本体论层级中,每一对之间都存在着这种二元论,心物二元论也是其中的一个个例,但也仅仅只是其中的一个个例。

*

我希望在我所概述的观点中,那些与流行的哲学文献相分歧的地方,你们都已经看清楚了。我将尽力展现:尽管有这种分歧,但是我的观点对当代哲学的发展做出了明显的回应。

最近关于科学史的著作也确证了我多年前提出的:对科学的探索在每一步上都是被无法确切指认的思想力量所决定的。在这篇文章中,我也展示了这一事实是如何成为一个起点的,由这个起点开始,我逐步提出了一个关于非明言的思想的理论。你可以称这个理论是——借用吉尔伯特·赖尔所创造的一个词——关于科学和知识的"**非形式逻辑**(*informal logic*)"。或者,你也可以参照胡塞尔和梅洛·庞蒂的观点,将它称为关于科学和知识的现象学。这也恰当地将我的观点既与分析哲学相联系,也与现象学和存在主义相联系。

诚然,我认为真正的知识与在本质上不确定的实在相联系,这一观点和我关于分层的宇宙的理论,与上述那些思想流派没有多大关系。而且,虽然我那个"通过内居来认识"的看法与狄尔泰以及存在主义有着很明显的联系,但是我将这一观点扩展到自然科学,这一点显然又与狄尔泰相对立。与此类似,康德的那些范畴——在康德那里,它们使得我们对外部对象的经验是可能的——在我论述认识者在所有知识形成中的积极参与时再次出现了,在这里,这样的一个认识者,带着责任感为自己确立普遍意图,就更像康德的实践理性批判和道德形而上学所说的道德之人了。

逻辑实证主义的初衷是根据感觉材料之间的明言联系来确立所有的知识的。在近二十年间,随着它承认更为复杂的材料并允许自己的理论框架具有"开放结构"和"灵活性",它最初的那个计划被逐步地放松了。我注意到的这一方向上的最新进展是迈克尔·斯克里芬(Michael Scriven)的一个宣称,他认为,科学中结构逻辑的问题"只能通过参考之前被很多逻辑学家斥为'心理学的而非逻辑学的'的概念来解决,比如,理解、信念和判断等概念"。[①]

---

① MICHAEL SCRIVEN, 'Explanations, Predictions, and Laws' in *Minnesota Studies in the Philosophy of Science*, Ⅲ, Minneapolis: University of Minnesota Press, 1962, pp. 170–230, p. 172.

我认为，通过转换阵营这种简单的方法，我们将逻辑实证主义的这一退缩变成了一种胜利。我们只要认识到，意会认知是心灵的根本力量，它创造了明言认知，赋予它以意义并控制它的使用。意会认知的形式化，通过创造出关于精确思想的机器无限地增强着心灵的力量，但同时，它也开辟了通向直觉的新的路径；任何想要根据明言规则获得对思想完全控制的企图都是自相矛盾的，都会带来系统性的误导和文化上的毁坏。对形式化的追求将会在意会的框架中找到它真正的位置。

由此来看，没有什么理由能把进行科学解释、科学发现、领会以及获得意义的途径分割开来。它们最终都要依赖于通过同一个关于理解的意会过程。开普勒第三定律的真正**意义**是牛顿**发现**的，也就是在牛顿将其**解释为**万有引力的结果时，通过洞察来**领会**，也在较小的规模上涉及解释、发现、获得意义这三个方面。

控制论最初有关"对心灵进行严格明确的操作"的主张代表着对逻辑实证主义的复兴。因此，我反驳了对心灵的控制论解释，也反驳了行为主义的观点，它们的观点也是建立在这样的假设基础上，即心理过程的材料和运作都是可以明确指认的。

我对机器和生命存在物的分析蕴含着对欧内斯特·内格尔（Ernest Nagel）的观点的反驳，他主张用非目的论的语言来描述机器和生命存在物。① 所有的机器都服务于一个有用的目的，除非它不是机器；活体器官和机能也仅在它们能够维持生命的意义上是器官和机能。建立在意会认知基础上的关于知识的理论，并不要求我们把科学净化为不涉及心灵或是关于生命存在物的终极目的论结构的科学。

---

① ERNESTNAGEL, *The Structure of Science*, New York: Harcourt, Brace & World and London: Routledge, 1961, p. 417.

10
意会认知:它与一些哲学问题的关联
1962

在这篇文章中,我将进一步纲要式地推进我已致力多年的探索。为达到这个目的,首先,我有必要概述一下我在其他文章中已经提出的一些重要论据……*(编者注:在前面的两篇论文中,对这些论据有很多陈述)

为了介绍我关于意会认知的分析与一些哲学问题的关联,我将讨论一下最近由布莱恩勋爵(Lord Brain)提出的一个问题。他注意到这样的奇怪现象:一些患者对自己身体的某些组成部分会产生"这是一个外部对象"的感觉,由此,他提出:我们通常如何将自己的身体区分于外部对象?布莱恩勋爵认为,"可丢弃性(dropableness)"是一个小的对象区分于某个人自身身体组成部分的特性。[①]

但是,我们也可以将自己的身体与那些不可丢弃的对象区分开来,无论这个对象是大的还是小的。能将身体与外部对象区分开来,有更深层次的原因。正如我曾在其他文章中提到的那样,我们的身体的特别之处在于它是唯一关于这样的一些东西的聚合体——这些东西之所以为我们所知,仅仅是通过我们依靠对它们的附带觉知而关注到别的东西。由此使得我们的身体在宇宙中有着独特地位。

---

① LORD RUSSELL BRAIN, *Mind, Perception and Science*, Oxford: Oxford University Press, 1951, pp. 18 – 19.

这也带来了我们将外部事物同化入我们自身的能力,这一同化的实现来自我们依赖于我们对外部事物的附带觉知而关注到的别的东西。当我们使用一个工具或探针时,尤其是当我们在说、读、写中使用语言时,我们延伸着我们的身体器官并变成更有能力和更为智能的存在物。所有的人类思想通过领会意义和掌握语言的使用而产生。在我们的天然身体中没有什么思想的存在;仅当我们的嘴开始说出语言、我们的眼睛开始阅读时,真正的人类的智能才开始内居于我们之中。

这样,意会认知看起来就像是一个**内居**(indwelling)的行为,通过这样的一个行为我们可以领会一种新的意义。在运用某个技能时,我们也就是内居于无数的肌肉运动之中,这些肌肉运动都有助于达到它们的共同目的,这个目的也就是这些肌肉运动的联合意义。因此,既然所有的理解都是意会认知,那么所有的理解都是通过内居而实现的。狄尔泰(Dilthey)和立普斯(Lipps)所提出的观点认为,我们只有通过内居才能认识人和艺术作品,这一观点也由此得到了证明。① 但是,我们现在也看到了他们的错误,那就是,认为内居与在自然科学中所运用的观察完全不同。实际上,两者的差别不过是程度上的不同:在观察一颗星星时的内居,没有在理解人或艺术作品时的内居的程度深而已。意会认知的理论建立起一个从自然科学向人文研究的连续过渡。它在"我—它"和"我—你"间的鸿沟上搭起桥梁,通过把"我—它"和"我—你"都根植于主体对他自己的身体的"我—我"觉知,"我—我"觉知代表着最高层次的内居。

我们可以将这一透视予以延伸,用以考察一个较古老的哲学问题。伽利略、洛克和他们的后继者们认为,外部物体不过是运动着的聚合物,景象、声音、气味等虽然看起来好像属于它们,但实际上却并非如此。这些是在我们自身中产生的,那些外部物体的运动所产生的影响进入我们的眼睛、耳朵和鼻子,从而在我们自身之中产生了景象、声音和气味。现代神经学通过证明颜色、声音和气味能够作为余像、错觉

---

① 比如,参见 W. DILTHEY, *Gesammelte Schriften*, Leipzig and Berlin: B. G. TEUBNER, 1914-37, Ⅶ, pp. 213-16. Trs. by H. A. Hodges, *Wilhelm Dilthey*, London: Routledge & Kegan Paul, 1944, pp. 121-24; and T. Lipps, *Ästhetik*, Hamburg, 1903.

或幻觉在我们自身内部产生,已经证实了"颜色、声音和气味是内在的"这一信念。而且,现代神经学还有更进一步的研究,它通过追踪外来影响作用于大脑皮层的神经过程,确定那些产生我们关于景象、声音和气味的觉知的多个大脑皮层中枢。现代知识由此使得人们不得不去思考这一哲学问题:如果我们关于它们的觉知完全是内在的,那么我们是怎么逐渐认识外部对象的?

分析哲学当前的对策是:限制诸如"看着"、"听着"、"闻着"等词的适用范围,把它们限定为说话者所体验到的,而不考虑作为这些经验的基础的神经过程和大脑皮层过程。但是,这种使用并不被接受,因为分析哲学的这种限定也就取缔了感觉生理学的用语并由此无视感觉生理学的所有发现。

一个较早些的由罗素勋爵发起的思想流派,他们通过预设与大脑实际所处的物理空间相区别开来的私人知觉空间的存在,假定景象、声音等都产生自大脑内部,在大脑内部有专门产生这些东西的空间。布莱恩勋爵进一步发展了这一想法:他假定大脑中所经验到的并不是感觉性质自身,而是一些符号,根据这些符号我们借以能够意识到有着对应的颜色、声音、气味等性质的外部对象。感官经验被比作我们能在其上看到很远处物体的雷达屏上的图像。但是,这些假定留下了一个悬而未决的问题:谁解释那些符号?通过什么方式来解释?用那个雷达的比喻来说,那就是:谁观察雷达屏?他如何解释上面的指示?既然这个问题是悬而未决的,那么布莱恩勋爵的解释就把我们带回到最初的那个问题:我们是怎么认识外部对象的?——那些外部对象,我们最初是在我们内部意识到的。

让我们在意会认知的框架中思考这个问题。回想一下我们认识技能和面相、进行测试、使用工具和探针、说出词语的方式;也回想一下我对视觉感知的结构的分析,当时我发现,视觉感知也包含着意会认知的其他所有个例共同具有的结构。这些特殊个例都说明了这一基本事实:在我们依赖于我们并未焦点关注的线索或细节去关注某些别的东西时,我们能够使得这些线索或细节有意义——因此,我们正关注的东西的外显能够被说成是这些线索或细节的意义。一旦我们领会了这种使其有意义的方式,我们也就会意识到,这些线索的意义看起来所处的位置与这些线索本身所处的位置是不一致的:可能在有些情况下它们所处的位置相邻近,在有些情况下它们所处的位置相离较远。我们已经看到,在使用工具和探针时,它们对我们的手和手指发生撞击,但是我们并不是在这一撞击发生的地方感觉到这一撞击本身,而是在我们的器械触及外部物体的地方感觉到对器械的撞击。也正是类似的整合过程使得被说出的词能被听懂,这些词的意义是在它们所指示的东西那找到的。视觉知觉也仍是这样的一个个例:依赖于多种多样的线索(一些是内在于我们身体的,一些是外在的)以关注到它们的联合意义;就视觉感知这个个例而言,这个联合意义也就是一个对象的形状、颜色、大小、位置和其他的视觉特征。

　　那些多种多样的线索,其中有很多,特别是那些内在于我们身体的线索,其自身都不能被使用它们的人体验到。它们的存在仅通过对某些身体过程的生理学观察才被揭示出来,那些身体过程影响着一个主体看到事物的方式。但这并未将视觉知觉与其他的意会认知的个例区分开来。我曾引证过一个实验,那个实验展示出:我们经过训练后实际上能够通过细微的肌肉收缩控制外部活动,但那些细微的肌肉收缩太过微弱以致我们无法感觉到它们自身。＊(编者注:见本书 P124,关于肌肉实验的内容)所有的视觉生理学都能由此被纳入之前那些关于意会认知的个例。生理学家能够追踪一个视觉知觉行为的所有相关线索,却不能依赖这些线索以看到这些线索对于主体而言的意义,不能以主体看到这一意义的方式看到这一意义,这一事实可以被视为"意义的解构"的个例:当我们把注意力的焦点集中在与某个综合体相关联的那些单独的细节本身时,就会发生意义的解构。我们也可以把这视为是内居程度的不同。比起对这些神经过程的生理学观察而言,主体对自己的神经过程之觉知的内居的程度要高得多。①

---

　　①　这并不是认可对如下两类经验的区分:来自内部的经验和来自外部的经验。相较于关于某个生命机体的纯粹的物理的和化学的结构图而言,生理学家关于器官和它们的机能的观点是对一个生命存在物的内在的理解,那种结构图则不可能包含这种理解。这里我所分析的是一个在内居的程度上连续的系列,而不是内部和外部两个方面。

当然，有人可能会区分这两者：我们对于作用于我们身体上或身体中的阈下影响的觉知，与传导所有刺激的脑皮层中枢的神经过程。但是这一区分并不影响我们上面讨论的问题。因为我们知道，最初在我们身体的某些点被感觉到的那些感觉，可能会在更远的地方被感觉到，比如在探针的针尖；而且我们能够通过训练对在我们身体内部作用于我们身体的影响做出回应，尽管这些影响太过微弱以致完全不能在那个点被感觉到。因此，如果我们认为感觉经验起初确实发生在大脑皮层中，那么，我们就可以预料到将会有一个意会认知的过程使得我们在别处感觉到它们；因此，认为它们最初发生在我们没有感觉到它们的地方，这一假定并不会带来新问题。

上述关于所见景象的定位的这一观点并没有告诉我们，这样的景象或是其他任何意识状态是如何从神经系统中（或是从与神经系统的联合中）产生出来的。**在这篇论文中，这个问题被搁置了。**我们只是假定，无论什么时候，只要我们**有着**意识经验，那么我们也有着将它们进行有意义地整合的力量。正是由于这一力量，我们才能够像在日常生活中地那样看到事物，生理学家在观察大脑皮层中的视觉过程时无法看到我们所看到的事物，这一事实可以被归结为是因为这位生理学家关注着这些神经过程本身。这篇论文的余下部分将主要是详述和巩固这一结论。

带着上述结论进行如下比照是一件有趣的事，也就是，将我们获得意会认知的整合过程与我们获得同样结论的形式化的推论过程进行比照。视觉错觉，比如埃姆斯的歪斜房间实验，在那个实验中一个小男孩看起来比一个成人还要高，这为我们的比照研究提供了很好的例子。①根据意会认知，我们会说，依靠我们对以前所见过的无数房间的觉知，以及依靠这两个人物于其中呈现给我们的那个框架中的所有其他元素，我们将所有这些细节整合起来。正是以这样的方式，我们看到了我们注意力焦点上的小男孩和成人。

一般说来，视觉错觉并不能通过意识到它们是错觉而被消除，心理

---

① 见前面的论文 7。

学家们已经拒绝追随赫尔姆霍兹(Helmholtz)的那一描述;在赫尔姆霍兹的描述中,他把迫使我们同意"我们所认识的是假的"的那个过程描述为无意识的推理。这里的问题是:我们是否能够通过将视觉错觉归类为错误的意会认知的某个个例来重铸这一讨论?

我认为是可以的,因为从无意识的推论这一角度对视觉错觉的分析实际上就对应于这样的一个过程:这个过程所实现的重要功能涉及各种各样的意会认知。它和下列过程属于同一类别:(1) 通过动作研究对技能进行的分析;(2) 通过列出一个面相的典型特征来描述这个面相;(3) 为开展某个试验或使用某个工具而给出细节性的指导;(4) 根据语法对言语进行的分析;(5) 对知觉的生理学分析。

这看起来似乎是一个令人困惑的大杂烩,与上文所说的"将视觉错觉作为一个无意识的推理过程而进行的解释"似乎风马牛不相及。而且,这种印象还会进一步被强化,如果我们意识到我在这一集合中所提到的一些领域所涉及的范围会有多广。动作研究应当涵盖如下领域的实践教学,即各种艺术表演、所有包含技能的技艺以及各类运动的实践教学。对面相的分析涵盖一个更为广阔的领域。它不但包括医学和分类学的诊断,还包括来自艺术和文学的所有相关评论,正是通过这些评论,我们关于绘画、建筑、音乐、诗歌、戏剧和小说的理解才能被培养、引导和加深。对言语的分析,除了包含对语法的分析外,还包含对发声和语音学的研究,以及对辞书学、语体学和修辞学的研究。这一领域还可以进一步延伸到分析哲学,一门旨在澄清哲学问题、研究语言规则的学科。最后,在上一段的表单中最后列出的关于知觉的理论,其具体例子囊括了感觉生理学的全部范围,而且,感觉生理学的基础涵盖解剖学、神经学和心理学,而感觉生理学对特殊主体的挑选则涵盖整个动物界。

然而,所有这些探究彼此之间都有着共同之处,而且与关于视觉假象的分析之间也有着共同之处:它们都试图理解意会认知的行为,在这些行为中,我们通过依靠我们对并未直接关注其自身的那些成分的觉知而关注到某些东西。在不那么严格的意义上,我们可以把这些行为称作是"直觉的",以将它们区分于明言推理的过程;这样,我们所列出的那些探究就可以被说成是直指发现明言规则的,这些规则的施行也就等同于那些直觉的行为。这些规则将不但能够指明那些细节——直觉正是依靠对这些细节的觉知关注到由这些细节形成的综合体——而且还能够讲明这些细节形成综合体的整合关系。

如果对意会认知的这种形式化是可能的,它将会把所有的技艺都转化成可以精确规定的操作,由此也就使得这些操作不是关于技艺的工作。对技艺的分析可以有着深刻的启迪作用,但是这一分析仍是不完全的。它必须将自己限定于某些准则之发现中,运用这些准则本身就是一种关于技艺的工作。无论人们会多么大地受益于对这些准则精髓的吸收,最初的意会行为仍然是意会的,因为这个意会行为将要依靠对这些准则的附带觉知并意会地控制着它们的应用。

相应地,在视觉假象中,比如在使得我们看到一个小男孩比一个成年男子还要高这一例子中,我们也可以看到"无意识的推理"仅仅作为这样的规则起作用:这类规则无法说明那些由主体的意会行为所决定的重要选择。换掉会导致我们得出"小男孩会比成年男子高"这一结论的那个前提——"所有的房间都是长方体",我们可以使用"小男孩比成年男子矮"这一前提,由此得出的结论将会是"这个房间可能是斜角的",这也就消除了错觉,由此也展现出:将其形式化为无意识的推理,并不能解释为什么眼睛倾向于看到错觉。

这种倾向的原因在于:我们总是无可避免地认为房间有着正常的形状。我们对正常房间的附带觉知使得我们会以这样的方式来看房间。那些被附带觉知的房间,其中的大多数是无法被清晰指认的。过去我们可能已经看过成千上万规则的房间,但是我们能够清楚想起的并不会太多。然而就是那些在我们头脑后台中的记忆的联合分量在发挥作用,正是因为这个原因,我们可以设想这样的情况:那些之前没怎么见过规则房间的原始人就不容易产生这类错觉。[①] 而且,许多不确定范围的外部线索也会摧毁这个错觉。比如,如果我们被允许使用一

---

① 参见 G. W. ALLPORT 和 T. F. PETIGREW, 'Cultural Influence on the Perception of Movement: The Trapezoidal Illusion among Zulus', *Journal of Abnormal and Social Psychology*, 55 (1957), pp. 104 – 13。

个棍子敲房间的墙，在某一时刻，这些线索的累积效应将会揭示出这个房间是斜的，错觉也会由此被摧毁。

这展示了看同一个线索系统的两种不同的可能方式被取舍的关键。人们使用其中的某一种而非另一种的原因是，观察者更容易或者更倾向于进行这种整合。格式塔心理学试图详细说明图形所具有的那种能促成自己的成形整合的特性，但是本文不准备深究这个问题。我只是认可，诸如，将注意力的焦点集中于个别的细节将会摧毁整合，这可以由这样的事实来佐证，例如，从非常近的地方看那个整合实体。稍后我会对此进行进一步探究。

这里，关于正常房间的概念是如何形成的，某个个别对象是如何被确定为这一概念的个例的？这一过程与一个古老的哲学问题有关。对这种关联的说明将会使我们更为深入地理解意会整合的力量以及这些力量的形式化所受的限制。

柏拉图最早受到这一事实的困扰：**在我们应用关于某类事物的概念时，我们仍然能够指认每一个个体，将它与其他个体相互区分开来。**如果每个人都能被与其他的某个人区分开来，而且我们把他们中的每一个都视为是"人"，那么所有的这些人都被视为的那类"人"究竟是什么？柏拉图的结论是：关于人的一般观念指的是没有任何个别属性的**完美的人**，个体的人是不完美的复本，它们因为具有这些个别属性而堕落。

像人的概念这样完全没特征的东西却有着这样完美的特有本质，给哲学家们带来了很多问题，自从罗瑟林(Roscelinus)在近 900 年前明确提出这些问题之后，它们就一直困扰着哲学家们。但是，罗瑟林自己的观点即认为"人"这个词不过是一个关于个体的人的集合名称，这个观点又未能解决这样的问题：我们如何证明对另一组不同的个体所组成的集合也冠以这样的名称是合理的呢？——这个问题将会不断被突显出来，因为我们仍然能够把那些与我们之前冠名的那些集合中的个体所不同的个体的人继续归到这一名称之下。指明人的典型特征并不能消除这个问题，因为在指明人的典型特征时，我们又必须重复使用某个特征的个例的名称，而这个特征在每个个体那里又是不一样的。

所有这些问题的产生仅仅是因为我们正在致力于找到形成对象的集合的**明言程序**,这些集合能够无可非议地被同一个普遍术语所指称。换个角度来看,也就是看看知觉是如何根据某些对象的本质来指认它们。将一个歪斜的房间看成一个正常房间的错觉应当会使我们想起这样的事实:在数以千计的其他例子中,我们都已经以这样的方式正确地看到了正常的房间,无论这些房间彼此有怎样的不同,无论我们是在多么不同的角度下,在某时看某个房间。这也表明,在识别个别事物时我们并没有给它们命名;这一点也被这样的事实所证明:动物总是要识别某个群体的成员,尽管它们没有语言。这里起作用的,是各种各样的知觉所共有的一个过程:在这个过程中,我们依靠我们对此时并没有直接关注的众多线索的觉知,以某个特定的方式看到那些东西,那些东西也就是我们所理解的这些线索的意义。

这里我们必须指出,一个普遍概念是如何形成的,这一问题也是经验**归纳**问题的组成部分。普遍规律是如何源自个人经验的?想要明确说明这一过程并形成精确规则的所有尝试都失败了。原因之一是:严格地讲,某个规律的任何一个个例,在任何方面都会不同于另一个个例。那些不确定的可变经验能够被归入同一规律之下,仅仅是依靠我们对这些经验的觉知作为这个规律的线索。正如知觉的线索那样,经验归纳的许多线索自身很容易被识别,而另一些则无法被识别,所以并不是所有的线索都能被识别。换句话说,科学家们的"预感"可能在很大程度上依赖于阈下知觉。正如敏锐的视力能让人们辨别他人所看不到的东西那样,尖锐的科学发现能够在某个科学经验中揭示自然规律,而其他那些没有这样的天赋的人却并不能从这个科学经验中看出些什么重要的东西。那些坚持要找到关于归纳的形式化程序的人拒绝承认这种发现的力量,他们认为这是在故弄玄虚。然而,这些力量并不比我们的知觉力量更为神秘,当然,也不会比知觉力量更缺乏神秘。

那么,我是否在通过假定一个奇迹来解决一个谜团呢?答案并非完全如此。我正在解释类属概念(以及自然规律的发现),我认为它们最终都是建立在一个意会认知过程的基础上,这一过程的运作我已经在下述例证中阐明:对技能的学习、对面相的识别、对试验的掌握、对工具的使用、对言语的说出、视觉知觉行为。实现这些行为的整合力量全部都有着同样的结构。我相信，我们最终会揭示出，这些过程实际上都是同一有机过程的不同变体，尽管这已经超出了本文的讨论范围。

关于概念的形成，有两点需要特别注意：首先，我们假设，整合的力量能够解决在获取一个关于对象的集合时所涉及的那个明显的矛盾，这些对象在每个细节上都存在着不同，然而却以某种别的方式被等同起来。是否有证据表明意会认知能够为那些线索建立起一个一致的意义，而这些线索各自就其本身来看并没有这样相同的东西？答案是，意会认知实际上能够以各种不同的方式来整合相冲突的线索。在埃姆斯的实验中，人们所看到的关于小男孩和成年男子的景象与他们的头离天花板间的距离相矛盾，知觉整合了这些矛盾的线索，通过"这个小男孩比成年男子要高"的图像呈现给我们。当然，它带来的是错觉；但是，还有一个重要的例子，相冲突的视觉线索被整合成一个真实的景象。我们通过形成关于某个对象的立体图像，将投射在我们眼睛的视网膜上的关于这个对象的两个不同的图像融合起来。这里，知觉通过根据**一个新质**来揭示相冲突的线索的联合意义从而解决了矛盾。我们能够听到一个来自确定方向的声音：这是通过我们，把它首先到达我们一只耳朵时对这只耳朵的作用与接着到达另一只耳朵时对另一只耳朵的作用结合起来而实现的，在这里也有一个与前一例子中相类似的综合体。这些，也是在一个普遍概念的形成过程中发生的。

但是，还有一个我们将会遇到的重要问题，也是我们必须关注的**第二点**。这就是被一个普遍术语归结为一组对象的联合意义的那令人奇怪的无实质意义的特征。相较于视觉错觉或立体图像，普遍概念是抽象的、无特征的。我们根据这个焦点对象而意识到这个类别的组成成员，但是这个焦点对象看起来显得模糊并近乎空洞。我们可能会问，是否还有其他的意会认知的个例也有类似的结构？这一提问又引出了哲学上的另一经典问题，阐明这个问题将也有助于进一步阐明和巩固关于意会认知的概念。

我曾经说过，当我们关注组成某个人的面相的细节的联合外显时，我们就是在关注他这个人；当我们观察他的脸所表达的情绪时，我们就是在从他的脸上观察他的思想。这里,有两点是很明显的:第一,意会认知是阶段性地渗入到它的对象中的。我们可能首先是认出一个人,接着发现他在干什么,接着又意识到他的动机可能是什么,最后再重新考虑我们所形成的关于他的品格的观念。通过对较基础的细节的整合而被理解到的某个方面,接着又成为一个综合程度更高的综合体的线索,以此类推。我还曾指出过,我们由此逐步渗入到更真实的东西中去,这些真实的东西仍会在不确定范围的未来时刻显示自身。

在此,我只能简要地提及对思想的这一分析,实际上在别的文章中我进行过较为详细的探讨。这里,它应当阐明的事实是:当我们走向对一个人的更为深入、更为全面的理解时,我们将会把更多的有形细节转变为更加无形的综合体:转变为(部分地因为这个原因)更为真实的综合体:"更为真实",根据我对实在的定义,也就是有着更为广阔的范围的不确定的未来显现。

在这一描述中所使用的时间顺序不能从字面意义上理解。我们通常在一定程度上是即刻理解有关一个人的所有层次的。当然,我们首先是认出一张人脸,我们能够说仅仅是由随后的分析才知道——当然是相当不充分地知道——是哪些细节使我们识别这张人脸。如果我们曾见过一张脸的一些片断,而没有意识到它们作为一张脸的组成部分的连贯性,那么我们也就不能将它们与它们周围的其他事物区分开来。对于任何对象而言都是这样,而且相较于从人脸上观察,我们从其他对象上更容易看到这一点。如果我们不能将一个对象的细节从其独特的背景中分辨出来,那么我们也就无法看到这个对象,比如,当这个对象在伪装时。这样,我们看到了对象的细节,但是并不知道它们中的哪些属于我们没有看见,甚至可能不知道的对象。

由此,这也展示了行为主义之不可能。根据上述分析,我们能够识别出心理过程的有形表现,仅仅通过对运作中的心灵的第一次认知;实际上,在我们能够开始分析它之前,行为的某个理性模式必须被作为一个整体来理解;最后,如果我们成功地(**当然这实际上不可能**)追踪到心理行为的组成成分而不涉及心灵,那么,这些本身被直接观察到的细节,将会是无意义的,而用这些无意义的细节进行的实验也是无意义的。行为主义者实验心理学的现实实践之所以能够避免这一命运,源自他们意会地依赖于对其观察结果的心理解释,而这一解释在行为主义者们那里被转换成客观主义的语言。

当前的这一分析涉及两类认知的区分,这也区别于赖尔(Ryle)的观点。① 如果,真如我所言,我们通过依靠对心灵活动的觉知而关注到它们的联合意义,由此我们得以认识心灵,那么,赖尔认为"心灵的活动**是心灵**"这一结论,就好比在说"桌子"这个词**是**桌子。

我关于心灵的这些讨论与**现象主义**的理论也有关联。这一学说教导我们将感觉材料视为我们关于外部世界的最终信息,并教导我们在来自这些材料的推论的基础上,将我们关于对象的信息视为感觉材料的所指。这就产生了难以解决的问题:这样的推论以什么样的方式才能展开?

语言分析学派这样来解决这个问题,他们断言我们从未感知到这样的感觉材料,但是会仅将它们作为对象的特性而意识到它们,对象的特性是我们在现实中确实感知到的。但是,这一观点无法解释由关于在黑暗中被养大的猩猩那一实验所展示的事实,即那只猩猩需要花费相当长的时间和相当大的努力才能学会看;这个事实也由对人类婴儿的眼睛运动的观察结果所证实。在猩猩和婴儿学会看之前,他们确实也看到了感觉材料,也就是光斑和色块。在一个正常成人观察到一个令人费解的景象的无意义的碎片时,情况也是这样,他们不得不进行智力上的努力以看到这些将碎片作为其特性的那个对象。

这样的努力是一个意会整合的过程,正是由这一过程,对象才能被作为那些感觉材料的意义而被识别,那些感觉材料组成这一对象的外显。这不是一个明言推论的过程,因此,"这样的推论以什么样的方式才能展开"这一问题也就没有产生。同理,另一个无法解决的问题"其他心灵的存在是以什么方式被推断出来的"也不会产生。这个问题之所以不会产生,是因为我们知道,其他的心灵不是通过明言的推论,而

---

① GILBERT RYLE, *The Concept of Mind*, New York: Barnes and Noble, 1950, and London: Hutchinson, 1949.

是通过一个意会的整合过程。对关于其他心灵的这个问题的解决不同于斯特劳森(Strawson)的解决,斯特劳森通过语言分析展示出对其他心灵的存在的质疑是自相矛盾的。① 这证明了现代语言用法中蕴含着对其他心灵的存在的相信。然而,在阿赞德人的语言中,质疑神谕的有效性是自相矛盾的,但这只是证明了:就神谕而言,赞德语是不可信任的。②

认为我们关于立体物和他人心灵的知识实际上是它们的细节的意义,这样的观点修复了关于共同感觉的形而上学的观念。这一观念在谈及事物和他人心灵时,都将它们区别于它们碰巧借以将自身显示给观察者的那些线索。共相的概念也是这样,它们是组成一个类别的东西的联合意义。这一意义是某个真实的东西,用我的常用措辞来说,那就是,它能够在未来无限地显示自身。

实际上,一个真实的普遍概念的启发性的力量通常表现在两个方面:(1)一个普遍概念通常预期在未来有着更多关于自身的个例出现,而且如果这个概念是真实的,它将能有效地将这些更多的个例包括在内,尽管这些个例将会不可预见地在各个细节上不同于过去被纳入的所有个例;(2)指示着某个自然类别(比如某种动物)的一个真实的普

---

① P. F. STRAWSON, *Individuals*, London: Methuen, 1959, pp. 106 ff. 他这里的论述建立在"p 谓词"所独有的特征的基础上,所谓独有的特征,比如,p 谓词应用于人。"因为……一般并不存在的学习……这类谓语的内在私人意义的主要过程,然后是学习把这类谓语用于其他谓语的过程,所以同样的是,一般并不存在根据行为标准把这种谓语用于其他谓语的一种主要的学习过程,接着是另一个能够获取展现一种新的行为方式——第一人称 P 话语这种次要技术——的过程"(pp. 107 - 8)。作者提醒人们不要以这种结构的语言表达对这种结构的拒斥。

② E. E. EVANS-PRITCHARD, *Witchcraft, Oracles and Magic among the Azande*, Oxford: Oxford University Press, 1937. "读者也许可以想出一个论据来彻底摧毁阿赞德人对神谕力量的断言,然而问题是这个论据一旦用赞德思维方式来理解,就会转而支撑整个赞德信仰。"(pp. 319 - 20)"……在用来表达信仰的模式里面,他们能够进行缜密的推理,然而他们既不能够在这个模式之外进行推理,也不能够进行与信仰相矛盾的推理,他们没有其他的方式来传达他们的思想"(p. 338)。斯特劳森先生由此将会得出这样的结论:相信毒药神谕是阿赞德人的形而上学的一部分,可以在其语言的逻辑结构中对阿赞德人的形而上学进行描述式的研究。但是,这只不过表明,阿赞德人如果要拒斥他们现在的形而上学信仰,那么他们就不得不使用另一种语言(或以一种新的意义来使用赞德语)。

遍概念,它可预期这个类别的成员将会被发现共有不确定范围的未受明文约束的特性;比如,这个类别将会被发现有着未被揭示的范围上的内涵。

这也展示出意会认知的最突出的力量,正是由于意会认知的这一力量,我们能够把我们注意力的焦点集中到细节的联合意义上,甚至是在我们关注的焦点没有有形的中心时。它代表着我们认识一个问题的能力。"一个问题"代表着指向某个未知的东西的一个线索群中的某块空白。如果我们所持的问题是一个好问题,我们也是在意指:这一未知能够在我们自己的努力下被找到,而且它也值得我们付出这些努力。开始从事对某个问题的答案的寻找,这也是在宣称正感觉到其答案的日益接近——没有这样的引导,任何探寻都不会成功。所有这些预期,对于所有科学努力而言都是必不可少的;在这些预期中,我们将注意力集中在一个中心上,而这个中心必然是空白的。

这使得经验**归纳**的过程再次进入我们的视线。我已经指出了一个真实的普遍概念的启发性力量,而且也通过指出我们的如下能力来巩固关于这种启示力量的观念,这些能力包括:识别问题的能力、认识问题好坏的能力、通过感觉到我们对这些问题的答案的逐步接近而成功地进行探究的能力。科学家的工作就在于做这所有的事情。他注意到那些看似有意义的线索,如果他是一个实验员,他将会努力去发现能给他进一步指引的线索。他的注意力一直都固定在他目前已经收集到的线索的意义上,同时,遵循着他对正接近的发现的感觉,他摸索着走向新的观点和证据。这一过程并非在本质上不同于知觉的过程,实际上,我认为这一过程隶属于知觉的过程。想要在我们眼前的一团混乱中辨认出我们究竟面对着什么,任何这样的持续努力都是在运用一种力量,这种力量与我们寻找这样的线索的力量是类似的:我们通过感觉有关这些线索可能形成的某个有意义形状的最近似的东西来寻找这些线索。

我已经说过,认识一个问题的能力是我们的整合力量最为突出的一个例;这种整合也就是整合一组细节的意义,通过将我们的注意力集中在一个空白上——在这个空白背后,我们预期着有尚未知的知识的存在。在进一步论述此点之前,让我们先回顾一下:我们已经在一个较小的动态表单里承认了这些启发性力量的存在,这些启发性力量的所在之处都是依靠我们对细节的觉知以确立某个综合体的存在。综合体通常被认为是某个真实的东西,正因为是真实的,因而被预期会在未来的某些时候以不可预料的方式显示自身。我也展现了那个关于共同感觉的形而上学的信念是如何以自己的方式被证实的;那个信念认为,立体对象是超出它们可见特性的集合之外的某个东西,心灵是超出它的可见表现之外的某个东西。我也展示出,意义的这一概念揭示的是那些以一个普遍概念命名的东西。但是,众所周知,这仍然是科学探究的进程。在这一进程中,超出我们可触知的体验之外的关于实在的形而上学概念被最为清晰地写出。从一开始,这个探究就假设,而且它也必须假设,那儿有什么东西要去被发现。"着迷"——这个独自就能带来科学进步的东西,致力于辨识那里有什么;而当我们取得发现时,这一发现之所以能够被我们认可,也是因为我们确信它的对象一直都在那里,未被认识。出现、路径、结束,都指向同一实在,因此不得不去"谈谈"它。由于深信这一实在的存在,那个科学家以科学的眼光去探寻它。他的那种"正更趋近实在"的感觉并未因发现的完成而被耗尽。这种感觉将会继续存在,因为他有着这样的信念:他相信他已发现的是真实的,而且已发现的这个东西仍会以未知结果的无限范围来标示它的存在。因为被视为是实在的一个方面,所以新的知识被认为能够带来更多的知识,并且被宣称是普遍有效的。

这里,我们遇到了有关真理的概念。现代反形而上学的哲学流派,比如实用主义、操作主义、实证主义和逻辑实证主义,都曾试图阐明"宣称某个命题是真的"的含义。但是,如果一个命题的真理性在于它与实在的关联,而正是实在使得它的含义是不确定的,那么这样的努力的命运就是注定的。这些努力实际上失败了,而且必然会失败,因为不确定的东西在没有被确定时是不能被清楚阐明的。它在不确定的状态下只能被意会地认识,也就是通过那些意会的力量来认识,也正是因为那些意会的力量,我们所知道的比我们能言传的要多。

对科学的反形而上学的分析,假设经验知识的逻辑基础必须能够被明言规则所定义。因为这一努力所遭遇的困难未被注意,所以不情愿放弃这一努力的做法看起来仍然是普遍的。我试图揭示个人判断中的意会力量是发现中的决定性的中枢,是科学真理中的最终标准,我的这一努力因被视为是从心理学而非从逻辑上来描述那种意会力量的地位而遭受反对。但是,我的反对者们也并未将这两种描述的区别解释清楚。这样的一个知觉行为——以将某个对象同化到它过去的同一类个例中的方式来看到它,是一个心理过程还是一个逻辑推论? 我们已经看到,它可能是错误的,它的结构也可能是虚假的;而且它当然也有着相当大的可能性是真的。对我而言,这表明它是一个逻辑的推论过程,即使它不是明言的过程。在任何情况下,正确地感知到事物当然是科学探究过程的一部分;认为知觉是正确的,在此基础上才可能认为科学命题是真的。如果真是这样,那么我们就必须将知觉那诚实的感知力量作为经验科学的基础,我们也就无法合理地拒绝接受其他有着类似结构的诚实的意会过程。这也是自从我首次写道"……科学家们将某个形状的存在猜测为某个实在的标记的这个能力,不同于我们日常的知觉;这一点仅由这样的事实就可以说明:科学家能够整合呈现它的形状,而普通人的知觉根本就不容易把握这些形状"以来,一直想要阐明,并在此篇论文中做出努力的观点。①

*

我们的感觉经验在某种方式上要根据我们身体内神经系统的运作来进行说明,对这一奇怪事实的思考自然会引发我们进行一些哲学审视。因此,下面我要对体现所有事物的客观实在性的第一性质,与被视为是主观的第二性质之间的区别的一般背景进行考察。伽利略将宇宙视为根本上是由运动中的聚集体组成的,他的这一观点一直统治着科学家和哲学家们的头脑直至 19 世纪末;在 19 世纪末,由于基本粒子的

---

① M. POLANYI, *Science, Faith and Society*, New York: Oxford University Press, 1946, p. 10. 这里我要再次强调一下,意会整合的诚实力量的来源,这个问题不在这篇文章的讨论范围内;我在这里仅仅致力于明确它们的结构和展示它们的范围。

电特性的发现,他的这一观点首次在物理学内部被作出重大修改。今天,我们可能不得不将宇宙的第一性质视为由物理学决定的参数(统计函数),并且追问第一性质是如何在神经系统中通过这些参数的特定配置而引发那些有关颜色、声音、味道和气味的附着性质的。

然而,如果我陈述的拉普拉斯的宇宙观,是根据它关于第一性质的原始模型进行的陈述,这些第一性质包括基本粒子的聚集体、位置、速度和作用力,那么问题将会变得简单,而且不会对普遍性有所损害。拉普拉斯宣称,对宇宙结构的这一预测将会给我们提供关于"所有的将会出现的东西"的知识。人们通常认为,我们不可能专门地建立起可以作为那些计算基础的初始排列,而且即使我们知道这个初始排列,也无法进行那些计算。但是,从来没有人怀疑过,如果在某个时候关于宇宙的整个原子排列都呈现在我们眼前,我们是否就会知道我们想知道的任何东西?这将是我要在这里进行质疑的。

不可逆的熵增规律在本质上支配着最基本的平衡态过程。但是,一个系统的熵无法通过它的原子排列计算出来,因为熵的大小取决于这个排列的不确定程度。我们可以通过量化使得这一讨论更为明确。一个精确的原子排列的熵是零,并且在未来也总将是零;通过熵增达到平衡态,在这里不会发生。仅当我们假设原子排列在相当大的程度上是不确定的,由此引入关于概率的概念时,我们才会获得平衡态。

无论在何处,当我们要评估可能性时,我们就会遇到相同的状况。如果在掷骰子时,我们准确地知道投掷的细节并由此可以预测投掷的结果,那么每一面朝上的概率是不可想象的,以这样的概率为基础的行为(比如,投注)也都不能被证明是合理的。即使在物理学中也是这样,如果所有的原子细节都能被明确指明,那么被概率支配的过程,比如不可逆的平衡态,是无法想象的,而且它们的实际发生也无法被说明。因此,我们可以把这些过程视为具有综合体的特征,当依据拉普拉斯的观点将它们的细节明确指明时,这些综合特征就会消失。

这初步展示了拉普拉斯式的关于普遍知识的观念的逻辑缺陷。更一般地说来,它使得我们必须正视这样的事实:我们感兴趣的那个问题产生于经验的语境中,而经验并不存在于原子排列之中,也不能由原子排列的概念框架推导出来。

接着,我以机器为例对此进行进一步的说明。机器是由很多零件组成的固体结构,每个零件在机器的运作中都有着它们的多个功能。因此,我们可以将一个机器描述为一个特定的固体排列。这一描述将会详述那些零件的材料、形状及其他借以联合起来组成一个系统的边界条件。但这仅仅只是描述了某种机器的一个特殊样本。它并不能标示这种机器包含着不同大小、不同材料以及无限范围的其他不同的个体样本的整个类别。但这样的一整个类别却能被这个机器关于其结构原理的工作原理所标示。当人们以这些原理为基础宣称某个专利时,同类机器所有可能的实现都在法律上被涵盖了;机器的这个类别是被它的工作原理所明确界定的。

这里引用的概念有没有哪个是无法从原子排列结构图推导出来的呢?为了简化讨论,我们暂且假设:从拉普拉斯式的关于世界的原子排列的认识中推导出物理规律和化学规律,这一推导中所遇到的困难能够被克服。然后,我们就会发现:(1) 一个由其材料的形状、零件的形状和由系统的边界条件所规定的零件的共同排列所标示的特定的机器样本;①(2) 对于所有固体都同等有效的物理规律和化学规律,不论这些固体的材料、形状、决定着它们的排列的边界条件是怎样。由此,可以看到,组成机器零件(细节)的固体的材料、形状和它们的排列,都不能从物理学和化学中推导出来。既然物理学和化学都不能说明一个机器的存在,甚至不能将一个机器确认为机器,那就更谈不上指认它的工作过程并对其做出说明。

这种限度将会变得更加明显——如果我们考虑某种机器(比如,蒸汽机)的一个**类别**。这样一个类别能够有效地被某个专利或某个贸易合同中的相关提及所涵盖。对蒸汽机的构造和工作原理的描述使得一个法院能够确定某个对象是否是蒸汽机,甚至能识别那些无法工作的

---

① 一个装置的服务目的也应当是它的识别的决定因素。数年前,飞利浦公司(埃因霍温)和白炽灯联合公司(乌伊佩斯特)在双方的一份协议中曾经争论过这个问题:新发明的钠放电灯应不应当被归类为"霓虹灯"。认为钠放电灯不应被归类为"霓虹灯"的一个重要观点是:钠放电灯是**被用来看东西的**,而霓虹灯是**被用来看的**。

坏的蒸汽机。要根据物理学和化学来说明这样一个类别的存在,就必须从物理规律和化学规律中推导出一个关于某组固体的材料、形状、由系统的边界条件所给定的共同排列之间的普遍关系,这些东西联合起来标示着所有是蒸汽机的对象,即便某个对象有些故障。

为了正视这个任务,我将假设某类机器的某个样本已经能够根据它的物理的和化学的结构图被充分描述。由此,这一任务也就是:识别和归纳能够标示某个蒸汽机(包括有故障的蒸汽机)的关于这个结构图的特征。在任何一个这样的归纳中当然都会引用到热力学的规律。但是这些规律不能明确地界定蒸汽机:一个蒸汽机是**依赖于**这些规律而工作的东西。要明确地界定一个蒸汽机也就是要明确地说出它是以何种方式应用那些热力学的规律和其他物理的和化学的规律的。也正是因为这个原因,这些原理也是一门独特的科学,即工程科学的组成部分。工程学涉及有关技术成功的原理,由此也能识别技术的失败——比如,有故障的蒸汽机。

由此可以看到,即使能够从来自原子排列结构图的预测中推导出物理现象和化学过程,机器的存在也不能用这些词来陈述,更无法用这些词来进行说明。相应地,关于工程学的知识(上文界定的那些)和关于工程学的所有问题的知识,以及由工程学所指导的发明和论证,都将会在关于宇宙的、物理的和化学的结构图的知识中缺席,在关于宇宙的原子排列结构图的知识中**更是如此**。

这种限度在本质上是逻辑的。其原因与"物理学和化学无法确定某个打印页面(即使打印要依赖于物理的和化学的规律)、无法告诉我们打印内容"的原因是同一类的。

以上,我已对这一结论进行了广泛的讨论,既因为这一结论的普遍意义,也因为它与生物学的特殊关联。生理学是对工作原理的研究,正是由于这些工作原理,生命物才能存活和繁殖自身。所有的活的机能是否都是类机械的,对于这一问题,现今人们在观点上有些分歧;**主导的观点**认为它们都是类机械的。我在这里关注的问题不是这个观点的正确与否;我的讨论主要涉及论争的双方都持有的**一致的观点**,即把对生理功能的类机械的说明等同于根据物理学和化学对它们进行说明。

机器不能根据物理的和化学的过程来说明,我对这一点的论述同样可以应用于关于动物的类机械操作。由此,我必然会得出结论:将某个类机械的说明等同于根据物理学和化学进行的说明,这是一个逻辑上的谬论。这并不意味着这些机制不会经由物理的和化学的过程而在进化中出现。我自己并不否认这种可能,但是生理学不是一个关于进化的理论,所以我在说生理学家们是根据物理学和化学解释生理机能时,我和生理学家们一样,在结论中没有将进化包括进来。

接着,我将返回到我的综合论述。关于普遍知识的拉普拉斯式的概念,它只不过是自伽利略时起就被科学作为基础的关于第一性质的理论的一个特殊实例,这样的概念,被认为是要求有一个超越一般人的头脑,这一头脑能够收集原始数据并且接着计算未来的原子群落。我认为我已经展示出:(1)没有证据表明拉普拉斯设想的"普遍知识"能够回答我们感兴趣的任何问题;(2)要想从一个拉普拉斯式的普遍知识中找到一个系统的熵、温度和压力,这就要求预估概率,而这个概念无法从一个原子排列结构图中推导出来;(3)所有包含着工作原理的工程和技术都在逻辑上超出了拉普拉斯式知识的范围;(4)被生理学作为生命物的机能而确立的工作原理也是如此。

这一列表还可以无限延伸。有一个明显的例子可以被添加进来,那就是,根据物理学所规定的第一性质来对知觉做出说明的不可能性。但是,根据这篇论文中所解释的意会认知的原理来证实某个普遍结论,在这篇论文中我们已经谈得足够多。原子排列作为最终细节,被认为是宇宙中更为综合的实体的所有显现的基础。我们已经看到,这样的实体的细节缺乏实体所拥有的意义。由此,当我们把注意力的焦点集中于宇宙的最终细节时,我们就是在面对一些有着最少可能的意义的东西。一个拉普拉斯式的头脑是要从当前关于世界的实质上无意义的原子排列结构图中计算出它在未来类似的无意义的结构图,这样的头脑将不可能在实质上推进我们关于世界的知识,更无法提出某个关于世界的普遍知识。

由这样的一个结构图,我们无法认识世界,除非我们能够凭借意会认知的行为而具有整合它的能力。但是,我们的整合能力绝非是无限的。如果从一个"被禁止的角度"来看房间中的布置,埃姆斯的歪斜房间实验中产生的整合将会不可避免地失去。有一个众所周知的猜估游戏就是利用了这一事实:从一个不常见的角度对物体进行拍照,所得的照片会让那些常见物体变得不易识别。按照朗德的观点,所有颜色的产生都源自两个单色光学图像的叠加,当我们将这两个组成成分分开来看时,所有的颜色就都消失了。如果我们用足够倍数的放大镜来看它们,所有的图案都会消失。(我重申一下,我们的整合力量的这些局限在这篇论文中都是作为事实被接受的,并没有探究其源起。)

这应当足以解释一个明显的事实,即人类的智力不可能仅仅通过看着一个青蛙的原子排列结构图就能理解这**是**一只青蛙,也不能通过计算出的关于青蛙的未来结构图就理解关于青蛙的生理学。当然,符合它的原子排列结构图的东西,同样也符合这只青蛙的物理——化学结构图。如果我们能够依靠我们对形成这一结构图的数据的觉知关注到它们的联合意义,那么这一结构图就会变得是"透明的(transparent)"——正如我们阅读和理解某个文本时,这个文本是"透明的"那样。但是,既然这是不可能的,它就只可能是用其无意义的形体挡住我们的视线——正如我们将注意力集中于一个文本的物理细节时,我们也就无法把握该文本的意义。

当某人得出这样的结论——在很长一段时期内被人们广为接受的某个假设居然是假的,这时,这个人就会自我追问:这样的错误如何出现并长期存在?就当前我们讨论的主题而言,这个问题的答案并不难找到。拉普拉斯式的关于普遍知识的概念,以及它的现代对应物,都是一个能够完全形式化的或者是精确化的代表宇宙的模型。自从18世纪中期起,科学就坚定不移地为自己树立起这样的理想:将所有的知识都转换成数学形式。描述科学(Descriptive sciences)被视为是知识的不完美、不成熟的分支,这些知识被认为在某个时候将会被明确的数学公式所替代。

但是,这一理想在逻辑上是荒谬的。假设有一组数学公式能够回答任何我们提出的有关经验的问题。这些经验的对象必然不同于要对它们作出解释的数学公式,因此,这些公式是无意义的,除非它们与非数学的经验相关联。换言之,仅在我们对世界的了解达到了能够提出有关它的问题这一程度,并且能够建立起公式与它们要作出解释的经验之间的关联之后,我们才能够使用我们的公式。关于经验的数学推理,除了包括先前的非数学的有关经验的发现和形成之外,还包括将数学与这样的经验联系起来的同样的非数学的关联,以及对由数学理论阐明的经验所进行非数学的理解。当然,还应当将我们自身包括进去,因为是我们自己进行着这些非数学的认知行为并将自己寄托于这些认知行为之中。因此,声称包含着自身与经验的关联的某个关于宇宙的数学理论必定是自我矛盾的,这种自我矛盾正如某个关于工具的概念所包含的那样——如果这个工具被描述为包含着它的使用者和它将要被应用于其上的对象。

认知是一个包含"附带的"和"焦点的"两个层次的过程,这两者仅仅只有在意会的行为中才能被明确界定,意会的行为就是依靠前者关注到后者。但是,为什么这一事实在数个世纪以来一直被忽视,而一个关于科学的虚假理想却能屹立数个世纪呢?这是因为,当我们承认了所有的认知都根植于一个关于个人判断的行为时,知识看起来似乎就失去了所有关于客观性的宣称。我曾经通过对实在的定义暗示过一条走出这一困境的道路,而且在别的地方也对这一困境进行过实质性的诊疗。但是,答案仍然有待在未来被完全找到。

180

11
意义给予和意义阅读

1967

我打算在这里探讨一下我们赋予我们的言语以意义的方式,并且探讨我们理解我们所听到的那些被说出的言语的方式。我将会展示出,尽管这些行为有着非形式化的特征,但是它们都有着一个典型的模式,也就是我称为意会认知的结构模式;我将展示出:形成这样的一个结构就是创造意义。我们赋予我们所说的话以意义的方式与我们赋予他人所说的话以意义的方式,都是意会认知的行为。它们代表着在意会认知的结构中的意义给予和意义阅读。我的探讨将勾勒出语言的整体结构,既包括由现代语言学成功确立的它的形式化的模式,也包括目前主要由哲学所研究的它的非形式化的语义结构。

1. 意会知识的三部体

意会认知将三个协同因素连接起来。这个三部体类似于皮尔士所说的:"对于 C 而言,A 代表着 B"。但是我更倾向于将它表述为:某人 A 可以使得词 B 意指对象 C。又或者表述为:某人 A 能够将词 B 整合入与 C 的关联之中。

但是,将某个事物 B 整合入与某 C 的关联之中,这等同于赋予 B 以指向 C 的**意义**。这样做的一个显而易见的方式是:挑选 B 作为指向

C的手指。假设某个说话者将他的手指指向某个物体,并告诉听者:"看这个!"这位听者将会顺着他的手指看向那个物体。

我们关注那个指物手指的方式和关注它的对象的方式之间有着一个基本的不同。我们关注手指是通过**顺着手指的指示方向**以看到它的对象。这样,那个对象**就处在我们关注的焦点上**,然而手指却不能**被焦点地看到**,它不过是作为指向对象的**指示器**,我将我们关注那个指物手指的间接的或向量的方式称为我们**对手指的附带觉知**。

正是我们对某个事物的附带觉知赋予这个事物以意义:这个意义与我们焦点觉知的对象相关联。将附带觉知的对象与焦点觉知的对象联系起来,这个有意义的联系是通过某人"将其中的一个对象整合入另一个"这样的行为来形成的,而且,这一联系能够持续也源自于这个人能够继续这一整合。

用稍微更一般些的语言,我们可以说,意会认知的三部体通过某人(A)所进行的整合而存在于附带觉知的事物(B)与焦点觉知(C)的关联之中;我们也可以说,在意会认知中,我们从一个或一个以上的附带觉知的东西关注**到**附加于其之上的焦点觉知的东西。

2. 意会认知的不同类型

我们再来考察我们遇到的意会认知的意义结构的那些不同个例的范围。下面这些例子我们都很熟悉,但在这里我要强调的是它们的语义方面:

(a)在某个技能中,我们有着一套基本动作,它们被整合起来完成某个联合操作。那些基本动作相对于这一焦点行为而言,都是附带觉知的对象。它们在被协同运作(co-ordinate)以实现那一共同目标的过程中获得一个联合意义。我们从它们关注**到**它们整合起来的结果。

(b)这同样也适用于阅读某个表情。那些表达某人情绪的特征都是线索,或者是附带觉知的对象,它们关联着它们联合组成的情绪表达。通过把这些特征整合成某种情绪的外显,我们可以从这些特征关注到那种情绪,这一表情和它所表达的情绪是这些特征的意义。

(c) 接下来的例子是:我们在眼睛被蒙住的情况下用拐杖摸索着探路。我们会感觉到我们的手掌和手指受到撞击,但好像这些撞击发生于拐杖击打到物体的那个地方。换言之,对我们手的撞击意指那个物体的位置,也就是拐杖击打到它的那个位置。

(d) 最后,我们还可以举出推测性技能的例子。某个进行比赛的棋手能够看到那些棋子联合起来对他赢这场比赛的可能性的影响。这是那些棋子对于这个棋手而言的联合意义——在这个棋手根据那些棋子的位置决定他的下一步棋时。

3. 认识我们的身体:意会认知的一个范例

在我们与周围世界的所有交互作用中,我们将我们的身体用作工具。这样的使用实际上是技能行为。将我们的视线固定在一个移动的对象上以正确地看到它呈现给我们的样子,这实际上是进行着一个警觉的智能操作。它将我们眼中的、记忆中的、各种肌肉中的、颅骨里的迷路中的许多线索联合起来解释。

这适用于我已列出的所有关于意会认知的例子。专家对样本的识别、对探针和工具的使用,以及我们的身体和头脑的主要技能,都建立在对我们的身体和我们身体所获得的感觉的有意义的整合的基础上。

在这所有的操作中,我们都是附带地觉知在我们体内被整合的那些元素以及附带地觉知我们的身体触及外部事物的地方。这就是我们通常觉知我们身体的方式。只有当我们感到疼痛时,我们才能焦点地感觉到身体内部的那些组成部分;我们身体的外在显现很少能被我们自己观察到;没有带着大镜子的人对自己身体的外在显现所知甚少。对我们身体的附带感觉使得我们感觉到那是**我们的身体**,这也是**我们的身体通常对于我们而言的意义**。

诸如我们的衣服、眼镜、探针和工具等这些东西在使用中都像我们的身体那样起作用,而且还在这一点上和我们的身体非常类似:我们很少焦点地知道它们。实际上,每当我们附带地经验到一个外部对象时,我们都是以类似于我们感觉到我们身体的那种方式感觉到它。因此,在这一意义上,我们可以说,所有的附带成分**都被内化到**我们所存在的**身体之中**。就此而言,我们内居于所有被附带地经验到的东西之中。

总之,意义的产生或者是通过整合我们身体内部的线索,或者是通过整合身体外部的线索,所有从外部知道的意义都是源自我们以看待自己身体的那种方式而附带地看待外部事物。我们可以被说成是"**内化了这些事物**"或者是"**将我们自己投入到它们之中**"。正是通过内居于它们,我们才使得它们意指我们注意力所关注的东西。

这一观点给我们提供了关于"**意义给予**"的两个重要特征。我们的身体和我们身体中的器官都是我们与生俱来的,因此具体体现它们以赋予它们以意义,这是没有问题的。为了丰富我们身体的意义,我们只有使我们的动作协同运作,并将由外部事件的影响带来的感觉线索整合起来。但当我们赋予**外部**事物以意义时,情况又不一样了。那个整合的过程将它们同化入我们的身体,并在这一意义上**剥夺了**它们作为**外部对象**的特征。比如,起始我们有两个外部立体图像,我们可以把这两个图像视为两个独立的对象;但当我们将它们内化了时,这两个对象就消失在一个三维画面之中。这一变化我们也可以在如下情况中看到:当说出或者写出的词的意义被确立以及我们**从**这些词关注**到**它们的意指时,这些词的外显也会发生这样的变化。被焦点地观察到的某个词——也就是某串声音或某列写在纸上的符号——对于我们而言,就是一个无意义的外部对象;而它的同化,使得它成为一个被附带觉知的东西,这也就剥夺了它作为一个对象的不透明的外在性。对某个词的有意义的使用,使得这个词丧失了它的外形特征,也正是这一使用使得我们**透过这个词看到它的意义**。

然而,这里又出现了另一种奇怪的事实。当我们使我们身体的组成部分协同运作以实现某些外部行为时,或者当我们使作用于我们感觉器官的影响有意义时,实际上我们在将我们普遍都不知道的许多隐秘的内在组成部分包含在我们的操作中。这是我们的身体所独有的特性:在我们操作自己的身体时,对这一操作的细节,我们实际上并不知道；而且，这些基本上无法确切指认的操作细节不能够被任何在焦点上控制的操作来有效地代替。这实际上证明了我们有这样的能力：对于那些我们仅仅只是附带觉知的东西，我们能够**将它们整合起来并赋予它们意义**。

在外在于我们身体的那些意义给予中，这一能力也会呈现出来。当我们看着两幅立体图片时，我们将这两幅图片的细微差异整合起来，这些差异我们几乎从来不能在这些图片本身看到；这样，它们就组成了一个关于它们的联合图像的空间外显。某个表情的意义，某种疾病的典型外显，或某个动物样本、植物样本的典型外显，都基本上建立在那些自身几乎无法被明确指认的特征的基础上。我们还可以加上这一证据：众所周知，科学发现由许多无法明确指认的线索所引导；而且，我们的那种最终决定，即决定认可某个关于科学发现的声称的有效性，也是由许多无法明确指认的线索所引导的。

185　　这些事实对于语言的研究至关重要。当我们以某个复杂的声音行为模式为基础来说出词语时，如果这种声音行为模式对于我们正在做的没有任何明言的认识，我们就不能有意义地控制和使用它；那么，也就不会有音韵学。我们依靠某种语法模式以组成有意义的句子，但是在控制和使用这种语法模式时，我们一般对其也没有明言的认识。仅仅只有通过语言学研究，我们才能够很好地认识它们。通常，在我们进行这些精妙而有意义的整合时，对于这样的附带操作，我们所能给出的至多也只是最粗糙的描述。

我们还可以更明显地展现出心灵的这一无法确切指认的力量。但是，在总结这一部分时，我要加上这一点：**意义给予**与**意义剥夺**这一反转过程相对应。当我们赋予外部事物以意义时，它们的外显会发生变化，前文我已经描述了这些变化。这些外部事物会丧失它们的形态特征，仿似变成透明的。之所以出现这种情况，源自我们将注意力的焦点从外部对象那里移开，并从这一外部对象关注**到**已成为这一外部对象的意义的某些别的东西上。当我们将注意力的焦点重新转回到那一对象上时，也就是开始了反转过程，那一对象也是由此再次成为外在于我们的对象。随着这个对象重新获得外在性，它也就失去了它的意义。

众所周知,我们所说出的某个词是可以被转化为一个无意义的发声的,比如,当我们将这个词重复数次并把注意力集中于我们的唇舌和它们所制造出的声音之时。外化消灭意义,这一事实确证了内居所具有的给予意义的力量。

4. 交流:关于三部体的三部体

我们集中注意力于其上的 C,经常甚至比 B——我们正是从 B 关注到 C——更有意义,这看起来有些令人迷惑。如果某张脸的那些特征在某种情绪中有它们的意义,那么,这个情绪本身甚至比那些特征更富有意义。因此,当一连串词的意义在于它们所组成的句子中时,这个句子会比组成它们的词更有意义。

意义的这种连续层级是非常普遍的,但是,指明组成这些层级的那些三部体,看起来仍然是可行的。以讲话为例:假设我们有一连串说出的声音,它们意指一个词;我们有一连串说出的词,它们意指一个有意义的符合语法规则的句子;此时,一系列这样的句子组成一篇有意义的散文。正写出一篇散文的某人 A 同时也在进行着一整套连续的整合。他所控制的那个关于三部体的序列就可以被描述为一个关于层级的体系,在这个体系中,更低的层级相对于相邻的更高层级而言,是被附带觉知的。

实际上,还有另一序列的三部体更能阐明关于意义给予和意义阅读的主要问题。假设我们在一个我们以前从未游玩过的国家旅游。在某个上午结束的时候,我们会充满新的体验,在写给某个朋友的信中,我们向他报告这些体验以使得这位朋友可以阅读到我们的信息并尽量理解我们的体验。这一序列涉及三大整合:一是对风景和实践的智力理解;二是对这一体验的文字描述的合成;三是为了重现这种被报告的体验而对那一文字描述进行解释。前两个是写信的那个人进行的,而第三个则是收信的那位朋友进行的。我们也可以指出这三个连续的整合在特征上的某些变化。第一个三部体主要是认识上的,它的结构也就是我们在感知的过程中会遇到的那种结构，也是通常在专家识别某个样本的过程中或许更为显著的那种结构；第二个三部体，将第一个三部体的结果转化成词，更类似于某个熟练技能的实施；而第三个又再次回到那种认识类型的整合，也就是将线索整合成有意义的体验。**第一个三部体更接近于一种意义阅读，第二个更接近于一种意义给予，而第三个又是一种意义阅读。**

这两种不同方向的对意义的使用可以由我自己经历中的一个小插曲来说明。① 我的早餐桌上堆积着很多用不同语言写就的来信，但是我的儿子只懂英文。在刚读完某封信后，我想要将内容告诉他，但我不得不自己再次查看那封信，看看它是用什么语言写的。我已经清楚地意识到那封信所传达的意义，然而对信中所用字词一无所知。如果我又去看那封信并发现那封信是用别的语言写的，那么我就会用英文将内容告诉我儿子。这两个片断很清楚地表明，在我们没有清晰地认识文本本身时，我们也能获得这个文本的意义，并且还能够接着将这个非言述的意义用词语表述出来。这展示出：旅游者最初通过意义阅读的行为所获得的那种非言述的认识，也就是他接着将要用词语进行表述的意义。这是我们和智能动物共有的那种理解。

我们可以获得一些未被说出的认识，这当然是一个普遍事实；某个未被说出的东西，在我们未将它以词语表述之前我们必定知道它，这也是普遍事实。在之前的几个世纪里，这一点在关于语言的哲学分析中被视为是理所当然的，但是现代实证主义却试图忽略它，因为意会知识无法由客观观察来获得。当前这个关于意义的理论赋予关于经验的非言述意义以一个坚实的位置，展示出它是所有明言意义的基础。关于这一点，后文我还会谈到。

---

① 在我的《个人知识》一书中描述过。（见 *Personal Knowledge*, London: Routledge & Kegan Paul and Chicago: University of Chicago Press, 1958, p. 57.）这篇文章中提出的关于语言的观点大部分在那本书中都有雏形，特别是在那本书的第四章"技能"（p49 – 65）和第五章"言述"（p69 – 151）中。

5. 意义阅读

如果我们考察一下某些需要通过努力而解决的难题,我们将会更充分地看到意会的语义行为,特别是意义阅读中所包含的东西。首先,举两个关于意义阅读的典型例子:第一,晚上你注意到花园里有一个奇怪的轮廓时,你睁大眼睛努力想看清楚它是什么;第二,由一个文本所暗示的关于某个意义的模糊概念,我们努力追求对它的更充分的理解。第三个是关于意义给予的例子:我们觉得有些东西要说出来,然而却必须拼命地摸索着去寻找那些表述这些东西的词语。

如果我们指出,这些意会的努力,每一个都有一个主要的形式,在这一形式中它们能够更充分地展示自己的力量;这样,或许这些意会努力能被更好地理解。生物学的学生在过去很多年中一直注意到某种微观结构的存在,他们将其称为高尔基体。大多数组织学家认可这样的观点:这些形状代表着生物器官。但是也有些人对此持有怀疑,直到电子显微镜证明高尔基体是真正的器官。[①] 再看一个类似的例子。19世纪早期,人们发现原子重量的整数值显然地基于氢,这引发威廉·普鲁特提出,"氢是所有元素之母"。但是,对此持怀疑态度的人则以"关于整数值的近似值是很粗糙的"来反对这一观点。这些反对意见在近一个世纪长的时间内占据着主导地位,直到原子物理学家们证明它们是错误的:物质其实是由像氢原子这样的微粒构造而成的。

这里我们看到了科学探索的过程是如何极大地依赖于科学家们的决定,即决定某些规律性究竟是应当被视为重要的还是应当被视为偶然现象放在一边。陪审团基于间接证据做出结论时也是这样。他们必须对此做出决定,即某些可疑情况究竟是应被视为"排除合理怀疑"而确定被告的罪行,还是应当被作为纯粹的巧合而不予采纳。

---

① 见 J. R. BAKER, 'New Developments in the Golgi Controversy', *Journal of the Royal Microscopical Society of London*, 82 (1963), pp. 145-57。

这些决定的合理与否是可以被争论的,但是这些决定的做出实质上仍然取决于一个非形式化的判断,在科学家的那个例子中,这种非形式化的判断要求科学家要有非凡的洞察力。正是由于这些能力,我们才能在体验中识别某个意义,并接着将这个意义用词语表述出来。

关于非言述的意义阅读的这些例子,也适用于组成"将某种体验传递给另一个人"这一传递的那些连续整合中的第一个整合。我们暂且对语言表达这个关于意义给予的过程不予考虑,先来看第三个整合——对信息的接收——这是另一个意义阅读的行为。当某个信息到达它的传递对象那里,这位收信人将会努力地将这个信息的文本和文本所描述的体验结合起来理解。为了理解关于某个有意义的体验的言语交流,我们会依赖于我们以前对关于类似体验的理解。但是,我们通常不得不去理解这种依赖并不支持的语言。我们的教育很大程度上就是建立在吸收关于那些体验的交流的基础上,那些体验对我们而言是很新奇的,而且是以我们不能理解的语言来记录的。

不久前,我描述过一个医学生学习解释肺病透视照片的艰难过程。① 他最先是在暗室中观看抵在患者胸前的荧光屏上显示的阴影,听放射科医师用专业术语向他的助手们讲解这些阴影值得注意的特征。这个学生完全摸不着头脑,因为他在那张关于胸部的 X 光片上能够看到的只是心脏和肋骨的影像以及它们之间的一些网状斑点。那些专家们看起来似乎在虚构;这个学生根本看不到他们所谈论的那些东西。但是,随着这个学生连续地听了几个星期,并一直仔细地观看那些不同病患的胸部拍片;渐渐地,关于那些重要细节的全景图将会展现在他眼前:关于生理变异和病理变化的重要细节、关于创伤的重要细节、关于慢性感染和急性病的征兆的细节。他进入了一个新的世界。他所看到的仍然是专家所能看到的一小部分,但是此时 X 光片对他而言是明确有意义的,那些专家关于这些照片的讲解对他而言也是如此。由此可见,在他学习肺部放射学的语言的同时,他也在学习理解肺部透视照片。

---

① 见《个人知识》第 101 页。

一个指向某个难以理解的事物的文本向我们提出了一个双重性的问题。这个问题所涉及的两个方面联合地引导着我们的心灵去解决它们,而且实际上它们的解决也只有通过将对被指向的那个对象的理解和对指称那个对象的词语的理解结合起来。事物的意义和指称它们的词语是同时被找到的。我已经说过,意义阅读的这种双重性的行为是我们的头脑通过教育而获得扩展的典型范例;它与小孩学着去理解言语的过程也有关,小孩理解言语的问题是语言学理论中的一个基本问题。随着讨论的继续,我在后文将会谈到这个问题。

6. 体验和报告

接着,我将转向我收到信时的那个场景:我理解了那封信的内容并记住了它,尽管我已经忘记了那封信是以什么语言写的。由此我所留存的知识就是我所理解到的这封信的意义。假设这封信描述了作者在写信给我时所目击的那个场景。他就有着对那个场景的一个理解,而且这就是那个场景对他而言的意义;接着,我们就可以追问:我从这封信中所获得的关于那一场景的意义,与对于写这封信的人而言那个场景所具有的意义,两者相比较起来有无异同?

我们可能会说,某个体验被观察到的意义在结构上不同于某人在信中通过对体验的描述所要表达的意义。它们是两个相当不同的三部体的焦点:第一个三部体是通过对被觉知到的正作用于我们感官的对象的整合而形成的;而第二个三部体则是整合被写出的词语的意义。在前一种情况下我们所获得的感官体验不能通过阅读信件而获得。我们可以说,前一种意义是**被直接体验到的**,而后一种只是**存在于思想中**。

在各类不同的语义三部体之间,我们都可以发现类似的不同。当我将手指指向某个对象时,我意指那个对象,因此,这个对象就是我的那个指示手指的意义。这个联系也可以通过以喊出我正指向的那个对象的名称这样的方式来用言辞表达。但是这个对象的外显绝非我们注意力的终点,因为即使是在我们看着一个真实的、有着明确的界限范围的对象时,我们仍知道它还能够以很多其他的方式来被观察到。在其他的一些例子中,我们注意力的范围完全是非具形的。某个立体图片是非具形的,某个棋手所使用的策略也是这样。在这些例子中,我们的注意力不是集中于我们眼前的对象,而是集中于作为近侧项的我们的体验所指向的远侧项的事物。我们的焦点的具形性越少一些,它的对象的纯粹精神性就越多一些。这样我们就从存在于一个对象中的意义转向了存在于一个概念中的意义。

由此,认为指示语言与对象有关的观点与认为语言与概念有关的经典观点,这两者之间的冲突,在这里通过承认两者都是可能的并建立起两者之间的一个连续过渡而解决了。

然而,谈及概念,这又会唤起我们对一个古老的逻辑问题的思考。那位赞赏某处风景的旅行者看到了一幅关于树、旷野、河流和山峰的特殊图像,他听到邻近的地方有教堂的钟声响起并且看到村民们走去参加礼拜。他的体验是由那些被"树"、"河流"、"山峰"、"教堂的钟"、"村民们"、"走"、"宗教礼拜"等词语所指示的类的特殊个例所组成的,但是当他**报告**他所赞赏的这个风景时,他的体验将会被这些一般性的词语所代表,这些一般性的词语不会传达他的感觉所见证的特殊个例。这些体验保留的是他的私人记忆,而他向这一报告的读者传达的却只是一个关于作者的体验的概念。这里的问题就是:这样的一个概念如何能够应用于关于它的众多个例,以至于提起这个概念就能够表示它的一个个例被发现了。那个古老的问题即"一个一般性的语词何以能够涵盖众多的不同个体"在这里又作为一个关于言语交流的问题出现了。

在相反的方向上,就写作者挑选词语以报告他的体验这一方式而言,我们也会遇到那个古老的问题。接下来,我们来考察一下这一行动。我已经描述过对体验进行理解的那个意会过程,也描述过对某个关于体验的报告进行理解的那个意会过程——也就是进行着两种**意义阅读**行为的那个过程。在某个写作者挑选词语来描述他的体验的过程中,我们遇到了一个关于**意义给予**的行为。鉴于这位写作者对一般性词语的使用,我们可以说这个意义给予是一个关于**概念涵摄**的行为,同时，我们也可以把对某个描述进行理解性阅读的行为称为一个关于**概念例示**的行为。

因此，要理解言语交流，就要求我们解决关于共相的问题：为什么某个语词能够适用于一个关于这样的对象的集合——这些对象在各个方面都不相同。F. 魏斯曼（Waismann）在1945年提出的对解决这个问题的尝试已经获得了广泛的关注。他指出，一般性词语都有着"开放结构（open texture）"，这一结构准许它所适用的个例不同。但实质上，这不过是转换了一下这个问题。因为将"开放结构"归属给某个词语，其意思只不过是，在一个无限延伸的关于不同对象的系列中，这个词语恰当地适用于某些对象而不适用于其他对象。但是"其原因是什么"——这个问题仍和之前一样，并未解决。

康德在谈到"将个别归入一般"这一过程时曾经写道，这"是在人类心灵深处隐藏着的一种技艺，我们任何时候都很难从大自然那里猜测到它的真实操作方式"。如果我们寻找的是对"将个别纳入一般"进行解释的**明言程序**，那么这个秘密的确是难以解开的；但是，如果从心灵的意会操作这一角度来看，我们却可以在其中发现这个秘密。以看立体图片为例。在这两张图片的每一组对应的细节上，都有一些细微的但却是决定性的不同，将它们结合起来看，这些不同就被融入某个有着新的特征的图像中。任何明言程序都无法带来这一整合。这是我们解决那个关于一般性词语的问题的关键。比如，我们关于树的概念也是以同样的方式形成的。它是通过对无数的关于不同的树的经验、图片以及来自他人的报告的整合而产生的，那些经验、图片和报告涉及各种不同的树，包括：落叶的和常青的、笔直的和弯曲的、光秃秃的和枝繁叶茂的。在形成关于树的概念时，这些相异的个别都被包含进去；在与关于树的概念相关联时，这些个别都被附带地使用，那个关于树的概念也就是我们在使用词语"树"时的意指。

在摸索着用词语来描述某一体验时，我们使用的正是这一途径。我们将我们听到和看到的个别用作线索，指向涵盖它们的概念，这样，我们就能以那些概念的名称来指称这些个别。

反过来，一个一般性词语也能够很容易地引导我们想到它的个例。

在阅读到有关草地、教堂钟声、村民时,我们很容易地就能够想到它们的可能个例。在一个由许多一般性词语组成的描述中,这些一般性词语将会交互限制它们的可能个例的范围,这也就是一个描述传达给读者的东西。

7. 意义的本质

我们已经从意会整合的力量的角度对关于意义给予的一个重要例子和相应的意义阅读进行了说明。但是我们仍必须对一个基本事实做出说明,即一个词总能够意指某个东西,比如,某个单独的对象。现代语言学在音韵学和生成语法上的辉煌成就并未能在说明"词可以意指某物"这一奇怪事实方面带来新的曙光。对这一事实难以做出说明,其原因与对共相的功能难以做出解释的原因是一样的。某个词语与它所指示的对象之间的关系是由一个意会整合建立起来的,在这个意会整合中,我们依赖于对这个词的附带觉知以将我们的注意力集中于它的意义。

我们已经看到,这一整合是如何使一个词丧失它作为一个被观察到的实体的存在,并以某种方式使得这个词成为透明的。我们也已经看到,对这个词的内化以及通过它的内化所获得的意义能够通过将我们注意力的焦点转回到这个词上而被摧毁,此时这个词再次被变成一个不透明的无意义的对象。

如果我们试图以一个明言的程序来解释意义,那么也将会发生上述情况。我们来听一听查尔斯·莫里斯(Charles Morris)对这一尝试的如下表述:"符号载体本身只不过是一个事物,它对其他事物的指示仅仅在于这样的事实,那就是,有某些使用规则将这两组事物关联起来。"①这是将词转化成纯粹的声音,然后按照某些规则对它们进行操作,这些规则对应于这些词之前所拥有的意义。但是这行不通。任何规则,如果被用于操作无意义的声音并赋予这些声音以其原来具有意义时所具有的那种力量,那么,这些规则将会被发现包含着这样的行为,比如,指着某物。这样的行为将会引入正是这一操作原本要消除的那种有意义的整合。

将意义解释为对声音和对象的惯常联系,这个新近被 W. V. O. 奎因复兴的观点,同样也不能说明词的"能意指某物"这一被人们现实观察到的功能。② 因为我们时常观察到"某些声音与某个特定的视像同时发生",使得这些声音和这个视像同时存在于我们注意力的焦点,这必然会使得声音是不透明和无意义的。

某个词的声音所实际传达的那种意义是会被摧毁的——当我们将注意力从被意指的东西转向意指它的东西时;要对这样的意义做出说明,我们就必须说明它的易摧毁性,正如我所做的那样。对意义的实证主义的分析可以通过为这一意义提供一个明言替换物,避免对这种现实的有意义性做出说明。但是,即使那样的替换是可行的,这种规避也是毫无意义的,何况实际上那种替换根本行不通。

一些作者曾经注意到语言和语言所意指的事物之间的地位的不平等,他们将这一不平等归因于意义的作用。欧文·施特劳斯(Erwin Straus)写道:

> 那个作为符号起作用的东西不但在等级和价值上被降低了,相较于它所指称的东西而言,它也必然是更接近于我,并更容易为我所达到……因此,符号和那个被指称的东西在某个单一的符号学关系的范围内不能交换它们的位置。如果某人交换了它们的位置,那么这里的符号学的地位将会处在三

---

① CHARLES MORRIS, *Foundations of the Theory of Signs* in the *International Encyclopedia of Unified Science*, I (1938), Chicago: University of Chicago Press, 1938, p. 24.

② W. V. O. QUINE, *Word and Object*, Cambridge: Massachusetts Institute of Tech-nology Press, 1960.

角关系中。在这个世界中,某个东西仅仅因为它对于我们而言比另一个东西更少一些重要性、更接近于我们、更容易为我们所达到,所以它对于我们而言能够作为关于另一个东西的符号起作用。它唯一的目的就是超越它自身指向别的某个东西,就其自身而言它是无价值的,它只不过是关于**别的某个东西**的符号。这使得人们能够在很大范围内进行主观的解释。这种符号学的推论与我们的自我中心、与我们的存在的身体隶属脱不了关系。①

更早一些的时候,苏珊·朗格就已经观察到符号的相对无价值。她写道"……没有什么声音是观念的理想传输者,因为这些观念除了带给我们关于它们的意义外,并不能带给我们别的什么。正是这一根源导致了许多学者所谈论的那种关于语言的'透明性'。"②

然而,词语即使被浇铸在金子上,即使仅仅只是指称苍蝇,它们也不会失去它们的意义;一部极其贵重的中世纪圣经与一部外形极其破旧的圣经,其内容都是一样的。我们"能够赋予语言以意义"的这一能力应当被视为关于我们的"意义给予"这种力量的一个特殊个例。必须意识到,我们使用语言时所进行的操作和下列行为都是同一类的:我们整合视觉线索以觉知到某个对象,看到某个立体图像,在行走或驾驶汽车时我们对自己肌肉收缩的整合,下棋时进行的操作——这些操作都是通过依赖于我们对某些东西的附带觉知以集中地关注到与这些东西相关联的那个事物。这些都是在行使整合力量,这一整合力量由一个三部体所组成,在这个三部体中,某人 A 将某 B 视为与某 C 相关联,或者为了目的 C 而使用某 B,这些整合在本质上都可以被视为是意会的。

---

① ERWIN STRAUS, *The Primary World of the Senses*, Pt. II., Ch. B, Sec. 3, p. 149, first published in German as *Vom Sinn der Sinne*, Berlin: Springer, 1956, and trs. by Jacob Needleman, London: The Free Press of Glencoe, 1963.

② S. K. LANGER, *Philosophy in a New Key*, New York: Mentor, 1941, p. 61.

8. 推断：意会的和明言的

这里我将要插入一个**提醒**。我已经谈到了意会认知所包含的两种觉知，一个是更低的层级，另一个是更高的层级。但是，将附带觉知等同于潜意识或前意识，或将其等同于威廉·詹姆士（William James）所描述的"意识边缘"，这都是错误的。在写一封信时，我对我所使用的笔和纸是完全有意识的。我正将我的注意力集中于这些细节，但我从它们关注**到**它们所意指的东西，这一事实使得这些细节下降到被附带觉知的状态，但这却不会使得我对它们的认识是潜意识的或前意识的，也不会是詹姆士所说的那种无法确切描述的意义边缘。意会认知的线索和意会操作的成分通常是很难确定的，甚至有时它们是相当难以确切指认的。而且，意会整合经常会毫不费力地发生而不被我们自己所注意到。但是，所有这些都不会使得处在被附带觉知的状态中的东西成为无意识的东西。

相反，当某个整合遇到困难时，这就会引发我们蓄意的努力，但这并不会使得这一整合由此就不是意会的。船员努力睁大他的眼睛以辨认他在地平线上所看到的东西，运动员在接近障碍物时缩紧他身体上的每一块纤维组织以跳得更高，这些都不是通过计算而进行的。而且，即使在最高的数学科学中，对发现的追寻，在本质上也是一个意会的操作。

附带项的**功能**使得附带项成其为附带项。我们可以将这一功能称为附带项的**逻辑功能**。在我们将视觉线索视为一个内在连贯的对象时，对这些线索的觉知与源自这些线索的认识，它们之间的关系类似于前提与源自这些前提的结论之间的关系——这是一个逻辑关系。只不过在这里，线索进入了一个**意会推论**的程序，而整合代替了演绎。技能的实施也可以被视作一个逻辑的操作，这一操作将许多动作的有技巧的协调视为一个**建构**的过程，就好比由三个组成成分建构成一个三角形。在这里，整合就好比是那种在建构三角形时借助尺子和圆规所进行的操作。

但是,如果关于意会认知的这些观点都被认可了,那么我们还能给由意会推论所获得的明言认识留下些什么呢? 如果语言的意义是由意会整合获得的,使用数学公式也是一种意会认知,这样看起来,似乎所有的推论思维都离不开意会认识。

答案并不难找到。在我所举的关于旅行者的例子中,我们已经看到了关于某种体验的纯粹的意会认识;它的附带觉知和焦点觉知都是意会的。接着,关于这个体验的焦点觉知又被附带地引入到一个交流中,这个交流就是一种明言认识,它的意义是意会的。**所有的认识都是这两种中的一种:它要么是意会的,要么是根源于意会认识的。**

关于严格的明言认识的理想实际上是自相矛盾的;所有被说出来的词、公式、地图和图形,如果失去了它们的意会成分,严格地说,它们都将是无意义的。一个精密的数学理论是没有意义的,除非我们能够指认出这一理论所关联的某个非精密的、非数学的知识,并指认出作出判断支持这一关联的某人。①

这种虚假的关于严格的明言认识的理想在20世纪被现代实证主义以极大的热情所追寻。查尔斯·莫里斯试图以操作术语来界定语言的意义,还有斯金纳关于语言的行为主义的表述影响了奎因的关于语言的联想主义的定义,这些全都源自强烈地想要消除任何对意义的意会结构的涉及,因为意义的意会结构必然是精神上的。现代语言学最重要的成就源自研究者们将注意力转向了语言的声音,因为语言的声音最适合那种精确、客观的研究,并且仅仅只是在研究作为语言的语法结构的基础的那些形式化的关系时才会超出这种精确、客观的研究。除非语言有着能被意识到的意义,否则它什么都不是——这一事实对于现代严格的经验主义语言学而言,被作为一个暂时的难题而搁置一旁。

然而,近来也出现了一个很明显的趋势,要求打破严格的经验主义

---

① M. POLANYI, *The Tacit Dimension*, London: Routledge, 1967, and Garden City: Doubleday, 1966, p. 21.

并重新恢复关于语言的经典概念。那种关于语言的经典概念认可关于意义的精神特征，最近我们可以从乔姆斯基看到相关表达，①我当前的研究也支持这一观点，因为在我的研究中展示出：在动物和人那里，言语都有着一个基本的结构，这个结构涉及对意识的所有有意义的运用。

9. 意会认知的运行机制

现在，我将要转向讨论乔姆斯基所认为的关于语言学的两个至关重要的问题：

（1）乔姆斯基写道："事情似乎很清楚，语言习得建立的基础，是小孩发现了从形式观点来说难懂而抽象的理论，即他的语言的生成语法，这种理论的许多概念和原则只是借助无意识的、类似推论的手段才和经验松散地联系在一起，这些手段就像一条条长长的和错综复杂的链条。"②这一问题在于这个小孩如何可能发现关于他的语言的高度复杂的生成语法。

（2）另一重要问题是……这一基本事实：关于语言的正常使用，即说话人马上说出和立即理解新句子的能力。那些新句子既在任何物理意义上不同于以前听到过的句子……也不能通过心理学或哲学上已知的任何"概括"来获得。③

关于语言习得的基础，乔姆斯基写道："语言习得机制不过是可用于解决问题和构成概念的智力结构的整个系统的一个组成部分，换言

---

① 乔姆斯基写道，他关于"生成语法"的理论"坚定地根植于传统语言学之中"。见 Noam Chomsky, *Current Issues in Linguistic Theory*, The Hague: Mouton & Co., 1964, p. 20.

② NOAM CHOMSKY, *Aspects of the Theory of Syntax*, Cambridge: Massachusetts Institute of Technology Press, 1965, p. 58.

③ NOAM CHOMSKY, *Aspects of the Theory of Syntax*, Cambridge: Massachusetts Institute of Technology Press, 1965, pp. 57–58.

之,**语言能力**只是若干心理官能之一种。"①但是,他对那些心理官能并未做出进一步的明确说明。我的观点是:对语言的使用是一个意会操作;如同其他的各种类别的意义一样,语言的意义产生自意会的整合,也就是将迄今为止的无意义的行为整合入与焦点的关联之中,这一焦点由此也就成为它们的意义。我将努力回溯这一能力的源头,一直追溯到有生命物的原生本领。所有的动物都能够意会地整合它们的身体行为;实际上,有意义的整合可以在连贯生长的过程中被发现。但是,我在这里将仅仅涉及这一能力的智能形式,也就是高等动物对这一能力的使用。

拉什利(Lashley)在一个著名的实验中展示过动物的"潜在的"学习能力。一只老鼠,在重度残疾包括眼盲的情况下,经过走迷宫的训练,仍能成功地找到穿过迷宫的道路——无论它的探寻过程是多么笨拙。实施这一技能的老鼠在学习走迷宫的过程中毫不犹豫地调用了它们之前并未使用过的肌肉和感觉,由此也即时地进行了一个之前完全未曾有过的对于它们身体的整合。这些即时的现实整合都对应于动物的那种观念能力,动物正是凭借这种能力识别某个类别中的不同个体。它们能够很快地识别某个类别中相当不同的个体,比如不同的人。

这里,我们可以在动物的行为中看到人们迅速地说出或理解前所未有的句子的那种能力的来源。这一关系在数年前就被 G. H. 汉弗莱(Humphrey)观察到,他已经将人们以无限多样的口头语表达认识的这一能力与老鼠以无限不同的动作显示它对迷宫的认识的那一能力对应起来。②

但在这里,只是指出人的语言表现与老鼠对某个迷宫的理解的多种表现有着紧密联系,并不能令我们满意。我们必须承认这一事实,即讲话是对语言学的复杂规则和语法的应用,我们必须展示出意会认知的理论是如何对这些规则的获得和实践进行说明的。

---

① NOAM CHOMSKY, *Aspects of the Theory of Syntax*, Cambridge: Massachusetts Institute of Technology Press, 1965, p. 56.

② G. H. HUMPHREY, *Thinking*, London: Methuen & Co., 1951, pp. 261-62.

在讲话时，我们关于语言规则的认识和我们对它们的运用通常被称为被无意识地运用的无意识认识。我将它称为附带认识，将对它的运用称为意会的整合。无意识认识和附带认识并不能等同。说我们附带地觉知到某个东西或行为，这也就是将一种特殊的功能归结给它，那种功能也就是关联到它的意义，这一意义处在我们注意力的焦点。我们对附带的细节的觉知可以有着各种不同的意识深度。某些附带觉知的东西，比如我们内耳中的活动，是在我们感觉我们的头所在的位置时被附带地觉知。这些活动就是无意识的，严格地说，是阈下意识。但是，我们对正指示着我们的行进方向的手指不是无意识的，对我们正试图识别的脸的特征不是无意识的，对我们正在写的某封书信所用的纸和笔不是无意识的。一个钢琴家通过一段时间的指法训练改进了他的触键方式，他将这一技能整合到他的肌肉运动中，使其手指拥有附带觉知，但也仍然能够感觉到手指的运动。他并没有失去对它们的意识。

前面已经提到，将我们的注意力转移到附带的细节上会使得细节失去它的意义。这样的行为固然能使我们更充分地意识到这个细节，但这个细节之所以失去意义却不是因为我们对它的充分意识，而是因为这一转向伴随着细节的附带功能的丧失。在我们以形式化的明言术语来表述生成语法时，就会遇到这种情况。当我们看着那些公式时，那些公式不会像我们依赖于它们的引导以组织语言时那样起作用。我们的任务就是去发现这样的规则是如何在我们的附带觉知中发展起来的，并且去发现，在对其相关行为的控制中，它们是如何从这种附带地位上发挥作用的。

第一个想要列举的例子与技能有关：凭借一个技能，某人所做的不过是实现某个极简单的目的，但是如果没有通过附带的操作来使用这个技能，他就无法实现那个目的。[1] 如果你戴着一副将你看到的事物上下颠倒的眼镜——或者是一副将你看到的事物左右倒置的眼镜——

---

[1] 波兰尼在《创造性的想象》一文中对下述例子有一个相似的、更为简明的描述。见 M. POLANYI, 'The Creative Imagination', *Chemical and Engineering News*, 44:3 (1966), pp. 85–93.

你将会感到彻底的迷失。你将无法使用你的手或者无法在房间中走动。然而,看起来,你对你遇到的问题可以有一个完美的解决方法。很明显,你通过那种上下颠倒的眼镜所看到的在你上面的东西实际上在你下面,而在你下面的东西实际上在你上面;带着那种左右倒置的眼镜时,你看到的在你右边的东西实际上在你左边,**反之亦然**。但是这一方法,虽然看起来是你必须知道的,但实际上却没什么作用:它并不能阻止你对你虚假地看到的东西做出回应。

与此相对照的是,如果坚持一段时间戴着这副倒置眼镜去摸索着走路,将会修正这种倒转。早在1896年斯特拉顿(Stratton)就发现了这一事实,他只用了八天就克服了那副上下颠倒的眼镜带给他的困扰。① 另外一些发现也证实了这一结果;但是,在长达半个多世纪的时间里,这一事实都被错误地解释为视觉图像本身的倒转。施耐德(Snyder)和普荣克(Pronko)在1952年,与克顿霍夫(Kottenhoff)在1956年所作出的发现已经证实了当主体学会戴着这种倒置眼镜四处走动时,视觉图像本身仍然是颠倒的,但是这一点甚至在今天仍极少为人所知。克顿霍夫已经展示出,那个主体之所以能够学会戴着倒置眼镜四处走动是因为他已经获得**一种新的看事物的方式**,这种新的方式能够恰当地将他看到的倒置图像与他的肌肉感觉、平衡感和听觉协调起来。② 对感觉印象的重新整合产生了一个新的感觉特性,通常的词"颠倒或向上翻转",或"右换到左"都不适用于这一感觉特性。那个戴

---

① G. M. STRATTON, 'Vision without Inversion of the Retinal Image', *Psychological Review*, 4 (1897), pp. 341 – 60 and 463 – 81.

② F. W. SNYDER 和 N. H. PRONKO, *Vision Without Spatial Inversion*, Wichita, Kansas: University of Wichita Press, 1952, and H. Kottenhoff, 'Was ist Richtiges Sehen mit Umkchrbrillen und in welchem Sinne stellt sich das Sehen um?', *Psychologia Universalis*, 5 (1961). 克顿霍夫的探索是他在因斯布鲁克大学的实验心理学研究所里,由 T. 艾里斯曼教授指导写作博士论文时进行的。这一探索完成于1956年。

斯特拉顿也并不认为戴着倒置眼镜以正确的方式看东西(在戴了八天而克服了那副倒置眼镜带给他的困惑后)就意味着将倒置的视觉图像颠倒回来。他将看到的结果等同于"正向向上的视觉图像",因为他说,"正向向上的视觉图像"的真正意义是"感觉和触觉间的协调"。

着左右倒置的眼镜的主体会说:"取决于我更关注我的手还是我视觉的其他部分的东西,我将其归结为左或右。"①克顿霍夫写道,这个时候"问某个东西是在左边还是在右边这样的问题是让人感到非常厌烦的。"②施耐德和普荣克也发现了这种令人困惑的倾向:③一个戴着上下颠倒的眼镜的主体,"正在一个高层建筑上看风景。突然有人问他,'你看到的东西是怎样的,它们是不是上下颠倒的?'这个主体回答'我多希望你没有问我这个问题。现在,当我回想**在**我戴上眼镜**前**所看到的这些东西的样子时,我必须回答它们,**现在**看起来是上下颠倒的。但实际上,直到你问我之前,我都完全没有意识到这一点,也并没有思考过这些东西是否是大头朝下或颠倒的问题。'"

因此,关于颠倒的图像那种显然的明言解释不仅是无用的,而且记起这一点还会干扰人们的思维。其原因正如克顿霍夫所观察到的,在记起这一点时,这种修正使用了"左""右""上""下"这些指称关于感觉资料的常规整合的词,由此确认了这种整合。但是,实际上,这种整合在主体戴着倒置眼镜看东西时不得不被丢弃并被一种新的整合所代替。

由此可见,"修正倒置眼镜以呈现给我们视觉图像",这种明言指示是无效的,具体而言,有两个方面的原因:第一,这种明言指示并未告诉我们要重新整合我们的感觉,相反,它们确认了那种常规的整合并妨碍了对感觉材料的重新整合;第二,即使某种规则能够告诉我们该做些什么,这也是没有用的,因为我们不能直接控制关于我们感觉的整合。

那么,究竟是什么带来了解决方法呢?是什么使得那个重新整合的过程得以发生?我们对那一过程并没有焦点地觉知,而且即便我们有关于那一过程的焦点认识,也没法根据这一认识展开那一过程。这一过程并不是自发发生的,它是一个持久的、时常还奋力的结果。我们努力地去正确地看,所有戴着眼镜的观察者都只有通过持续的实际努

---

① KOTTENHOFF,同前出处,p. 78.
② KOTTENHOFF,同前出处,p. 80, p. 64,及其他各章节。
③ SNYDER and PRONKO,同前出处,P. 113.

力去摸索着探路,最终才能学会正确地去看。克顿霍夫将这种努力分为两个部分:(1) 根据我们的意会体验,努力修正倒置图像的意义;(2) 努力将这一重新解释扩展至视域的周边。因为我们必须根据我们重新整合的视觉,全面地修正我们的**视觉观念**——如果这一修正保持稳定。

于是,我们就会得出这样的结论:我们的想象力力图以能够把握我们眼前的景象的方式来重新解释我们的视觉,这带来了看倒置图像的正确方式。这就是**意会认知的运行机制:探求的想象力模糊地预期着还未在附带的细节中作为基础的体验,这种想象力引起了这些附带觉知并由此实现想象力力图获得的体验。**

这一原理在第三部分里已经涉及,也就是当我谈到我们运动手脚以整合肌肉的那种方式之时;在我们进行那一整合时,我们对于肌肉的那种整合活动并无任何焦点地觉知。这一原则最早被威廉·詹姆士描述为所有自发运动的结构,而且他也观察到这一结构是由想象力引发的,想象力努力地想要预期这一行为的结果。看起来,我们只有间接地通过推进我们的想象力才能运动我们的身体,我们的想象力会附带地引发实现这一运动的方式。

这也是我们在骑自行车时使自己保持平衡的方式。这里,我们可以很清楚地看到想象力的活动;正是通过想象力的活动,我们才能获得对那些无法进行明确阐述的规则的实践性认识。学习者的想象力集中于保持平衡这一目标上,关于想象力的这一努力通过附带地引发对保证骑车者的平衡的规则的遵守,以实现它的目标;那些规则如果用语言阐述出来,那么对于骑车者而言,它将会是无用的。①

这明显地回答了前文我引自乔姆斯基的关于语言学的第一个问题。关于那个仅有一小部分专家能够理解的问题"小孩如何能够学会运用那套复杂而众多的规则",我们可以这样回答:那正努力着的想象力,通过附带地运用那些精巧的规则,有实现它的目标的能力;而对于那些规则,主体在焦点上仍是一无所知的。

这种规则能够被意会地获得,也只能被意会地获得,而且也只能被

---

① 见前面论文 9, p. 123.

意会地使用。语言学家在"理想化的说母语者"的讲话中所发现的复杂的语法系统就属于这类规则。

我们如何能够立即理解和马上说出新句子,这个关于语言学的第二个基本问题现在也能够被很容易地回答了。在骑自行车时,我们就是在做着一些与此非常类似的事。在我们保持平衡的每个时刻,我们实际上都是在解一个有关不断更新的数值的平衡方程,这一方程中的变量带来数值的不断更新。骑车者那不断努力的想象力,如果已经在数星期内发现了一整套关于平衡的意会系统,那么它就很好地具备了这样的能力:能够立即在新的条件下运用这一系统。**语言能力**,这种能够发现一整套意会语法的能力,像骑车者的那种能力一样,能够在遇到任何适用这一语法系统的新的使用情况时立即运用这一语法系统。

10. 启发和语言习得

以上关于意会认知的运行机制的描述显然是不完整的;我所说的关于想象力的那种自我实现必定有其界限。我的白头发不会变黑,无论我为实现这一目标如何辛勤地使用我的想象力。必须要有某种原则来排除那些纯粹的幻想并且选择那些可行的任务——至少有可行的可能性——来作为想象力奋斗的目标。

在科学家进行的关于问题的选择中,我们可以看到这种有关合理努力的原则。但是,接下来我将首先通过回顾一下"解决某个科学问题的好点子是如何出现的",以此间接地接近那种原则。发现的出现,大致要经历两个左右的独立阶段,往往在想象力的艰难使用后,某个答案就会自然而然地出现。在彭加勒关于启发的经典研究中,他描述了很多关于这两个阶段明显区分的情况:在某个好点子出现时,想象力的努力已经停止了几个小时。彭加勒认为,首先,某个艰苦的探寻带来了关于某个答案的可能碎片,接着通过对这些碎片的不费力的整合带来了发现。他将这一整合称为顿悟(illumination),我将其称为直觉。

直觉,正如我对它的理解,它所涵盖的范围很广。体现这种直觉的整合行为在某个科学探索从始至终的每一阶段都会出现。科学家的直觉力量首先存在于科学家的猜测能力中,即猜测到某个隐藏着的本质上连贯性的存在有很大的可能性。这种能力发现了某个问题,科学家将会把对这一问题的探索作为他的任务。这样,这一探索就由一连串有可能是正确的猜测引导前进。由此,就取得了发现或者可以取得发现,正是这个发现解决了那个问题。

彭加勒强调,如果没有想象力之前的那些努力,顿悟就不会出现。我所说的直觉,同样是这样。某个适于探索的问题出现在科学家眼前,这是对他关于那些尚未发现的可能性的努力想象所作出的回应。在选择了某个问题之后,他进一步运用他的想象力去寻找线索,由此发现的那些材料——无论是通过思索或是实验所发现的——又被直觉整合成新的猜测,这一科学探索就是如此这般地直至结束。

但是这种直觉,也就是开启某个成功的探索并接着去引导这一探索的这种直觉,与获得答案的那个最终整合,也就是彭加勒所说的顿悟,多少有些不同。开始着手某个探索,就意味着将会花费他多年的心血并消耗当前的所有资源——而且这一事业的重复将会贯穿他的研究生涯——因此,科学家必须确信他所进入的这个问题很可能是一个好问题。一个好的问题不仅能告诉他在某个方向上有某个隐藏着的东西的可能存在,而且能评估达到这一隐藏着的真实的几率,并且对我们要找到那个结果所要花费的时间、精力和金钱的值得程度,作出一个有相当可靠度的预测。在技术发明的探索中,这一要求非常明显,因为在技术发明中,人们关注的中心是其实践价值,但是,在自然科学的探索中,这一要求同样重要。

人们可能会努力去识别那些将会指向某个隐藏着的本质上的连贯性的线索。许多成功的科学探索是从某种无法解释的本质上的规律性开始的,而与此相反,其他有些探索则是从某个无法解释的对规律性的偏离或某些无法解释的奇怪现象开始。此外,有一些探索是始于两个已经确立的原理之间的明显冲突,而另一些探索则是始于从一个原理导出另一个原理的那种明显的可能性。在所有的情况下,那些线索只是提供了一个关于发现的机会:它们并没有告诉我们如何去作出一个发现。因此,科学家要么就是发现一个别人还未看到的问题,要么就是发现了一个解决某已知问题的新方法。实现这种发现的科学家与我们平常人的不同之处就在于他有更多的天赋。他有非常强的那种整合关于潜在可能的迹象的能力,这种能力我们可以称其为**预测性的直觉**。

将这一直觉与彭加勒称为顿悟的那种**最终直觉**相比较。最终直觉是要宣称某个发现,由此,这个最终直觉也将会被证明是正确的或错误的。当某个问题被证实是合理的时候——那个问题,也就是预测性的直觉所取得的成就,通常是在经过漫长而不确定的探索之后才能被证实是合理的。某个问题以及某个可能的答案都蕴含在猜测之中,但是它们的明言性的程度不同。某个可能的答案通常是能够被明确交流的,而且它的说服性力量通常能够被传递给他人,因为它的基础大部分都是可以确切指认的。与此不同的是,对于某个问题——或者在探索的过程中产生的其他猜测——我们则很难向别人作出解释,更别提如何使他人信服,因为它的基础大体都是无法确切指认的。

一个探索从其起步到最后成功地得出结论,直觉性的判断在此过程中越来越具体地、充分地建立在被焦点观察到的证据的基础上,但这并不能掩盖启发和确证在本质上的紧密联系。如果看不到这一点,我们就既不能理解科学探索的逻辑,也不能理解某个发现之所以能被接受所基于的基础。

现在我们已经阐述了被直觉所纯化和引导的想象力实现其目标的运行机制。直觉也就这样填补了我在前一部分谈会认知的运行机制时所留下的空白。依此,我们就能够很容易地发现这部分直觉在领会颠倒的视觉图像、学会骑自行车等感觉运动的技能掌握中的作用;对于这些,我们就不用在此一一深入分析了。

接着,我将要介绍一个关于意会的运行机制的更深入的特征,这一特征在感觉运动的技能获得中表现得最为明显。学习某种技能或创造某种技能,无论是感官的技能还是肌肉的技能,都是一个本质上连贯的任务。这开始解决一个内在连贯的问题,走向掌握的任何进步都将不过是填充着那一预期的轮廓。不是这一远景对随机试验和错误的引导,它们永远也无法熟练地施行技能。

这也适用于科学探索或技术探索的进步。某个自始至终持续的关于目的的稳定统一体，有可能在实证研究中更为显著，实证研究的目标是在开始时就设定了的，而且在这一研究的过程中，这一目标几乎很少会被修改。但是，一个纯粹的科学探索的任何初始线索——我已经在我的那个关于可能问题的列表上列出了关于这种探索的例证——通常从头至尾决定着这一事业的框架。我们也可以在语言习得的过程中发现占主导地位的基本观念的类似持续。

我们可以从某个单句的形成来考察这一关于想象力-**连同**-直觉的运行机制。K. S. 拉什利（Lashley）在他向 1948 年的西克森研讨会（Hixon Symposium）的投稿中，展示出联想链理论无法解释某个说出的句子的形成。他描述了实际上发生了些什么。① 在某个句子被默读或朗读出来之前，一个有关词组单位的聚合体就会被部分地激活或准备就绪。这一点由如下事实展示出来：将要构成某个句子的那些词，在仓促间被说出时，可能是杂乱的。我将这视为彭加勒所说的"想象力为某个问题的解决带来潜在的元素"的时期。直觉的重组，只要被给予充足的时间，它就会带来一个正确的句子，但是如果过早地说出这些词，它们就会以混乱的形式出现。

这一运行机制在一般意义上解释了时间序列的形成，这个时间序列的每一项都通过所有其他项的联合意义与所有的其他项相联系。这实际上也就是 K. S. 拉什利在提交给西克森研讨会的那篇投稿中所提出且并未解决的那个一般性问题。

最后，我们面对的是"语言如何被小孩所习得"这个问题。乔姆斯基拒绝了当前流行的那种用行为主义心理学的假设解释语言习得的尝试，他写道：

　　真正的问题是建立起一种关于初始结构的假说，该假说内容丰富，足以说明语言习得问题；但又不至于丰富到跟我们所

---

① K. S. LASHLEY, 'The Problem of Serial Behavior', in *Cerebral Mechanisms in Behavior*, *The Hixon Symposium*, (L. A. JEFFERSS, ed.) London: Chapman and Hall, and New York: John Wiley and Sons, 1951, pp. 112-36, p. 119.

知的语言的多样性发生矛盾的地步。①

意会认知的运行机制使得这个问题变得容易解释。我们不必再面对这样的问题:学会说某种语言的人如何能够辨别、记住和运用那一套仅仅只有语言学家才知道的复杂规则?他们并没有辨别出这些规则,更别提记住和明确地使用它们,何况他们也不必这样做。根据意会认知的运行机制,这些规则是被附带地习得的,并没有被焦点地认识。

但是这一运行机制只有通过直觉和想象力的联合才能保持运作。我们在说出某个单个的句子时就会遇到这个"想象力-**连同**-直觉"的联合在运作,现在我们还可以补充一点:这样的说出和理解性地聆听某个被说出的句子一样,都能够为语言的发展做出贡献。

在一个人的儿童时代和青少年时期,他说出的句子经常会包含某个之前并未用过的词,这也就在不断地扩展着他的词汇量。在通过听或者阅读来领会某个句子的意义时,也会发生同样的事情,如果这个句子包含着这个人之前没有遇到过的词。而且,随着词汇量的增长,这个人对语言的理解会越来越清晰,对语言的使用也会越来越精确。当他所用的词语超过了某个最低限度,某些语法规则就出现了,并且随着这个说话者的词汇量的进一步增多,他所掌握的语法规则也在范围和复杂性上不断增长,此时他对语法规则的遵守也将会变得更加精确。②

这类语言习得当然只能从语言的某个阶段前进到下一阶段。但是即便如此,语言习得的范围是极其广阔的。它的涵盖范围从婴儿最初牙牙学语时模糊发出的第一个独词句、小孩对成人所使用的相似声音的回应,一直延伸到对书面语言和文化的精通。从最开始起,它就着手处理那个将会从始至终引导着它的追寻的问题——"增进交流"这一任务。词汇量的增长、对更为复杂和精细的语法规则的习得,这些都源自对更丰富、更精确的交流的追求。语义上的意义给予和意义阅读都在追求着更进一步地深入,直觉和想象力这两个双生的力量从头至尾都

---

① Chomsky, *Aspects of the Theory of Syntax*, p. 58.

② 通常,在发现时或学习技能时都是这样。新的法则的出现,最初仅仅表现为某些趋向,后来逐渐清晰并最终固定下来。

在为此而努力。

"语言习得"这一概念,与科学和技术中的启发之间的明显对应是很清楚的。更进一步地来看,我们可以注意到:纯粹科学在自然中发现意义,这实际是一种关于**意义阅读**的追寻;而技术发现使得事物成为某组目的的工具,这实际是**意义给予**。由此,某种语言的习得——从最初开始到最终充分掌握,都类似于科学发现和技术发明结合起来的探索。

但是,我更愿意将语言习得类比为科学或技术的基本问题中的**系列进步**。想想两个多世纪以来从伽利略直到汉密尔顿的关于经典力学持续不断的发现,或者是那些连续不断的发明——将莱特兄弟最早的飞机模型改进成我们今天操纵的那巨大的超音速机器,这些关于某个单独观念的持续创造性的发展能够提供一个范例,展示某种成熟的语言是如何从最初开始通过智力增长的连续阶段而逐渐形成的。

但是,我们还必须看一看从婴儿最初的无意义的"咿咿呀呀"变成言语的萌芽的那个时期的发展。小孩对语义上的意义给予和意义阅读的发现是在大量的平行成就中产生的。他的想象力从开始探究他所面对的事物的性质时就已运作。他关于持久对象的概念形成了,与此同时,他关于人的知识也在形成。爬、站、走这些新的技能,以及将对象用于不同的目的这样的技能,他都掌握了。在这样关于意义阅读和意义给予的无休止的行为中,这个小孩很可能会对大人间的交谈感到迷惑,他感觉到通过模仿这些交谈可能会使其变得更容易理解。这就使得他的启发性的力量开始运作。

上述我们对语言在人的智力早期发展的过程中产生的方式已经作了足够的概述。但是还有一个我必须作出回答的古老问题:如果语言植根于那些我们与高等动物共有的能力,那么为什么动物既没有发明语言也没有学会说话?猿猴能学会骑自行车,能够意会地发现一些精细的操作,这些操作在复杂性上比得上小孩在说话时的精细操作的复杂性。那么,为什么猿猴在学骑车上如此聪明而在学说话上却不是这样呢?

首先要指出的是,精细操作的习得并不是高智力的标志;有关智力的恰当标准与该主体能解决的问题的抽象化程度有关。骑自行车的猿猴面对的是保持自身平衡的问题,它在它的直接经验中也有着解决这一问题的线索。但小孩却不是这样:他所面对的问题,既包括发现大人们的谈话意指什么,也包括学会用相似的词表达这些意思,这是一个高度思辨的任务,它远远超出了小孩的直接经验。动物无法掌控这么抽象的问题,这也就解释了它们为什么不能像人那样发明语言,无法像小孩那样学会说话。

当我们把语言理解为意会认知并相应地用意会认知的运行机制来解释语言的习得时,人的那种独特的语言能力看起来就只是源自他那更高等的智力。

第四部分

生命与心灵

12
意识的结构

1965

最初发表这篇文章是为了向弗朗西斯·沃尔什爵士表达敬意。①弗朗西斯·沃尔什(Francis Walshe)爵士经常提到,解剖结构不足以说明所有的精神行为,他认为整合的精神力量的存在是无法用那些有关解剖结构的术语来解释的。在这篇文章中,我将会给出支持这种观点的理由。

1. 两种意识

我将从对知觉的分析开始,通过对分析结构的连续概括得到一个关于生命物的层状结构,其中包括高等动物的意识结构。

以恰当的方式来观看两幅照片,一只眼睛看着其中的一幅,另一只眼睛看着另一幅。照片上的东西会因此显得很分散,也更加丰满而真实、坚实而逼真。这种结果源自两幅照片间的细微差别,这两幅照片是从相距几英寸的两个点上被分别拍摄下来的。立体观察所揭示的所有信息都包含在这种几不可察的差异中。从这些差异中计算出物体的空间维度和分布深度,这都是可能的;而且,我可以设想出拥有有意义的

---

① *Brain*,88(1965),pp. 799–810.

计算结果的例子。但是,这还不足以告诉我们,被拍摄下来的物体看起来像什么。如果你想记住一次家庭聚会或是识别出某个罪犯,你还必须把双眼同时看到的立体画面整合起来。

当我们看着立体图像时,我们实际上看到是两幅独立的图片,我们之所以能看到立体图像,正是因为我们形成了关于构成这一图像的两幅图片的精确印象。但是,我们必须在这两种"看"之间作出区分:当我们看这**两幅图片**的时候,我们实际上正**把我们的注意力集中于那个立体图像**,之所以看这两幅图片只是**因为它们与那个立体图像相关联**。我们所看的并不是这两幅图片本身,而是将它们视为指向它们共同构成的立体图像的线索。作为线索起作用,这就是它们的功能。

我们可以这样来描述上述情形:首先,我们通过附带地觉知两幅独立的图片而焦点地觉知到那个立体图像。而且,我们还可以补充一点——附带觉知所独有的特征是具有与注意力焦点所指向的对象相关联的功能。其次,我们可以观察由那两幅附带觉知的图片所融合成的焦点图像,也就是**获得那两幅图片的联合意义**。最后,这种融合**带来了**一种在附带觉知的那些图片景象中未曾呈现出来的性质。由此,我们可以确认以上三点是这样一个认识过程的组成部分:也就是通过附带性地关注与焦点对象相关联的线索来认识焦点对象的认识过程。在这里,我们可以看到意会认知的结构以及它独特的**功能方面、语义方面和现象方面**。

之前我已多次提出过关于意会认知的这一分析,在这里我之所以选择以立体观察为例,是为了防止某种经常出现的误解。① 将附带觉知等同于下意识或前意识,又或者将它等同于威廉·詹姆士(William

---

① 作者新近发表的与这篇论文相关的文献包括:'Clues to an Under-standing of Mind and Body', *The Scientist Speculates* (I. J. GOOD, ed.), London:Heinemann, 1962, p. 67;'Tacit Knowing and Its Bearing on Some Problems of Philosophy', *Reviews of Modern Physics*, 34(1962), pp. 601-16 (本书中前面的论文10);'Science and Man's Place in the Universe', in *Science as a Cultural Force* (H. WOOLF, ed.), Baltimore:Johns Hopkins Press, 1964, Oxford University Press, 1965;'On the Modern Mind', Encounter (May, 1965);'The Logic of Tacit Inference', *Philosophy* (Jan. 1966) pp. 1—18 (本书中前面的论文9);'The Creative Imagination', *Chemical and Engineering News*, 44 (1966), pp. 85-93; *Tacit Dimension*, Garden City:Double-day, 1966.

James)所描述的"意识边缘"都是错误的。线索与它所指示的对象之间的关系是一个**逻辑关系**,这个关系类似于某个前提与由这个前提所得到的推论之间的关系,但是这两个关系之间也有一个重要的差异:由线索而得出的意会推论是无法言传的。这种推论是非正式的、意会的。

亥姆霍兹(Helmholtz)曾试图将知觉解释为一个推断过程,但是这种尝试未被接受,因为就视觉错觉而言,即使展示出它们的错误之处,也并不会使视觉错觉不存在。意会推论的道理与此相同。两幅立体图片融合成一幅三维图像,这并非论证的结果;如果这种融合的结果带来了某种幻觉——这很有可能,这种幻觉也不会因为论证而不存在。线索融合成它们所关联的图像,这不是一种**演绎**,而是一种**整合**。

皮亚杰(Jean Piaget)曾经指出过感觉运动的活动与明言推论之间的一个显著区别:明言推论是可逆的。我们可以回到明言推论的前提并再次推导出其结论,这整个过程我们想重复多少次都行。然而,感觉运动的活动却不是这样。比如,当我们好不容易解开一个难题后,我们就不能再回到对答案一无所知的状态。

实际上,由两幅立体图片而看到一幅三维图像,这一过程在两种意义上是不可逆的:第一,要回到那两幅图片中的线索上去是很难的,因为那些线索几不可见。而且,还有许多其他的线索是我们既无法追踪也不能体验到的,比如记忆和我们眼部肌肉的感觉,它们**在很大程度上是内在的和无法确切指认的**。

第二(这一点对于我们来说更为重要),要回到意会推论的前提下才实现了这一过程的倒转。然而这种返回不是一个步步折返的过程,而是会将还原过程中的步骤全部抹去。假设我们从观察者那里去掉立体图片,让观察者用双眼来看那些图片而不是一只眼睛看一幅。那么,所有整合作用的效果都将消失,那两幅图片不再发挥着线索的功能,它们的联合意义也化为乌有。这些实际上就可以看成是意会推论的倒转;**一个逻辑分解的过程将某个综合体还原成它的相对无意义的片断**。

关于这一点,最为人们所熟悉的例子是:当我们将某个词重复朗读多次时,我们会将注意力集中于嘴唇与舌头的运动以及我们发出的声音上,而那个词本身就会失去它的意义。只要我们通过它们关注到它们所关联的东西,所有这些成分都是有意义的;但是当我们焦点地关注这些成分本身时,它们就会失去它们的意义。著名的绷索行走者布洛汀(Blondin)在其自传中谈到,在绳索上行走时,如果他直接思考如何保持平衡,那么他就会马上失去平衡;因此他必须强迫自己只思考如何能够最终从绳索上走下去。①

这篇论文旨在展示:身心之间的关系所具有的逻辑结构,也就是线索与线索所指向的图像之间的关系所具有的那种逻辑结构。我认为,关于身心关系的那些悖论都可以追溯至这一逻辑结构,而且我们也可以从这一逻辑结构入手来寻找关于那些悖论的解答。

关于立体视觉的这个例子代表着很大范围的关于认知的智力能力和实践本领。当我们认识某个综合整体时,比如认识一只狗,是依靠对它的组成部分的附带觉知而焦点性地关注到其整体的。在实施某项技能时,我们焦点性地关注其结果,同时附带地觉知为达到这个效果我们所协调进行的那些行动。我在别的地方已经多次进行过这一分析,因此在这里不再赘言。② 但有一个更进一步的观点,我在此必须再次重申。我认为,我们是通过附带性地觉知到外部物体对我们身体的影响,以及我们的身体对此做出的回应来观察外部事物的。我们与世界所有有意识的互动,都包含着我们对自己身体的附带使用。而且,我们的身体是唯一一个这样的集合体:这一集合体的所有构成,几乎都是被我们以这样的方式附带意识到的。

这里我所谈的是**主动的**意识,不包括不连贯的梦境或脾气的病态爆发。主动意识通过将线索整合进这些线索所关联的东西,或者将局部整合进这些局部所组成的东西,由此达至内在的连贯。这带来了**两个层次上的觉知**:较低层次的觉知是对线索、局部或其他附带元素的觉知;较高层次的觉知是对那些组成成分所指向的被焦点理解的综合体

---

① 参见 F. J. J. BUYTENDIJK, *Traité de Psychologic Animale*, Paris: Presses Universitaires de France, 1952, p. 126.

② 见本文 p192 注释。

的觉知。因此,一个有意的意识活动不仅有着一个可以确切指认的对象作为它的焦点目标,而且也有着一系列附带的源头,这些源头或作为指向其焦点对象的线索,或作为焦点对象的组成部分起作用。

这正是我们的身与心相关联的关联点。作为感觉器官,我们的神经和大脑、肌肉和记忆都服务于我们有意识的意图的实现,我们对它们的觉知附带地进入到形成我们注意力焦点的综合体之中。我们需要适当的词来简明地描述这种关系。我的描述是:我们**从**附带的细节关注**到**它们联合起来的焦点。可见,意识活动不仅仅是意识**到**某物,也是**从**某些事物(包括我们的身体)出发的意识。当我们考察某个进行意识活动的人类身体时,我们在它的器官上看不到任何有关意识的踪迹;现在我们可以从这一意义上理解这个事实:那些附带性的成分,比如参与意识的身体器官,当我们不再**从**它们出发看到它们所关联的焦点对象,而是看**到**它们自身时,它们就丧失了它们的功能性外显(functional appearance)。

我们依靠自己对一个综合体的局部的觉知而关注到这个综合体整体,这种认识综合体的方式也是我们从对自己身体的觉知而关注到外部事物的方式。因此,我们可以说,我们认识一个综合体是通过**深入到**事物的局部之中,或者通过使自己**内居于那些局部之中**;将注意力转移到那些局部上,这一相反的过程可以被形容为是将局部转变成毫无功能性意义的**外部事物**的过程;这是一个将它们**外化**的过程。

关于意会认知的这一陈述尤其适合于描述我们认识他人心灵的方式。我们通过内居于一个棋手的下棋策略中而认识他的思想;通过内居于他人因痛苦而扭曲的表情中而认识他人的痛苦。这一陈述也适用于相反的过程,比如持续看着某个被观察行为的组成部分,将这些组成部分作为若干对象,这必然使我们无法认识支配这个人的行为的思想。

然而,当前流行的心理学学派声称他们以行为的若干细节作为对象进行观察,并通过试验的方法确立这些行为的发生法则,以此来替代对心理过程的研究。对此,我们应当如何看呢?我们可能会质疑识别这些细节的可行性,因为那些细节中包含许多无法确切指明的线索。但实际上,这种研究方案本身的可行性不仅是不确定的,而且在逻辑上也是不可能的。将有意识行为的局部予以对象化,这必然会使得我们无法把握思想,也必然会消解关于内在连贯行为的真实图像。

无可否认,行为主义心理学家们的研究并未达到他们研究方案的预期逻辑结果。这是因为,事实上我们无法把自己的注意力完全地转移到有意识行为的那些片段上去。当我们引用一个主体关于某个心理体验的报告来代替对这个体验的指称时,这实际上并未涉及我们关于这一体验的认识;那个报告如果不是与这一体验相关联,它本身是没有意义的。试验者或许能将一次电击作为一个客观事件来谈论,但是他之所以能实施电击仅仅因为他了解电击所带来的痛楚效果。然后,他观察了主体皮肤上传导率的变化,这些变化本身是无意义的,因为它们实际上只是表示一次电击的随意可变量——皮肤的反应不过是鸡皮疙瘩的另一种形式而已。

因此,行为主义心理学的分析只是根据那些表征精神状态的语词去意译阐释精神主义的描述,而那种描述的意义实际上存在于其精神主义的含义中。进行这种意译阐释或许并没有什么坏处,甚至在有些情况下是适宜的,但是这种总是选择具象语词进行的分析阐释经常受到限制并且会带来误导。例如,行为主义者关于学习的分析就不使用科勒(Koehler)在描述黑猩猩的精神活动时所提到的关于惊奇、迷惑和聚精会神等表情。这就消除了关于引发这些精神状态的那种复杂的、微妙的分级情境的研究。由此,关于学习的研究就被削减至关于它的最原始形式——条件反射的研究。这样,这个过于简单的关于学习的范式就可能被错误地描述,正如巴甫洛夫曾将**进食**与**喂食期待**混为一谈那样,当时他的根据就是这二者都会引发唾液的分泌。无论在何种情形下,当我们用客观主义的描述来说明心理过程时,都会易于犯这样荒谬的错误。

因此,行为主义的实际运作证实了我这样的结论:行为的那些被严格割裂开来的片段不过是无意义的碎片,不能够被确切地指认为行为的组成部分。尽管行为主义心理学从一开始就排除关于精神状态的探讨,但实际上它仍然潜在地依赖于这种探讨。

2. 边界控制法则

但是,是否一切高等综合体的原料物并不始终受无生命物质的规律支配？是否由此我们无法得出这样的结论:我们可以根据这些规律来说明这些原料物的运作。不,我们可以得出。如果我宣称这些高等综合体是不能还原的,那么我就必须展示:它们部分地受到那些超出物理和化学范围的法则的支配。接下来我将展示这一点。首先我将展示许多不同法则能在不同层级上控制着某个综合体。我曾用更为详细的词汇多次表述过这一理论。[①] 在这里我将作一个概要阐述。

这里存在着适用于多种情境的法则。它们可以是自然规律,比如力学规律;也可以是工作原理,比如那些控制肌肉收缩和协调的生理学原理;也可以是关于人造物的使用法则,比如英语词汇表或国际象棋的规则。当然,并非所有的重要法则都有这样宽广的适用范围;但对此我不必深入讨论,因为只要指出存在着一些这样的法则就已经足够了。

我们可以继续指出:这样一条法则必然与我们施加于这条法则的适用情境上的任何限制都不冲突;在哪些条件下这个法则能够运作,不是由这一法则控制的。因此,这些条件是在法则控制之外的,也可以说成是构成了法则的边界,或者更确切地说,是法则的**边界条件**(*boundary conditions*)。这里,我们借用物理学上"边界条件"一词在这个意义上运用。

接下来,我们承认在某些情况下,某个法则的边界条件实际上要受到另一些法则的控制。那些法则我称之为更高级的法则。因此,力学规律的边界条件可能受定义机械的工作原理的控制;肌肉活动的边界条件可能受某个有目的行为的模式(比如散步这一行为的模式)的控制;词汇表的边界条件往往受语法规则的控制;超出下棋规则的控制范围的条件则是由棋手的策略来控制的。由此,我们就可以看到:机器、

---

① 见本文 p192 注释。还可参见后面的论文 13。

有目的的行为、合乎文法的句子，以及象棋比赛，都是受到**双重控制**（*dual control*）的综合体。

以上就是综合体的分层结构。这种结构中包含着两种法则——更高级的法则与更低级的法则——的结合。当我们拆毁一台机器、任意地说出一些单词或者无意识地移动棋子时，那些相应的高级法则——组成机器的法则、连词成句的法则和下棋策略——也就都消失了，它们所控制的综合体也将不复存在。

但是，那些低级法则——它们的边界条件由那些现在已被抹掉的高级法则所控制——仍在起作用。力学规律、字典认可的词汇表、下棋规则——都继续像以前那样发挥作用。因此，从某个综合体的低级法则的角度对这个综合体所进行的描述不可能揭示其高级法则的运作。**标识一个综合体的高级法则无法用那些适用于该综合体的局部的法则来定义。**

此外，一台机器的运作的确要依靠力学规律；而一个有目的的肌肉行为，比如散步，也要依靠相关的肌肉系统的运作才能实现，等等。更高级法则的运转一般都要依靠支配着更低层级的那些法则的运行。

然而，既然无论高级法则是否继续处于正常运转状态，低级法则都将继续起作用，那么，我们由此可以得出：低级法则能够彻底地破坏更高级法则的运转并摧毁更高级法则所控制的综合体。

这就是关于双层级的综合体的机制。接着我要展示的是：意会认知的双层级逻辑正是理解这一机制所必需的。

意会认知整合综合体的细节，使得我们能够看到它们组成了那个综合体。这个整合活动通过在精神上进行高级法则的运作，确认了高级法则对低级法则无法控制的那些边界条件起作用。由此，这具体展现了意会认知的**功能结构**（*functional structure*）。而且，通过揭示其局部的意义，我们能够很清楚地看到综合体是如何运作的。这里，我们又看到了意会认知的**语义方面**（*semantic aspect*）。另外，既然控制一个作为整体的综合体的法则要比控制其各个单独局部的法则更为高级，那么这个综合体明显不同于其局部的简单集合。高级法则会赋予综合体以某种稳定性以及蕴涵于其形状与运动中的能量，并且通常还会带来另外一些新的特点。这里，我们又看到了意会认知的**现象方面**（*phenomenal aspect*）。

最后，我们还会遇到在我们将注意力从综合体的整合中心转移到它的细节时所引起的**逻辑解体**（*logical disintegration*）在本体论上的对应方面。如果我们将注意力从规定那个双层级综合体的高级法则的运转上移开，转向支配该综合体的各个单独局部的低级法则上去，那么，我们将无法看到那个高级法则，实际上也将无法看到由那个高级法则所控制的整个综合体。这反映出，当某个综合体在逻辑上被分解为一个个局部碎片时，这个综合体本身将不复存在。由此可见，意会认知的逻辑结构涵盖了包含着相互结合的双层级的本体论结构的每个细节。

3. 这些法则在身心关系上的应用

接下来的问题是，生命存在物的机能和生命存在物的意识的机能是否的确是分层的？这个机能是否受到在连续的层级上起作用的不同法则的共同控制？

意识不会被归结为仅由物理规律和化学规律支配的过程；因此，意识的存在证明了参与生命物有意识的运作的不仅仅是无生命物质的法则。

在物理和化学的领域之上，还有另外两种基本的生物学法则。像机器一样，生物体的结构和功能是由这样的结构法则和操作法则决定的——这些法则控制着物理和化学法则所无法控制的那些边界条件。我们可以称之为存在于物理与化学领域之上的**结构法则**（*structural principle*）。对此，我之前已经多次进行过阐释，不再赘述。①

生物体还有一些其他的机能也是物理和化学法则所无法涵盖的，比如形态发生。沃丁顿（Waddington）的"表观遗传景观（epigenetic

---

① 见本文 p192 注释。还可参见后面的论文 13。

landscape)"对形态发生的法则作了最为清晰的表述。这些法则展现了胚胎的发育是由潜在形态的梯度所控制的,正如某个重物的运动是由势能的梯度所控制的那样。① 我们可以称其为**有机域**(*organizing field*)或**机体法则**(*organismic principle*)。

很多生物学家宣称结构法则和机体法则终有一天会被还原为物理与化学规律。但我却找不到这种论断的根据,甚至不能理解其意义。因此,我将不考虑这种观点,我认为结构法则和机体法则是现今在生物学上被现实地使用着的法则。

生命存在物存在于一个层级体系中,每个层级都有自己的结构法则和机体法则。在精神层级,明言推论将固定的精神结构的运作呈现出来,而意会认知则使我们在其中遇见心灵的整合力量。在我们一切有意识的思想中,明言推论和意会认知彼此相互依赖,而且,如下假设看起来也是成立的:明言的精神活动以固定的神经网络为基础,意会整合则主要以有机域为基础。我还假定,这两种法则在身体内相互交织,正如它们在思想中的对应物那样。

本文旨在说明身心之间的关系是意会认识中附带性部分与焦点性部分之间的关系的一个个例。当我们把注意力投诸于附带性成分之上时,这些附带性成分将会失去意义,这一事实解释了另外一个事实:当我们考察某个进行意识活动的人类身体时,我们在它的器官上看不到任何有关意识的踪迹。这些附带性的成分失去了它们在发挥着指向焦点性成分作用时所具有的意义。下面我们可以运用这个法则来完成我们的讨论计划。

我们已经看到,通过内居于他人的表情和行为,我们能够认知他人的心灵;只有当我们将注意力集中于他人的身体活动本身并由此将它们作为纯粹的观察对象时,我们才会无法把握他人的心灵。然而,一位观察着某个正在实施"看"这个动作的人的眼睛里和大脑中发生的事情的神经生理学家,总是无法在这些神经系统的活动中看到那个被观察

---

① 比如,参见 C. H. WADDINGTON, *The Strategy of the Genes*, London: Allen & Unwin, 1957;尤其是第 167 页关于"遗传同化(genetic assimilation)"的说明。

者自己通过这些神经系统的活动究竟看到些什么。因此，我们必须追问，为什么那些神经生理学家无法像他内居于主体的表情或理智行为那样内居于这些身体的神经系统的活动中？

我们会注意到，内居于他人的表情或理智行为，这种能力似乎是与生俱来的，它使我们只是读取别的心灵中的**意会**思想：能被归因于神经系统中的机体过程的那类思想和感情。我们只能从别人的口头言语中获知他的**明言**思想——这种明言思想对应于神经系统在解剖学上的固定功能。那种口头言语，其意义是人造的；尽管它们最终仍基于指向意会经验的那些表现，但它们并未直接诉诸人的心灵。人的内居能力可以被看成是不断变化的——正如人们从地面上看时没有发现那些史前遗址，但从空中看时却可以辨别出来。我们之所以无法以他人体验自己的神经过程的方式体验他人的神经过程，可能与内居的这些渐进变化有关。

由此，我们得出以下要点：我们之所以能进行和体验有意识的身体运作（包括神经系统的运作），其根源就在于我们能完全地内居于它们。除了我们自己之外，没有人能直接地内居于我们的身体并充分地了解它一切有意识的运作；然而，就他人能够从外部内居于我们心灵的外在活动而言，他们也能在一定程度上体验我们的意识。通过内居于我们的表情和行为，他人能够相当有效地体验我们心灵的许多意会活动；这种内居能力基本上是我们与生俱来的。与此对应，他人只能通过内居于我们的言语表述才能认识我们的明言思想，而言语的制造和理解都是建立在人为约定的基础上。客观化的做法，无论是将他人的手势还是言语予以客观化，都会消解我们在其中的内居，破坏它们的意义并且切断通过它们所进行的交流。正如神经心理学家所观察到的那样，神经系统总是被客观化了，它只能间接地向观察者传达它的意义，通过指向某个行为或者指向我们通过内居而理解的报告。

意会认知的逻辑和分层综合体的本体论法则在这里相互独立推衍，而且我们发现我们的意会逻辑使得我们能够理解分层综合体。这向我们展示出，理解某个分层综合体的高级法则只能通过内居于高级法则所控制的更低级法则的边界条件而实现。这样的内居与将我们的注意力完全集中于支配着更低层级的法则上,这两者在逻辑上是相矛盾的。将这些应用于身心关系,也就是在身心关系这个双层级结构中,有关心灵的高级法则依赖于它们对有关生理学的低级法则的控制,由此,我们可以得出以下三个结论:

(1)任何生理学上的观察都无法使我们理解心灵的运作。当我们从生理学的角度对机制和机体过程进行观察的时候,会发现它们的运作都是无生命的。

(2)同时,我们发现,心灵的运作永远都不会干扰生理学的法则,也不会干扰它们所依靠的更低级的物理和化学法则。

(3)不过,正因为心灵的运作有赖于更低级的有关身体的法则的运转,因此身体上反方向的变化会扰乱心灵的运作,身体上的有利变化则会为心灵的运作带来新的机会。

整合在意会认知中的作用方式以及生命存在物中不可还原的机体法则的存在,与弗朗西斯·沃尔什(Francis Walshe)爵士关于整合的精神力量的存在的有关论述是一致的;沃尔什爵士认为,整合的精神力量是无法用中枢神经系统固定的解剖结构来解释的。[①]

4. 回　顾

可以看到,20世纪的许多哲学努力都指向了上述结论。在20世纪的前三十年里,胡塞尔所作的捍卫经验之原初状态、抵制破坏性分析之影响的系统,尝试对大陆哲学产生了深远地影响。不过,胡塞尔的这种尝试与身心问题的关联主要是由梅洛－庞蒂后来在1945年出版的《知觉现象学》中推衍出来的。他对我们体验自己身体的方式作了一个生动详细的描述。他写道,身体"通过其功能性价值为我们所知";参与

---

① F. WALSHE, *Critical Studies in Neurology and Further Critical Studies in Neurology with other Essays and Addresses*, Edinburgh: Livingstone and Co., 1948年版和1965年版。

到我们活动中来的身体的组成部分"必得借助于其普遍意义方能为我们所用"①;我们的身体表达意义,但是"如果语言不表达思想,应该表达什么?它表达主体在意义世界中采取的立场,更确切地说,是语言这种立场本身"②。"如果一个存在是意识,那么它必定只是一种意向结构"③;"我不需要通过一种理智解释活动就能理解他人的动作……应该认为我得以适合场面的动作是不可还原的";④我们关于自己身体的体验是一种存在的活动,它既不基于观察,也不基于明言思想。这些观点预示着我的分析,不过其中既没有关于"意会认知的逻辑"的分析,也没有有关"本体论分层理论"的论述。在我看来,对于理解梅洛-庞蒂所描述的现象而言,这两者是不可或缺的。

胡塞尔的另一追随者 F. S. 罗斯柴尔德(F. S. Rothschild)博士更早得出了这样的结论:心灵是身体的意义。⑤ 他在神经心理学和精神病学两个领域广泛地发展了这个思想,在那两个领域,我无法追随上他的脚步。

当代英国和美国哲学的主流都忽视了现象学家们的追问。但是,和后者一样,它也反对笛卡尔式的二元论,而且它和后者的渊源远不止这点。我从《知觉现象学》中引用那些观点,在去除它们的存在主义的视角后,能够与赖尔在《心的概念》(1949)中的观察相等同。⑥ 但是,这

---

① M. MERLEAU-PONTY, *Phenomenology of Perception*, London: Routledge, 1962, p. 149.

② 同上, p. 193.

③ 同上, p. 121.

④ 同上, p. 185.

⑤ 见罗斯柴尔德早期的作品,最早可回溯至 1930 年。最近的关于这些早期作品的摘要见罗斯柴尔德的专著 *Das Zentralnervensystem als Symbol des Erlebens*, Basel and New York: S. Karger, 1958, VII, pp. 1-134. 在这本专著中,罗斯柴尔德博士在第 10-11 页指出,当我们把中枢神经系统作为对象进行考察时,它在意识中所显现出来的意义就消失了——正如对某个词进行这样的考察,其指示意义也会消失那样。这预见了我的身心理论的一部分。关于罗斯柴尔德著作的一个更为简明的英文摘要,见 F. S. ROTHSCHILD, 'Laws of Symbolic Mediation in the Dynamics of Self and Personality', *Annals of the New York Academy of Sciences*, 96 (1962), pp. 774-84.

⑥ G. RYLE, *Concept of Mind*, London: Hutchinson, 1949.

样的转换带来了这些观察在理论上的不充分,并导致这些观察得出错误的结论。举一个简单的例子:梅洛—庞蒂说"我理解他人的动作并不需要通过理智解释",赖尔也说过类似的话"我并不是在推断你心灵的活动,我是在追随它们"①;然而,梅洛—庞蒂在存在主义的经验上找到了一个"理智解释"的替代物,赖尔却没有,因而他得出这样的荒谬断言"大部分的理智表现都不是指向心灵的线索;它们只不过是那些活动"②。赖尔使用了许多生动的并且常常是细致的现象学描述来展示心灵并非明言地作用于身体,由此他得出结论:身和心"并非两种活动"③,"并非前后相继的两个活动"④,没有"隐秘的原因"⑤,"没有隐秘的先在事件"⑥,没有"机器中的幽灵"⑦。换言之,没有笛卡尔式的身心二元论。然而,身与心并非明言地相互作用,由这一事实我们实际上应得出的结论是:身与心依照意会认知的逻辑相互作用。正是这一逻辑,承认我们意识到自己的身体的方式是两种相互排斥的方式,由此解决了笛卡尔式的二元论的困境。

　　赖尔的有力论证却得出了错误的结论,这也作为一个例证展示了由于缺乏本文中所指出的认知原则和本体论原则将会带来的麻烦;正是出于将其作为例证的考虑,所以我会在当代英国和美国的文献中选取他的著作作为反对笛卡尔式的二元论思想的代表。

---

① G. RYLE, *Concept of Mind*, London: Hutchinson, 1949, p. 61.
② 同上, p. 58.
③ 同上, p. 74.
④ 同上, p. 46.
⑤ 同上, p. 50.
⑥ 同上, p. 115.
⑦ 同上, p. 15–16.

13
生命的不可还原的结构[①]

1968

1. 支配着无生命自然界规律的边界

如果人类都被消灭了，这不会对无生命自然界的规律带来影响。但是机器的生产将会停止，除非人类再次出现，机器也才会再次被生产出来。一些动物也能生产工具，但是只有人类才能够建造机器；机器是人造物，是用无生命的材料建造而成的。

《牛津英语词典》将机器描述为"一种应用机械动力的装置，由一些相互关联的部分组成，每个部分都有着确定的功能"。比如，它可以是一台用于缝纫或印刷的机器。我们假定推动机器运行的动力是内在于机器的，并忽略实际上我们必须不时给机器提供动力这一事实。这样，我们就可以说，机器的建造就在于适当地分割出组成部件，将制造出来的组成部件组装起来，以使得它们的联合机械作用能够服务于某个可能的人类目的。

[①] 这是对我在1967年12月30日召开的美国科学促进会的研讨会上所做报告《生命过程超越物理学和化学吗？》的扩充。这篇文章的前半部分在我的论文《生命超越物理学和化学》中被使用，见 Chemical and Engineering News，45(1967)，pp.54 - 66。

由此，机器的结构和它们结构的运行都是由人塑造的，即使它们的制作材料和操作它们的作用力都要遵循无生命自然界的规律。在建造一个机器并为它提供动力时，我们利用了在这个机器的制作材料和驱动力中起作用的自然界规则，并且使得这些规律服务于我们的目的。

这种利用并非不可打破；机器的结构和它的运行都可能解体。但是，这并不会影响到这个机器的操作所依赖的无生命自然界的力量，它只是将那些力量从机器在解体前向它们所施加的限制中解放出来而已。

因此，机器作为一个整体是在两个不同法则的控制下运行的。较高的那个法则是机器的设计原理，它支配着较低的法则，那个较低的法则存在于机器的运作所依赖的物理化学过程之中。在进行某个实验时，我们通常都会形成这样一个两级结构，但是操作一台机器与进行某个实验，它们之间存在着一定的差异：实验是向自然施加某些限制以观察自然在这些限制下的运行状况，而机器的操作对自然的限制则是为了支配自然的运作。我们可以从物理学中借用一个术语，将对自然的这些有用限制描述为"给物理规律和化学规律加上**边界条件**（*boundary conditions*）"。

下面我将对此进行详述。我已经举例说明了两种类型的边界条件。关于机器，我们主要关注的是边界条件的影响；而在实验环境中，我们关注的是边界条件控制下的自然进程。关于这两种类型的边界条件，有许多常见的例子。当某个炖锅限定着我们正在煮的汤的边界时，我们关注的是汤；同样地，在我们观察一个试管中发生的反应时，我们研究是的那个反应，而不是试管。反过来也是成立的，比如，我们可以这样来考察一个棋赛：棋手的策略给许多棋步设置了边界，这些棋步遵循着下棋的规则，但是我们的注意力却集中于边界——也就是棋手的策略，而不是那些遵循下棋规则的棋步。与此类似，当某个雕刻家雕琢着一块石头、某个画家创作着一幅画时，我们关注的是施加于某个材料上的边界而不是材料本身。

我们可以将第一类称为试管类型的边界条件，将第二类称为机器类型的边界条件，以此对两者进行区分。有时，我们可以通过转移注意力而将某个边界条件由这两种类型中的一种转变为另一种。

所有的信息传递都拥有机械类型的边界,这些边界形成了一个有着连续行为层级的整体层级体系。词汇表为人们说出的声音设定了边界;词汇表在语法的支配下形成句子;句子被组成传达某个信息的文本。在所有的层次上,我们关注的都是由某个综合的限制力量所施加的边界,而不是关注这些边界所支配的法则。

2. 生命机制被归类为机器

当我们想到,动物也是像机器那样去运动,它们有许多内部器官,那些器官能够像机器的组成部分那样发挥作用——器官发挥着维持生物体的生命的功能,正如机器发挥着满足使用者需要的功能那样;此时,我们便由机器过渡到生命存在物。过去的几个世纪里,生命的运作被类比于机器的运行,生理学家试图将生物体解释为一个复杂的机械网络。器官也就被相应地根据它们在维持生命时所发挥的功能来界定。

生物体的任何某个连贯的组成部分,如果我们没有揭示它助益于生物体的方式,那么,对于生理学而言,它的确是令人困惑的;对于病理学而言,它是无意义的。而且,我还要补充一点:任何根据这个系统的物理-化学结构图对此系统进行的描述都是无意义的,除非这个描述能够暗地里唤起关于这个系统的生理学解释——正如关于某个机器的结构图是无意义的,除非我们猜出了这个装置是如何运作的、是用来干什么的。

就此而言,生物体表现得像一台机器一样,是一个根据两个不同的法则而运行的系统:它的结构作为支配着生物体的物理化学过程的边界条件起作用,生物体的器官正是通过这些物理化学过程而发挥着它们的功能。由此,这一系统可以被称为处于双重控制下的系统。形态发生是生命存在物的结构发育形成的过程,这一过程也就可以与机器的成形过程相类比,机器的成形实际上也就是无生命自然界规律的一个边界。那些规律服务于机器,因此它们也服务于发育成熟的生物体。

　　某个边界条件和它所限定的过程总是无关的。在伽利略关于小球从一个斜面上滚下的实验中,斜面的角度不是由力学规律得出的,而是由伽利略选择的。这种关于斜面的选择与力学规律无关,类似地,试管的形状和制造也与化学规律无关。类机器的边界都是这样;它们的结构无法由它们所支配的规律而推衍出。比如,词汇表无法决定某个文本的内容,等等。因此,如果某个生命存在物的结构是一系列的边界条件,那么这个结构与这个生物体所支配的物理规律和化学规律是无关的。这样来看,关于生命存在物的形态学就超越了物理规律和化学规律。

3. DNA 信息导致生命机制的产生

　　但是,对机器零件和生命的功能器官间的上述类比被这样的事实削弱了:器官并不是像机器的组成部分那样由人力作用形成的。因此,这样的发现是有益的:形态发生的过程主要是通过储存在 DNA 中的信息的传递来说明,正如沃森和克里克在这个意义上所解释的那样。

　　一个 DNA 分子被认为是代表着一个密码——也就是一组线性序列,它的排列就是这个密码所传达的信息。就 DNA 而言,此序列的每一项由四种有机碱中的一种组成(更确切地说:这四种有机碱存在于两条不同的互补碱基链上)。如果这四种有机碱出现在这个序列的某个特定项上的几率是相同的,那么这个密码将会传达最大数量的信息。如果这四种碱基在连接中出现的几率有任何的不同——无论是这四种碱基在这个序列的同一点上出现的几率不同,还是某种碱基在这个序列的两个点上出现的几率不同,都将会导致这个序列所传达的信息低于理想的最大值。DNA 的信息内容实际上也会因此而有所减少。但是在这里我接受了沃森和克里克的假设,认为这种减少不会妨碍 DNA 有效地发挥作为密码的功能。相应地,为了简洁起见,我将忽略 DNA 密码中的这一减少,并且在谈论它时总认为其能够发挥最佳功能,而且假设它四种有机碱所有的基本连接都有着同样的出现几率。

我们试想一下在相反的情况下会发生些什么。假设某个 DNA 分子的实际结构是：它的碱基的某种连接比任何其他的可能连接都要强得多,那么这样的 DNA 分子将不会有信息内容。它作为密码的特怔将会因此被消除掉。

我们可以看到,这实际上就是一般的化学分子的现实情况。它的有序结构来自稳定性的最大值,这对应于势能的最小值,因此,它的秩序性使得它缺乏那种作为密码起作用的能力。组成某个晶体的原子的排列图案就是这样一个有着复杂秩序但却没有多少信息内容的例子。

有一种稳定性常常对抗某个势能的稳定力。当某种液体蒸发时,我们可以将其理解为：伴随着它的微粒的扩散,它的熵在增加。有人考虑到这种扩散的趋势,他们把这种扩散的力量与势能的力量加在一起,但是在势能大幅下降或温度极低或这两种状况兼而有之的情况下,这种修正是微不足道的。为了简化问题,我们可以忽略这一点；这样我们就可以说：由化学键合的稳定力建立起的化学结构并没有多少信息内容。

按照当前的进化理论,DNA 的那种传递密码的结构被假定为是由自然选择带来的一系列的偶然变异而产生的。但是,有关进化的这方面与我们这里的主题并不相关；无论 DNA 的结构的起源是怎样的,只有在它的碱基的排列顺序不是来自势能的力量时,才能发挥那种密码功能。它的碱基排列在物理上的那种不确定就好比一张打印纸上的单词排列。那张打印纸上的排列与打印纸的化学反应无关,同样,一个 DNA 分子的碱基序列与在这个 DNA 分子中运作着的化学力无关。DNA 分子的碱基序列在物理上的不确定性导致了任何特定序列出现的非概率性,并由此使得这个 DNA 分子的结构有意义——它在排列上的非概率性有多大,它就包含有多少信息内容。

4. DNA发挥着设计图的作用

此外,还有一种基本情况需要考虑。某张打印纸上可能只有一些单词的混乱堆积,它并没有信息内容。因此,非概率性的计算给出的只是那张纸上**可能的**信息内容而非**现实的**信息内容。这也适用于某个DNA分子的信息内容;碱基的某个序列被认为是有意义的,这仅仅是因为我们像沃森和克里克那样假设:这一排列通过将自身的信息内容赋予后代而生成后代的结构。

这样,我们终于抵达了在我们开始分析关于DNA的信息内容时旨在揭示的那一点:DNA对形态发生的控制是否可能类比于工程师对机器的设计和制造?我们已经看到,生理学将生物体解释为一个复杂的机械网络,而且我们也看到,一个生物体——如同一台机器一样——是一个处于双重控制之下的系统。它的结构是一个这样的结构:边界条件支配着(harnessing)这个生物体中的物理化学物质,以服务于生理功能的发挥。因此,在一个生物体的生成中,DNA启动并控制着某个机制的形成发展,这个机制将会在一个处于双重控制之下的系统中作为一个边界条件起作用。我们还可以补充一点:DNA自身也是这样的一个系统,因为每个传达信息的系统都是处于双重控制之下,每个这样的系统在服务于传递它的信息时会限制和整理关于细节的大量资源,否则这些资源将会处于无序状态,由此,这样的系统也作为一个边界条件在发挥作用。就DNA而言,这一边界条件就是关于成长着的生物体的设计图。①

我们可以得出结论:在每一个胚胎细胞中,都存在着对某个有着线状碱基排列的DNA分子的复制——那个排列,独立于DNA中的化学

---

① 某个合子(zygote,即受精卵)的DNA分子所携带的计划图也规定了这个有机体的个体特征,这对于选择性进化有着重要的意义;但在这里我们将不对这些特征作过多讨论。

力,传递着相当丰富的有意义的信息。我们看到,当这种信息塑造着发育着的胚胎时,它就在胚胎中形成了在成熟的生物体中控制着生命机制的边界条件,这些边界条件自身不受胚胎的形成发育所依赖的物理化学力的影响。

阐明这种传递是现今生物学家的一个主要任务,我也将会回到这一点。

5. 这里产生的一些附带问题

我们已经看到,边界条件将那些不能根据物理学或化学来阐明的法则引入无生命的人工物和生命物;我们也看到,这些边界条件对于某张打印纸的信息内容或某个DNA的信息内容而言是必要的,而且它们将机械法则引入机器,同样也引入生命机制。

现在,我还要加上一点:我们可以在地质学、地理学和天文学中发现由宇宙的历史所确立起来的无生命系统的边界条件,但是这些并不能形成双重控制的系统。在这个方面,它们类似于我在前文谈到的试管类型的边界条件。因此,机器和生命机制中的双重控制的存在代表着**这样的一个中断:这个中断的一端是机器与生命物,另一端是无生命自然界**;所以,机器和生命机制都不能还原为物理规律和化学规律。

不可还原性不能仅被等同于这样的事实,即组成部分结合起来能够产生在那些独立的组成部分中所无法发现的特征。太阳是球体的,但它的组成部分不是球体,引力定律也没有提及球体;然而彼此间的引力作用使得太阳的这些组成部分形成了一个球体。这种整体论的例子在物理学和化学中非常常见。它们通常被认为是代表着生命物的一种转化,但事实上这种代表并不成立,因为它们能够被还原为关于无生命物质的规律,而生命物却不能被这样还原。

但是,在生命和无生命的自然界之间确实还存在着一个相当不同的连续过渡。因为生命的开始并非完全地不同于它们纯粹的理化性质上的祖先。如果我们回想起关于无生命的人工物的类似例子,那么这一连续与生命物的不可还原性之间就不存在什么矛盾。以机器的不可还原性为例：动物无法制造机器，但是有些动物却能够使用原始的工具，而且它们对这些工具的使用可能很难与动物对肢体的纯粹使用区分开来；或者以一组传递信息的声音为例：这组声音可能会被噪音所掩盖，以至于它的存在不再能够被清楚地辨别出来。这样我们就可以说，某个系统的边界条件所实施的控制能够被逐渐地还原直至某个消失点。某个处于双重控制下的系统，其高级法则对系统的影响可以有着直至零的任意值，这一事实使得我们也能够设想在生命起源过程中那些不可还原的法则的持续出现。

6. 现在我们可以承认附加的不可还原法则

机器和打印稿的不可还原性也告诉我们：某个系统被不可还原的边界条件所控制，这并不妨碍系统中物理规律和化学规律发挥作用。一个处于双重控制下的系统实际上依赖于它的高级法则对低级法则（比如物理规律和化学规律）的运行的操作。不可还原的高级法则对于物理规律和化学规律而言是**附加的**。关于机械工程和信息交流的法则以及相应的生物学法则，对于物理规律和化学规律而言，也都是附加的。

但是，将这种附加的控制法则的产生归结为进化的选择过程，会带来许多难题。一个发育着的胎儿，通过向它传递一个 DNA 中所包含的信息而形成它的边界条件，关于这些边界条件的形成实际上就是一个难题。设计图逐渐变成它所描述的复杂机器，这看起来也要求有一个成因系统，而这些成因是无法根据物理学和化学来明确指明的，这些成因对于 DNA 的边界条件而言是附加的，对于由 DNA 所带来的形态结构而言也是附加的。

按照 DNA 的指令来建构身体结构，有关这一建构的那个缺失的法则可以由德里施（Driesch）所发现的关于海胆胚胎的重要再生能力来例证说明，也可以由保罗·韦斯（Paul Weiss）的发现来例证说明。

保罗·韦斯发现,完全被分离开来的胚胎细胞在被合在一起时,它们会发育成它们被从中分离出来的那个器官的某个片段。① 在这里,我们看到了整合力量在运行,这一力量被施佩曼(Spemann)和保罗·韦斯标示为"场(field)",正是这一力量引导着胚胎片段的生长,形成胚胎所具有的那些形态特征。② 关于形态发生的这些引导,沃丁顿(Waddington)的"表观遗传景观(epigenetic landscape)"对此进行了正式的表述。③ 它们生动地展现了胚胎的发育是由潜在形态的梯度所控制的,正如某个重物的运动是由势能的梯度所控制的那样。

回想一下德里施和他的支持者们是如何为"生命超越物理学和化学"这一事实能够得到认可而战的——他们的论述理由是:海胆胚胎中的再生力量无法通过一个类机械的结构来说明。也回想一下这一论战是如何沿着类似的路线而继续的——论战中的这一方坚持认为调节性的("等势的"或"有机体的")整合都不能还原为任何类机械的机制,也因此不能还原为无生命自然界的规律。因此,如果正如我所认为的那样,即机器和生命存在物中的机械过程本身都不能还原为物理规律和化学规律,那么情况将会发生变化。如果从机械论与有机论的角度进行的说明都同样不能被还原为物理规律和化学规律,那么对有机过程的识别将不再承担着作为生命物的不可还原性的唯一证据的重任。如果引导着再生和形态发生的类似"场"的力量能够在不涉及这个问题时被确认,那么我想,关于它们的证据也将会被发现是有说服力的。

除了那些形态学机制,还有许多关于不可还原法则的证据,比如,我们在自己知觉中所体验到的证据和我们间接在高等动物那里观察到

---

① 见 PAUL WEISS, 'The Compounding of Complex Macromolecular and Cellular Units into Tissue Fabrics', *Proceedings of the National Academy of Science*, 42 (1956), pp. 819 - 30。

② "场(field)"的概念最初是由施佩曼(1921)在描绘"组织者"时使用的;保罗·韦斯(1925)将其引入关于再生的研究并将这一概念扩展(1926)至包含了个体发生。参见 Paul weiss, *Principles of Development*, New York: Henry Holt, 1939, p. 290。

③ 比如,参见 C. H. WADDINGTON, *The Strategy of the Genes*, London: Allen & Unwin, 1957,特别是他在第 167 页对"遗传同化"('genetic assimilation')的生动说明。

的证据。大多数生物学家认为对这些事实的思考是无用的而将其搁置一旁。但实际上，如果基于其他的理由，"生命超越物理学和化学"这一点被认可了，那么我们也就没有理由再拒绝承认这一明显的事实：意识就是一个这样的法则，它不仅在根本上超越了物理学和化学，而且也在根本上超越了生命存在物的机械法则。

7. 存在于一系列的边界条件中的生物学层级体系

关于边界条件的理论承认关于生命的那些高级层级形成了一个层级体系，这个层级体系的每一层级都依赖于那些低于它的层级的法则的运行，即使它自身并不能还原为那些低级法则。我将通过展示组成一篇口头文章的五个层级的运作方式来揭示这个层级体系的结构。

最低的层级是发出声音；第二个层级是说出某个词；第三个层级是连词成句；第四个层级是句子的组合形成某种风格；第五个层级也是最高的层级，即构成文本。

每一层级的法则都在邻近的更高一层级的法则的控制下运作。词汇表使得你所发出的声音成为词；既定的词汇表根据某种语法形成句子；句子被纳入某种风格，接着它被用以传达这篇文章的观点。由此，每一层级都受到双重控制：（1）由适用于这一层级的组成成分自身的法则所带来的控制；（2）由关于某些力量的法则所带来的控制，这些力量控制着由这些组成成分所形成的综合体。

这样的多重控制因为这样的事实而成为可能：支配着单独细节的那个较低层级上的法则将那些未确定的条件留给更高级的法则去控制。在发出声音时，将这些声音连接成词——这就被留给词汇表去控制。接着，词汇表无法连词成句，这样连词成句就被留待由某种语法去控制，等等。因此，某个高级层级的运作不能由在更低一层级上支配着它的细节的那些法则来做出说明。你不可能由语音中推衍出某个词汇表；不可能从某个词汇表中获得某种语法；某种语法的正确使用不足以带来某个好的风格；某个好的风格不足以形成某篇散文的内容。

生命存在物由形成这样一个层级体系的一个层级序列整体所组成。最低层级上的过程是由无生命自然界的力量所引发的,更高的层级控制着无生命自然界的规律所不能控制的那些边界条件。生命的最低等功能被称为植物性功能;这些功能在最低层级上维持着生命,但却无法说明生物(包括植物和动物)更高的生长功能以及动物的控制肌肉运动的功能;接着,支配着动物的肌肉运动的法则又无法说明这些运动如何整合成行为的内在模式;支配这一整合的法则又无法说明这样的模式如何通过智力的运作而形成;而智力的运作能够服务于使得人类进行负责任的选择的更高法则。

每一层级的运作依赖于所有低于它的层级的运作。每一层级通过向直接低于它的那个层级施加一个边界而缩小了那个层级的范围,正是这个边界支配着较低的层级服务于紧邻的更高层级,所以这种控制能够一级级地传递到最基础的无生命层级。

附加给无生命自然界领域的法则都是某种进化的产物,在那种进化的最初阶段,仅仅只是显示出植物性功能。这种进化的进展通常被描述为:有着逐渐提高的复杂度,而且使得机体的状态独立于它周围环境的能力也在逐渐提高。但是,如果我们像我那样接受了这样的观点,即生命存在物形成了这样的一个层级体系——在这个层级体系中,每一个更高的层级都代表着一个支配低于它的层级的独特法则(而这个更高层级本身并不能还原为那些低层级的法则),那么这个进化序列就获得了一个新的更深层次的意义。这样,**我们就可以看到一个有着严格界定的连续进程,从无生命的层级直至关于生命的更高的附加原则**。

这并不是说生命的高级层级在进化最初的那些阶段中不存在。有可能在它们明显显现出来之前,在很长的时间里都不明显地存在着。这样,进化就可以被视为是关于生命的高级法则渐进地突显出来的过程。我们在胚胎发育和小孩生长这些类似进化的过程中都可以看到这一点。

但是,这一关于法则的层级体系再次提出了一个难题。看起来,无法想象那个关于高级法则的序列最初就存在于 DNA 中,并且会通过它传递给后代——那些高级法则在每个阶段上都会更进一步地超越无生命自然界的规律。计划图的概念无法解释能力的传递，比如意识，这是任何机械装置都无法拥有的。这就好比是用某章关于感觉生理学的论述使得某个天生的盲人理解关于视觉的能力。如此看来，DNA **激发**更高层级的个体发生，而非**决定**那些层级。我们也就可以得出这样的结论：我在这里界定的这种层级体系的出现只可能是被原子或分子的偶然运动所激发的，而不是被决定的。不过，这里却无法对这一问题作更多的讨论。

8. 对一个层级体系的理解需要"从—到"概念①

前文我已经谈到过，机械论对原子论的超越体现于这一事实：某个机制的出现并不是由它的物理—化学结构图来揭示。关于所有的高等层级，我们同样可以这样说：根据任何更低的层级来对它们进行描述，并不能说明它们的存在。我们通常能够通过分析一个较高层级来揭示某个较低层级的组成部分，但是反方向的过程包含着对较低层级的法则的整合，而这一整合可能会超出我们的能力范围。

在实践中，这一困难可能可以通过一个重要的限定来避免。举一个常见的例子：假设我们在重复着某个特定的词，密切关注着我们所发出的声音，直到这些声音对于我们而言丧失了它原本的意义；我们能够通过激发这个词常被用于其中的语境，从而及时地恢复这个词的意义。关于分析和整合的连续行为实际上通常被用于加深我们对由两个或两个以上的层级所组成的复杂综合体的理解。

然而，这两个连续的层级之间仍存在着严格的逻辑区别。你可以看一个以你不懂的语言写的文本，你可以看到组成这个文本的字母，尽管你并不理解它们的意思，但是在没有看到能够传达某个文本的意义

---

① 比如，参见 M. POLANYI, 'Logic and Psychology', *American Psychologist*, 23(1968), pp. 27 - 43。

的字母时,你无法真正阅读这个文本。这向我们展示了两种不同而又相互排斥的"意识到文本"的方式。当我们看着那些词而没有理解它们时,我们将注意力集中于词本身,然而,当我们阅读那些词时,我们的注意力是直指它们的意义,这些意义是某种语言的组成部分。这样,当我们关注着它们的意义时我们就只是附带地觉知到那些词,因此,在第一种情况下,我们是看着那些词,而在第二种情况下,我们是**从那些词看到它们的意义**。这个文本的阅读者对于词的意义有着一个"从一到"的认识,此时他对于他所阅读的词仅仅只有着一个"从"的觉知;如果他将他的注意力**完全地**转到那些词上,那么这些词对他而言将会丧失语言学意义。

因此,一个边界条件在服务于一个新的、更高的层级时,便会支配着更低层级的法则,这个边界条件在两个层级间建立起一个语义关系。更高的层级由更低层级的运行所组成,因此形成了更低层级的意义。随着我们在一个关于边界条件的层级体系中不断上升,我们不断到达关于意义的更高层级。随着我们不断地一级级地上升,我们对整个层级大厦的理解不断加深。

9. 这个关于边界条件的序列影响着我们的科学观

对关于不可还原的法则的那个整体序列的确认,改变了我们理解关于生命存在物的宇宙的逻辑步骤。自伽利略和伽桑狄开始,一直流传下来的那个观念——认为各种各样的事物最终都要根据运动中的物质来理解——现在被推翻了。那种认为物理物质形成了宇宙基本有形基础的宇宙观被发现几乎是无意义的。按照拉普拉斯的观点,(有着速度和力量的)原子微粒的一般结构图给我们提供了有关所有事物的宇宙知识;但实际上,那种一般结构图几乎不包含任何有意义的知识。随着 DNA 的发现,有观点认为所有关于生命的研究最终都能够还原为分子生物学,这种观点再次展现出,关于宇宙知识的拉普拉斯式的观念仍然是自然科学在理论上的理想。当前对此种观点的反对却常常巩固着这一理想,那些反对意见坚持将对整体有机体的研究仅仅作为一个暂时的方法。然而,对生命物的层级体系的分析展示出:将那个层级体系还原为最终的细节,这只不过是彻底摧毁我们关于它的所见。这样的分析证明了拉普拉斯式的理想既是虚假的也是有害的。

关于存在的任何一个层级自身必然是有意义的,并且自身也能被研究。现象学是这样向我们告知这一点的:它展示出如何将那些更高级的、具形性较低的经验搁置起来,而不根据那些更为具体实在的东西,也就是这些经验植根于其上的东西来解释它们。这一方法就是要防止将人的精神存在还原为机械结构。这种方法所带来的收获很丰富并且仍在增多,但是现象学并未触及精确科学的理想,因此也不能为反驳这一理想的观点提供支持。因此,现象学的研究仍然悬浮于那个关于还原论的深渊之上。而且,更高级的法则与它们根植于其上的更低层级的法则的运行,这之间的关系则完全地看不到了。

我已经提到过被一系列边界法则所控制的层级体系应当怎样来被研究。在考察任何高级层级时,我们必须附带地觉知到它在更低层级中的基础,而且当我们的注意力转向后者时,我们必须继续认为后者对它们之上的层级起着影响。这样的细化和整合的交替必然会带来许多危险。细化可能会走向学究式的过度细化,而过于宽泛的整合则可能给我们带来漫谈式的印象主义。但是,关于分层关系的法则却至少给我们提供了一个考察生命物和人类思想产物的理性框架。

我曾经说过,从更高的层级分析性地下降到它的附属组成,这通常在一定程度上是可行的;但对更低层级上的事物进行整合以预测它们在一个更高语境中的可能意义,却可能超出我们整合能力的范围。这里我还要补充到:从某一角度来看,某个事物有着某个联合意义;但是从另一角度来看,同样的事物却可能没那样的联合关系。从飞机上往下看我们可以看到某些史前遗址的痕迹,但是数个世纪以来,地面上的人尽管经常从这些遗址上经过,却并未注意到它们;实际上,一旦那个飞机降落到地面,那位飞行员可能也不再能看出那些痕迹。

身体与心灵间的关系有着一个类似的结构。这个身心问题的产生源自这种不一致,即某个观察着一个外部对象(如:猫)的人的体验,与一个以这个人看猫的方式观察身体机制的神经心理学家的体验之间的不一致。这种不一致又源自这样的事实：居于自身身体中的某人对由投射到他的感官中的光所激起的身体反应有着一个"**从**"的认识，而这一"**从**"的认识将这些反应的联合意义进行整合，从而形成对猫的所见。然而，那位神经心理学家是从外部来看这些反应，他对这些反应有着一个"**到**"的认识，但这种认识不会被整合形成对猫的所见。在飞行员和徒步者对同一遗址痕迹的不同解释上也存在着这种二元性；如果某人在阅读某个写出的句子时，他看到的是句子的意义，而另一个人在看这个句子时，由于不懂这种语言，他看到的只是这些笔迹，那么这两个人之间也存在着上述的二元性。心灵是某些身体机制的意义，当我们集中地觉知这些身体机制时，我们也就看不到它们的意义（也就是心灵）了。

因此，对心灵的觉知和对身体的觉知使我们面对两种不同的事物。因为两种不同类型的觉知的存在——焦点觉知和附带觉知，我们可以将心灵作为一个"从—到"体验的焦点对象与这个体验的附带对象——身体机制截然地区分开来。这样我们就可以看到，尽管心灵根植于身体，但是心灵的活动却是自由的——正如我们的常识所知道的那样。心灵支配着神经生理机制，尽管心灵依赖于那些机制，但却并不被它们所决定。

而且，心灵本身包含着一个上升的法则序列。它的有关欲望的运行和理智的运行都被关于责任的法则所超越。因此，一个人向着他的最高层级成长，这看起来是沿着一系列上升着的法则发生的。我们将这一进化的层级体系视为是由一系列的边界条件所构造的，这些边界条件中的每一个都通过支配它之下的层级以旨在达到更高的层级，但是它们自身并不能被还原为那些低级层级。这些边界条件控制着一个上升着的关系系列，对于这些关系，我们只能在它们对其自身所服务的更高等级发生影响时，通过附带地觉知它们的组成部分来理解。

对某些基本的不可能性的承认，为物理学和化学的一些基本法则奠定了基础；与此类似，对"根据物理学和化学理解生命物"的不可能性的承认，完全没有对我们关于生命的理解设定界限，反而将会引导这种理解走向正确的方向。即使对这种不可能性的展示将会被证明对于探索发现而言并没有多大的帮助，但是这种展示将会有助于我们画出一幅比起当前生物学的某些基本概念而言更为真实的关于生命和人的图像。

小　　结

机制，无论是人工机制或是形态发生的机制，都是支配着无生命自然界的规律的边界条件，它们自身不能还原为那些规律。作为遗传密码起作用的DNA，它所包含的有机碱基的排列模式是一个不能够被还原为物理规律和化学规律的边界条件。就人而言，关于生命的更深层次的控制法则可以被描绘为一个关于边界条件的层级系统，这些边界条件一直延伸到关于意识和责任。

索　引

（索引中的页码为原著页码，检索时请查本书边码）

Adams, John Couch　约翰·柯西·亚当斯，114
Alcibiades　亚西比德，9
alienation, see exteriorization　异化，参见"外化"
Allport, G. W.　G. W. 奥尔波特，180
analytic philosophy　分析哲学，155，160，164
Aristarchus (of Samos)　（萨摩斯的）阿利斯塔克斯，117
Aristotle　亚里士多德，65
Arkel, Cornelia, G., van　范·阿克尔，102，124
atomism　原子论，235

background-foreground contrast　背景（与"前景"相对照），110-14，124，169，187
Bacon, Sir Francis　弗朗西斯·培根爵士，65

Baker, J. R.　J. R. 倍克，206
Bakunin, M.　巴枯宁，5
Beauvoir, Simone de　西蒙·德·波伏娃，17，23
Beck, P.　贝克，103
behaviourism　行为主义，152，156，169，215-16
Bentham, Jeremy　杰里米·边沁，12，14，43，68
Berlin, Sir Isaiah　以赛亚·伯林爵士，68
Blackett, Patrick M. S.　布莱克特，61
Blondin　布洛汀，213
Bohr, Niels　波尔，88
Bossuet, J. B.　博叙埃，5，40
Boswell, James　詹姆斯·鲍斯韦尔，8
boundary conditions　边界条件，154-5，175-6，217-19，221，226-7，229-34，236-9

Bragg, W. H.　W. H. 布拉格, 88, 97

Bragg, W. L.　W. L. 布拉格, 61, 88, 97 Brahe, Tycho, 116

Brain, Lord　布莱恩勋爵, 159, 161, 180

Brentano, Franz　布伦坦诺, 141, 157 Broglie, Louis de, 79

Burke, Edmund　埃德蒙·伯克, 12, 67-8, 71

Bury, J. B.　伯里, 25

Buytendijk, F. J. J.　伯伊滕蒂克, 157, 223

Byron, Lord　拜伦勋爵, 13

Cameron, A. T.　A. T. 卡梅伦, 92

camouflage　伪装, 110, 169

Cellini, Benvenuto　本韦努托·切利尼, 8

Challis, James　詹姆斯·查理士, 114

Chatelet, Madame de　夏特莱侯爵夫人, 9

Chomsky, N.　诺姆·乔姆斯基, 195-6, 200, 204, 207

clues　线索, 79, 82, 112-15, 117-19, 139-140, 143, 145-6, 161-2, 165-8, 170-1, 182-4, 191, 193-4, 201-3, 212-15

codes　密码, 109, 228-9, 239

coherence　连贯性, 120, 125, 131, 138-40, 143, 194. 201-5, 214, 227

Cohn, N.　诺尔曼·科恩, 4-5

Collie, N.　科利, 92

Columbus, Christopher　克里斯托弗·哥伦布, 79

communication　交流, 185, 188, 190, 195, 205, 226

communication theory　通讯理论, 108-9; 参见 cybernetics（控制论）

Condorcet, A. N. de　孔多塞, 5, 25, 35

conscience　良心, 12, 14-15, 17, 21-2, 69

consciousness　意识, 42, 141, 147, 162, 195, 197, 211, 214, 218-20, 235, 239

Copernicaris　哥白尼学说的信奉者, 65

Copernicus　哥白尼, 67, 133

Crick, F.　克里克, 228-9

cybernetics　控制论, 152, 229-30, 参见 communication theory（通讯理论）、machines（机器）

Czochralski, J.　丘克拉斯基, 101

DNA　脱氧核糖核酸, 228-32, 234-6, 239

Dahl, R. A.　R. A. 达尔, 29

Darwin, Sir Charles　查尔斯·达尔文爵士, 60-1, 113

Debye, P. J. W.　德拜, 88

deduction　演绎, 130

De Gaulle, Charles 戴高乐, 22, 45
de Grazia, A. 阿尔弗雷德·德·格拉齐亚, 74-6, 86
Dentler, R. A. 丹特勒, 38
Descartes, Rene 勒奈·笛卡尔, 65, 68
Dilthey, W. 狄尔泰, 156, 160, 180
discovery 发现, 参见 scientific discovery(科学发现)
Dostoievsky, Feodor 陀思妥耶夫斯基, 15-16, 44
Driesch, H. 德里施, 232
dual control 双重控制, 154—5, 217, 227, 229, 233
dualism, Cartesian 笛卡尔的"二元论", 147-8, 222-3
Dubinin, M. M. 杜比宁, 95

Eddington, Sir Arthur S. 爱丁顿, 78
Egerton, Sir Alfred 阿尔弗雷德·埃杰顿爵士, 60-1
Einstein, A. 爱因斯坦, 58-9, 89
Elam, C. F. 埃兰, 102
Eliot, T. S. T. S.艾略特, 72
encyclopaedists 百科全书派, 21-2
Enlightenment, the 启蒙运动, 7, 11-12, 21-2, 28, 35, 40, 43. 46
Eriksen, C. W. 埃里克森, 143, 157
ethics 伦理学, 3-4, 46
Eucken, A. 奥伊肯, 95

Evans-Pritchard, E. E. 埃文斯-普里查德, 180
evolution 进化, 42, 74, 9, 130, 177, 229, 231, 234, 238
Ewald, W. 埃瓦尔德, 103-4
existentialism 存在主义, 17, 155-6
exteriorization 外化, 146-8, 152, 185, 215
Fermi, E. 恩里科·费米, 108
Fisher, Sir Ronald 罗纳德·费希尔, 108
focal awareness 焦点觉知, 128, 140, 144, 182, 195, 212-13, 238; 焦点认识（focal knowledge）, 151, 179, 199-200, 204, 219; 焦点项（focal term）, 145
Fourier, C. 傅立叶, 21
Frederick the Great 腓特烈大帝, 9
Freud, S. 弗洛伊德, 40, 43, 45
Freundlich, H. 赫伯特·弗伦德里希, 87
from-at knowledge "从—到"知识, 235-7; 参见 from-to relation ("从—到"关系)
from-to relation "从—到"关系, 140-1, 145-8, 151, 182, 184-5, 194, 214;
——distal term "从—到"关系的远侧项, 140-1, 146;
——proximal term "从—到"关系的近侧项, 140-1

Fromm, E. 弗洛姆, 45-6

Galin 盖仑, 65
Galilei, Galileo 伽利略・伽利雷, 160, 173, 177, 205, 227, 236
Galle, J. G. 加勒, 113
Gassendi, P. 伽桑狄, 236
Gerard, R. W. 杰勒德, 46
Gibbon, Edward 吉本, 6, 25
Gimes, M. 米克洛斯・吉姆斯, 20, 29, 32, 38
Gomperz, E. von 欧文・冯・冈珀兹, 99, 101
Green, T. H. T. H. 格林, 12
Griffiths, E. 格里菲斯 101, 103

Haber, F. 弗里茨・哈伯, 89, 97-9, 104
Hahn, O. 奥托・汉恩, 53
Hamilton, Sir William 威廉・汉密尔顿爵士, 205
Hansen, R. S. 汉森, 95
Harvey, William 威廉・哈维, 130
Hay, Gyula 吉拉・哈伊, 20
Hayek, F. A. 哈耶克, 23
Hazard, P. 保罗・阿扎尔, 40, 46
Hebb, D. O. 赫布, 42
Hefferline, F. 赫夫林, 146, 157
Hegel, G. W. F. 黑格尔, 12, 70
Helmholtz, H. L. F. von 亥姆霍兹, 163, 212
Helvetius, C. A. 爱尔维修, 14, 43

Herford, A. R. 赫福德, 157
Herschel, Sir William 威廉・赫歇尔爵士, 114
Herzog, R. O. 赫尔佐格, 98-9, 102
heuristics 启发, 201-6
——heuristic function 启发功能, 132;
——heuristic power 启发力量, 131-2, 170-2
Hitler, Adolph 阿道夫・希特勒, 14, 18
Hobbes, T. 霍布斯, 7, 11-12
Hoyle, F. 霍伊尔, 64
Hume, D. 休谟, 12
Humphrey, G. H. 汉弗莱, 197, 207
Husserl, E. 胡塞尔, 144, 155, 221
Huxley, Aldous 奥尔德斯・赫胥黎, 12

Idealism 唯心论, 12
illusion 错觉
——optical illusion 视觉错觉, 110-12, 114, 124, 163-8, 178, 212
imagination 想象, 25, 82, 199-201, 203-6
induction 归纳, 41, 130-1, 166-7, 171
indwelling 内居, 134, 136, 148-9, 151-2, 156, 160, 162, 214, 220-1

inference 推论
——explicit inference 明言推论, 138, 144, 170, 194 - 195, 212 - 19;
——tacit inference 意会推论, 194 - 5, 212 - 213
integration 整合, 115, 125, 127, 129 - 30, 34, 139 - 41, 145 - 6, 150 - 2, 155, 161, 163 - 7, 171, 178, 181 - 6, 189, 191 - 4, 196 - 7, 199 - 201, 212 - 14, 218, 221, 234 - 5, 237; 参见 tacit integration(意会整合)
interiorization 内化, 146, 148, 183 - 4, 192, 214
intuition 直觉, 76, 82, 118 - 19, 143 - 4, 156, 164, 201 - 5
inverted vision 倒置的视觉图像, 144, 198 - 9, 203, 207
Ivanov, L. A. 伊万诺夫, 15

Jacobins 雅各宾派, 35
James, William, 威廉·詹姆士 194, 200, 212
Jancke, W. 简克, 98
Jefferson, Thomas 托马斯·杰斐逊, 25
Joffe, A. 乔弗, 103 - 4
Juergens, R. E. 尤尔根斯, 86

Kadar, J. 卡达尔, 20
Kant, Immanuel 伊曼努尔·康德, 39, 68, 105 - 6, 112, 115, 133, 156, 191
Karssen, A. 卡尔森, 92
Keenan, B. 基南, 157
Keesom, W. H. 基萨母, 88
Kepler, Johannes 约翰内斯·开普勒, 67, 116, 143, 156
knowledge 知识, 5, 22, 41, 103, 117, 120, 129 - 34, 14i - 4, 147, 149, 152, 156, 160, 171 - 2, 174, 178 - 9, 195, 197, 236
Koehler, W. 科勒, 131, 216
Koestler, A. 亚瑟·凯斯特勒, 31, 38
Kossel, A. 科塞尔, 88
Kottenhoff, H. 克顿霍夫, 198 - 9, 207
Krushchev, N. 赫鲁晓夫, 24
Kubie, L. S. 库别, 42
Kun, B. 库恩·贝拉, 14

Lalande, J. J. de 莱兰德, 11 3
Land, W. 朗德, 178
Langer, S. K. 苏珊·朗格, 193, 207
Langmuir, I. 欧文·朗缪尔, 88, 90 - 1
language 语言, 129, 145, 148 - 51, 154 - 5, 159 - 60, 163 - 4, 167, 170, 180 - 181, 184 - 207, 216 - 17, 222, 226, 233, 235, 238
Laplace, P. S. de 拉普拉斯, 174 - 5, 177 - 82, 236

Lashley, K. S. 拉什利, 42, 196, 203-4, 207

Laue, M. von 马克斯·冯·劳厄, 97, 117

Lazarus, R. S. 拉扎勒斯, 142-3, 145-6, 157

Lee, T. -D. 李政道, 117

Leibniz, G. W., von 莱布尼茨, 144

Lenin, V. I. 列宁, 14, 16, 32

levels 层级, 135-6, 153-5, 168, 185-6, 194, 197. 218-19, 225-6, 233-8

Leverrier, U. J. J. 勒维烈, 113-14, 116

Lewin, K. 勒温, 52

Liberman, I. 利别尔曼, 37

Liebig, J. von 利比希, 80

linguistics 语言学, 169-70, 181, 189, 192, 195-6, 200

Lipps, T. 立普斯, 160

Locke, John 约翰·洛克, 7, 22, 160

London, F. F.伦敦, 89-90

Lorenz, K. 康拉德·洛伦兹, 145, 157

Lovell, Sir Bernard 伯纳德·洛弗尔爵士, 64

Lysenko, T. D. 李森科, 81

McCleary, R. A. 麦克利里, 142, 157

Machiavelli, N. 马基雅维利, 9

machines 机器, 124, 152-3, 157, 175-7, 217-18, 225, 229, 231-2

Mark, H., 98 赫尔曼·马克, 100-2, 124 Marx, Karl, 16, 25, 40, 43, 45

Masing, G. 马辛, 103

meaning 意义, 118-19, 128-30, 135, 145-148, 152, 156, 160-1, 172, 178-179, 181-206, 213, 215, 218, 222, 229, 235-61;

——denotative meaning 指示意义, 129;

——joint meaning 联合意义, 129-130, 168, 171, 212-13, 237;

——physiognostic meaning 存在意义, 129;

——telegnostic meaning 表述意义, 129

Meinecke, F. 梅尼克, 17

Meissner, W. W. 迈斯纳, 103

Merleau-Ponty, M. 梅洛—庞蒂, 155, 157, 221-3

Metodiev, D. 米塔尔·梅托迪耶夫, 30-1, 38

Michelson, A. A. 迈克尔逊, 59, 93

Miethe, A. 梅瑟, 92

Mill, J. S. J. S. 密尔, 12, 25, 68

Miller, D. C. D. C. 米勒, 93

mind 心灵, 135, 147-8, 151-3, 155-

索　引　227

7，160，168-70，180，183，189，
　211-24，238
mind-body problem 身心问题，参见
　mind(心灵)
Montesquieu, C 孟德斯鸠.，11
moral inversion　道德倒置，14，16
　18，21-2，44-5
Morley, E. W. 莫利，59，93
Morley, J. 莫利，13
morphogenesis 形态发生，227-8
Morris, C. 查尔斯·莫里斯，192，
　195，207

Nagaoka, H. 长冈，92
Nagel, E. 欧内斯特·内格尔，73，
　86，157-8
natural selection　自然选择，42，229
Nazism 纳粹主义，17
Nechaev, S. 涅查耶夫，15
Neuberg, C. 卡尔·纽伯格，98
Newton, Sir Isaac 艾萨克·牛顿爵
　士，5，40，67，117．133，156
Nietzche, F. W. 尼采，5，15
nihilism 虚无主义，3-4，14-15，
　17-18．22，44-5

Orowan, E. 奥罗万，104

Paine, T. 托姆·潘恩，67，71
Paloczi-Horvath, G. 帕罗茨-霍瓦
　特，30-1，36，38
Paneth, F. 帕内特，92-3 Pantin,

C. F, A.，137
Pasternak, B. L. 帕斯捷尔纳克，
　18，21
Pasteur, Louis 巴斯德，80
Patterson, H; S. 帕特森，92
Pavlov, I. P. 巴甫洛夫，216
Peirce, C. S. 皮尔士，181
perception 感知，79，106-8，111-
　18，120，124，126-9，131，138-
　43，146-7，149-51，160-6，
　166-7，169，171，173，186-7，
　211-12
personal knowing,个人认知 133，151-
　2，156
Personal Knowledge 《个人知识》，
　31，54，146
Peters, K. 彼得斯，92
Petigrew, T. F. 佩蒂格鲁，180
Petofi Society (or Circle) 裴多菲俱
　乐部，19，24，26-7
phenomenalism 现象主义，169
phenomenology 现象学，148，155，
　222，236-237
physiognomy 面相、外观，123-4，
　126，128，132，135，142-145，
　161，163，167-8，182，184，215-
　220
Piaget, J. 皮亚杰,212
Pipes, R. 理查德·派普斯，26，28，
　34，38
Planck, Max 马克斯·普朗克，67
Plato 柏拉图，165

Poincare, J. H. 彭加勒, 201-2, 204
Polsby, N. W. 鲍尔斯比, 38
positivism 实证主义, 73, 156, 172, 187, 193, 195
Pronko, N. H. 普荣克, 198, 207
Prout, W. 普鲁特, 187
Pushkin, A. S. 普希金, 13, 15

Quine, W. V. O., 奎因, 157, 192, 195, 207
Rajk, L. 拉伊克・拉斯洛, 27, 29
Rakosi, M. 拉科西, 30
Ramsay, Sir William 威廉・拉姆齐爵士, 92-3
randomness 随机性, 107-10, 116
rationalism 理性主义, 5-6, 8-13, 40-2, 45, 106
Rayleigh, Lord 瑞利勋爵, 53-4, 77, 86
Razran, G. 雷兹兰, 147, 157
responsibility 责任, 41-3, 133-4, 149. 238-9
Rickert, H. 李凯尔特 32, 38
Robespierre, M. 罗伯斯庇尔, 14, 16
romanticism 浪漫主义, 8, 12, 17, 40
Roscellinus 罗瑟林, 166
Rothschild, F. S. 罗斯柴尔德, 222-4
Rousseau, J. J. 卢梭, 5-10, 12, 23, 43

Rubin, L. 鲁宾, 110-11
Russell, Bertrand 伯特兰・罗素, 58-9, 68, 94, 96, 161
Rutherford, E. 卢瑟福, 61, 77, 92
Ryle, G. 赖尔, 64, 155, 169, 180, 222-4

Sade, Marquis de 萨德, 17
St Francis 圣弗朗西斯, 8
St Gregory VII 格列高利七世, 4
St Just 圣茹斯特, 14
scepticism 怀疑主义, 9, 12, 43-4
Scherrer, P. 谢乐, 98
Schmid, E. 埃里希・施密德, 98, 100, 102-3
Schuster, Sir Arthur 亚瑟・舒斯特爵士, 61
scientific 科学
——scientific authority 科学权威, 15, 40, 46, 51, 55-8, 62, 65-7, 70, 73, 75-6, 78, 80-5, 94-5;
——scientific discipline 科学纪律, 54, 79, 84, 93,
——scientific discovery 科学发现, 51-4, 57, 59, 62, 64. 66, 70, 79-85, 97-8, 105-107, 117-19, 129-132, 138-40, 142-3, 156, 167, 171-3, 184, 194, 196, 201-6;
——scientific initiative 科学直觉, 49-53, 55, 61, 63-4, 68-71,

82，84，100；

——scientific judgment 科学判断，55，65-6，75，75，79-81，84，120；

——scientific knowledge 科学知识，41，51，53，69，73-4，79，117-20，138，150-1，156；

——scientific method 科学方法，32-3，37，87，91-2，94，100；

——scientific opinion 科学观点，53-8，64-6，75，78，81-2，84-5，94；

——scientific originality 科学独创性，54-5，57，66-7，70，79-80，82，116，118-19，143；

——scientific plausibility 科学似真性，53-4，65，76-9，85，92；

——scientific rationalism 科学理性主义，6，41-2，44，46；

——scientific tradition 科学传统，67-8；

——scientific truth 科学真理，41，55，70-1，73，75-6，80，82，120，173；

——scientific validity 科学有效性，73，75-6，92，95；

——scientific value (or merit) 科学价值(科学贡献)，54-7，65-6，68，72，82-4，86

Scriven, M. 迈克尔·斯克里芬，156，158

sensation 感觉，160-2，183

sense-giving 意义给予，181，183-6，188，190，192-3，205-6

sense-reading 意义阅读，181，186-90，192，205-6

Simon, Sir Ernest 欧内斯特·西蒙，62，72

skills 技能，115，118，125-6，128-31，141，143-4，152，160-1，163，167，182-3，186，194，197-8，200，203，206-7，213

Skinner, B. F. 斯金纳，195

Smith, P. S. 史密斯，38

Smits, A. 史密兹，92

Smolders, C. A. 史牟德斯，95

Snow, Sir Charles 查尔斯·斯诺爵士，40-1，44

Snyder, F. W. 施耐德，198，207

socialism 社会主义，12，16，21，24，37，45，68，71

Soddy, F. 索迪，77，92

Spinoza, B. de 斯宾诺莎，144

Stalin, J. V. 斯大林，15，18，24-5，27，31，

Stammreich, H. 斯坦姆瑞奇，92

Stecchini, L. C. 史特契尼，86

stereoscopic viewing 立体观察，144，167-8，184，189，191，193，211-13

Stratton, G. M. 斯特拉顿，198，207

Straus, E. W. 欧文·施特劳斯 193，207

Strawson, P. F. 斯特劳森，170，180

subception 阈下知觉，142-3，167

subsidiary 附带的

——subsidiary awareness 附带觉知，128，133-4，136，140，142，144，148，151，164-5，182-4，193-5，198，204，212-214，235，238；

——function of subsidiary awareness 附带觉知的功能，194，212，219；

——subsidiary knowledge 附带认识，151，179，197

——subsidiary operations 附带操作，198；

——subsidiary particulars 附带的细节，200

tacit 意会的（act 意会行为，assumption 意会假定，awareness 意会觉知，component 意会成分，dimension 意会维度，experience 意会体验，inference 意会推论，integration 意会整合，operation 意会操作，performance 意会执行，powers 意会力量，principles 意会法则），76-7，79，82，105，112，120，138，40，143-4，M9. 151-2，170，172-3，179，191-2，194-6，199-201，206，212-13，219

tacit knowing（knowledge） 意会认知（意会认识），133，138，140，142-8，151-3，156-7，161-3，167-8，171. 173，178，181-3，187，194-5，197，199，203-4，212，215，218-19，221-222；

——functional aspect of tacit knowing 意会认知的功能方面，141，212，218；

——ontological aspect of tacit knowing 意会认知的本体论方面，141，149，218；

——phenomenal aspect of tacit knowing 意会认知的现象方面，141，212，218；

——semantic aspect of tacit knowing 意会认知的语义方面，145，182，212，218

Talmon, J. L. 塔尔蒙，14，23

Tammann, G. 古斯塔夫·塔曼，101

Taylor, G. I. G. I. 泰勒，102，104

teleology, 目的论 42

Thucydides 修昔底德，9

Tillich, P. 蒂利希，44，46

Tito, J. B. 铁托，18

tools 工具，127-9，134，145-8，159，161，163，167，179，182，231

truth 真理、真实，16，18-21，24-9，32-7，39，41-4，70-1，133-4，172；参见 scientific truth（科学真理）

Turgenev, I. S. 屠格涅夫，15

universals 共相，105-6，112，135-

6, 149, 165-8, 170-2, 175-6, 190-2

unspecifiability 无法确切指认性, 82, 106, 115-18, 120, 124-7, 129, 131-5, 142, 146, 151, 155, 184-5, 203, 213, 215

utilitarianism 功利主义, 12, 14, 40, 42

utopianism 乌托邦主义, 14-16

value 价值

——value-free science 科学的价值中立, 25, 29, 32-5, 39; 参见 scientific value(科学价值)

——moral value 道德价值, 27, 52-5, 37;

Velikovsky, I. 维里科夫斯基, 74-8, 80, 86

Vesalius, A. 维萨里, 65

Voltaire, F. M. A. de 伏尔泰, 5-6, 8, 22, 40

Waczek, A. 亚当·瓦克泽克, 21

Waddington, C. H. 沃丁顿, 219, 223, 2 239

Waismann, F. 魏斯曼, 191

Walshe, Sir Francis 弗朗西斯·沃尔什爵士, 211, 221, 223

Watson, J. D. 沃森, 228-9

Weber, Max 马克斯·韦伯, 32

Weiss, Paul 保罗·韦斯, 232, 239

Weissenberg, Karl 卡尔·韦森伯, 98-100, 102

Whewell, William 威廉·惠威尔, 140, 143, 157

Wilson, Woodrow 伍德罗·威尔逊, 32

Woehler, F. 沃勒, 80

Worsley, P. 沃斯利, 23

Wright, O. & Wright, W. 莱特兄弟, 205

Yang, C. K. 杨振宁, 117

Ziff, P. 齐夫, 157

《当代学术棱镜译丛》
已出书目

媒介文化系列

第二媒介时代 [美]马克·波斯特
电视与社会 [英]尼古拉斯·阿伯克龙比
思想无羁 [美]保罗·莱文森
媒介建构:流行文化中的大众媒介 [美]劳伦斯·格罗斯伯格 等
揣测与媒介:媒介现象学 [德]鲍里斯·格罗伊斯
媒介学宣言 [法]雷吉斯·德布雷
媒介研究批评术语集 [美]W. J. T. 米歇尔 马克·B. N. 汉森
解码广告:广告的意识形态与含义 [英]朱迪斯·威廉森

全球文化系列

认同的空间——全球媒介、电子世界景观与文化边界 [英]戴维·莫利
全球化的文化 [美]弗雷德里克·杰姆逊 三好将夫
全球化与文化 [英]约翰·汤姆林森
后现代转向 [美]斯蒂芬·贝斯特 道格拉斯·科尔纳
文化地理学 [英]迈克·克朗
文化的观念 [英]特瑞·伊格尔顿
主体的退隐 [德]彼得·毕尔格
反"日语论" [日]莲实重彦
酷的征服——商业文化、反主流文化与嬉皮消费主义的兴起 [美]托马斯·弗兰克
超越文化转向 [美]理查德·比尔纳其 等
全球现代性:全球资本主义时代的现代性 [美]阿里夫·德里克
文化政策 [澳]托比·米勒 [美]乔治·尤迪思

通俗文化系列

解读大众文化 [美]约翰·菲斯克
文化理论与通俗文化导论(第二版) [英]约翰·斯道雷
通俗文化、媒介和日常生活中的叙事 [美]阿瑟·阿萨·伯格
文化民粹主义 [英]吉姆·麦克盖根
詹姆斯·邦德:时代精神的特工 [德]维尔纳·格雷夫

消费文化系列

消费社会 [法]让·鲍德里亚
消费文化——20世纪后期英国男性气质和社会空间 [英]弗兰克·莫特
消费文化 [英]西莉娅·卢瑞

大师精粹系列

麦克卢汉精粹 [加]埃里克·麦克卢汉 弗兰克·秦格龙
卡尔·曼海姆精粹 [德]卡尔·曼海姆
沃勒斯坦精粹 [美]伊曼纽尔·沃勒斯坦
哈贝马斯精粹 [德]尤尔根·哈贝马斯
赫斯精粹 [德]莫泽斯·赫斯
九鬼周造著作精粹 [日]九鬼周造

社会学系列

孤独的人群 [美]大卫·理斯曼
世界风险社会 [德]乌尔里希·贝克
权力精英 [美]查尔斯·赖特·米尔斯
科学的社会用途——写给科学场的临床社会学 [法]皮埃尔·布尔迪厄
文化社会学——浮现中的理论视野 [美]戴安娜·克兰
白领:美国的中产阶级 [美]C.莱特·米尔斯

论文明、权力与知识 [德]诺贝特·埃利亚斯
解析社会：分析社会学原理 [瑞典]彼得·赫斯特洛姆
局外人：越轨的社会学研究 [美]霍华德·S.贝克尔
社会的构建 [美]爱德华·希尔斯

新学科系列

后殖民理论——语境 实践 政治 [英]巴特·穆尔-吉尔伯特
趣味社会学 [芬]尤卡·格罗瑙
跨越边界——知识学科 学科互涉 [美]朱丽·汤普森·克莱恩
人文地理学导论：21世纪的议题 [英]彼得·丹尼尔斯 等
文化学研究导论：理论基础·方法思路·研究视角 [德]安斯加·纽宁 [德]维拉·纽宁主编

世纪学术论争系列

"索卡尔事件"与科学大战 [美]艾伦·索卡尔 [法]雅克·德里达 等
沙滩上的房子 [美]诺里塔·克瑞杰
被困的普罗米修斯 [美]诺曼·列维特
科学知识：一种社会学的分析 [英]巴里·巴恩斯 大卫·布鲁尔 约翰·亨利
实践的冲撞——时间、力量与科学 [美]安德鲁·皮克林
爱因斯坦、历史与其他激情——20世纪末对科学的反叛 [美]杰拉尔德·霍尔顿
真理的代价：金钱如何影响科学规范 [美]戴维·雷斯尼克
科学的转型：有关"跨时代断裂论题"的争论 [德]艾尔弗拉德·诺德曼 [荷]汉斯·拉德 [德]格雷戈·希尔曼

广松哲学系列

物象化论的构图 [日]广松涉
事的世界观的前哨 [日]广松涉
文献学语境中的《德意志意识形态》 [日]广松涉

存在与意义（第一卷）[日]广松涉
存在与意义（第二卷）[日]广松涉
唯物史观的原像 [日]广松涉
哲学家广松涉的自白式回忆录 [日]广松涉
资本论的哲学 [日]广松涉
马克思主义的哲学 [日]广松涉
世界交互主体的存在结构 [日]广松涉

国外马克思主义与后马克思思潮系列

图绘意识形态 [斯洛文尼亚]斯拉沃热·齐泽克 等
自然的理由——生态学马克思主义研究 [美]詹姆斯·奥康纳
希望的空间 [美]大卫·哈维
甜蜜的暴力——悲剧的观念 [英]特里·伊格尔顿
晚期马克思主义 [美]弗雷德里克·杰姆逊
符号政治经济学批判 [法]让·鲍德里亚
世纪 [法]阿兰·巴迪欧
列宁、黑格尔和西方马克思主义：一种批判性研究 [美]凯文·安德森
列宁主义 [英]尼尔·哈丁
福柯、马克思主义与历史：生产方式与信息方式 [美]马克·波斯特
战后法国的存在主义马克思主义：从萨特到阿尔都塞 [美]马克·波斯特
反映 [德]汉斯·海因茨·霍尔茨
为什么是阿甘本？[英]亚历克斯·默里
未来思想导论：关于马克思和海德格尔 [法]科斯塔斯·阿克塞洛斯
无尽的焦虑之梦：梦的记录(1941—1967)附《一桩两人共谋的凶杀案》(1985) [法]路易·阿尔都塞
马克思：技术思想家——从人的异化到征服世界 [法]科斯塔斯·阿克塞洛斯

经典补遗系列

卢卡奇早期文选 [匈]格奥尔格·卢卡奇

胡塞尔《几何学的起源》引论 [法]雅克·德里达
黑格尔的幽灵——政治哲学论文集[Ⅰ] [法]路易·阿尔都塞
语言与生命 [法]沙尔·巴依
意识的奥秘 [美]约翰·塞尔
论现象学流派 [法]保罗·利科
脑力劳动与体力劳动:西方历史的认识论 [德]阿尔弗雷德·索恩-雷特尔
黑格尔 [德]马丁·海德格尔
黑格尔的精神现象学 [德]马丁·海德格尔
生产运动:从历史统计学方面论国家和社会的一种新科学的基础的建立 [德]弗里德里希·威廉·舒尔茨

先锋派系列

先锋派散论——现代主义、表现主义和后现代性问题 [英]理查德·墨菲
诗歌的先锋派:博尔赫斯、奥登和布列东团体 [美]贝雷泰·E.斯特朗

情境主义国际系列

日常生活实践 1.实践的艺术 [法]米歇尔·德·塞托
日常生活实践 2.居住与烹饪 [法]米歇尔·德·塞托 吕斯·贾尔 皮埃尔·梅约尔
日常生活的革命 [法]鲁尔·瓦纳格姆
居伊·德波——诗歌革命 [法]樊尚·考夫曼
景观社会 [法]居伊·德波

当代文学理论系列

怎样做理论 [德]沃尔夫冈·伊瑟尔
21世纪批评述介 [英]朱利安·沃尔弗雷斯
后现代主义诗学:历史·理论·小说 [加]琳达·哈琴
大分野之后:现代主义、大众文化、后现代主义 [美]安德列亚斯·胡伊森
理论的幽灵:文学与常识 [法]安托万·孔帕尼翁

反抗的文化:拒绝表征 [美]贝尔·胡克斯
戏仿:古代、现代与后现代 [英]玛格丽特·A. 罗斯
理论入门 [英]彼得·巴里
现代主义 [英]蒂姆·阿姆斯特朗
叙事的本质 [美]罗伯特·斯科尔斯　詹姆斯·费伦　罗伯特·凯洛格
文学制度 [美]杰弗里·J. 威廉斯
新批评之后 [美]弗兰克·伦特里奇亚
文学批评史:从柏拉图到现在 [美]M. A. R. 哈比布
德国浪漫主义文学理论 [美]恩斯特·贝勒尔
萌在他乡:米勒中国演讲集 [美]J. 希利斯·米勒
文学的类别:文类和模态理论导论 [英]阿拉斯泰尔·福勒
思想絮语：文学批评自选集(1958—2002) [英]弗兰克·克默德
叙事的虚构性:有关历史、文学和理论的论文(1957—2007) [美]海登·怀特
21世纪的文学批评:理论的复兴 [美]文森特·B. 里奇

核心概念系列

文化 [英]弗雷德·英格利斯
风险 [澳大利亚]狄波拉·勒普顿

学术研究指南系列

美学指南 [美]彼得·基维
文化研究指南 [美]托比·米勒
文化社会学指南 [美]马克·D. 雅各布斯　南希·韦斯·汉拉恩
艺术理论指南 [英]保罗·史密斯　卡罗琳·瓦尔德

《德意志意识形态》与文献学系列

梁赞诺夫版《德意志意识形态·费尔巴哈》 [苏]大卫·鲍里索维奇·梁赞诺夫
《德意志意识形态》与MEGA文献研究 [韩]郑文吉

巴加图利亚版《德意志意识形态·费尔巴哈》　[俄]巴加图利亚
MEGA:陶伯特版《德意志意识形态·费尔巴哈》　[德]英格·陶伯特

当代美学理论系列

今日艺术理论　[美]诺埃尔·卡罗尔

艺术与社会理论——美学中的社会学论争　[英]奥斯汀·哈灵顿

艺术哲学:当代分析美学导论　[美]诺埃尔·卡罗尔

美的六种命名　[美]克里斯平·萨特韦尔

文化的政治及其他　[英]罗杰·斯克鲁顿

当代意大利美学精粹　周　宪　[意]蒂齐亚娜·安迪娜

现代日本学术系列

带你踏上知识之旅　[日]中村雄二郎　山口昌男

反·哲学入门　[日]高桥哲哉

作为事件的阅读　[日]小森阳一

超越民族与历史　[日]小森阳一　高桥哲哉

现代思想史系列

现代主义的先驱:20世纪思潮里的群英谱　[美]威廉·R.埃弗德尔

现代哲学简史　[英]罗杰·斯克拉顿

美国人对哲学的逃避:实用主义的谱系　[美]康乃尔·韦斯特

时空文化:1880—1918　[美]斯蒂芬·科恩

视觉文化与艺术史系列

可见的签名　[美]弗雷德里克·詹姆逊

摄影与电影　[英]戴维·卡帕尼

艺术史向导　[意]朱利奥·卡洛·阿尔甘　毛里齐奥·法焦洛

电影的虚拟生命　[美]D.N.罗德维克

绘画中的世界观　[美]迈耶·夏皮罗

缪斯之艺:泛美学研究 [美]丹尼尔·奥尔布赖特

视觉艺术的现象学 [英]保罗·克劳瑟

总体屏幕:从电影到智能手机 [法]吉尔·利波维茨基 [法]让·塞鲁瓦

艺术史批评术语 [美]罗伯特·S.纳尔逊 [美]理查德·希夫

设计美学 [加拿大]简·福希

工艺理论:功能和美学表达 [美]霍华德·里萨蒂

艺术并非你想的那样 [美]唐纳德·普雷齐奥西 [美]克莱尔·法拉戈

艺术批评入门:历史、策略与声音 [美]克尔·休斯顿

当代逻辑理论与应用研究系列

重塑实在论:关于因果、目的和心智的精密理论 [美]罗伯特·C.孔斯

情境与态度 [美]乔恩·巴威斯 约翰·佩里

逻辑与社会:矛盾与可能世界 [美]乔恩·埃尔斯特

指称与意向性 [挪威]奥拉夫·阿斯海姆

说谎者悖论:真与循环 [美]乔恩·巴威斯 约翰·埃切曼迪

波兰尼意会哲学系列

认知与存在:迈克尔·波兰尼文集 [英]迈克尔·波兰尼

科学、信仰与社会 [英]迈克尔·波兰尼

现象学系列

伦理与无限:与菲利普·尼莫的对话 [法]伊曼努尔·列维纳斯

新马克思阅读系列

政治经济学批判:马克思《资本论》导论 [德]米夏埃尔·海因里希

西蒙东思想系列

论技术物的存在模式 [法]吉尔贝·西蒙东

©1969 by Michael Polanyi
Licensed by The University of Chicago Press, Chicago, Illinois, U.S.A.
All rights reserved.
Simplified Chinese Edition Copyright ©2017 by NJUP
All rights reserved

江苏省版权局著作权合同登记 图字：10-2006-285 号

图书在版编目(CIP)数据

认知与存在：迈克尔·波兰尼文集 /（英）波兰尼著；（美）格勒内编；李白鹤译. — 南京：南京大学出版社，2017.7(2024.5 重印)
（当代学术棱镜译丛 / 张一兵主编）
书名原文：Knowing and Being: Essays by Michael Polanyi
ISBN 978-7-305-16916-8

Ⅰ.①认… Ⅱ.①波… ②格… ③李… Ⅲ.①波兰尼, M.(1891～1976)-哲学思想-文集 Ⅳ.①B561.59-53

中国版本图书馆 CIP 数据核字(2016)第 105411 号

出版发行	南京大学出版社	
社　　址	南京市汉口路 22 号　　邮　编　210093	
丛　书　名	当代学术棱镜译丛	
书　　名	认知与存在：迈克尔·波兰尼文集 RENZHI YU CUNZAI: MAIKE'ER BOLANNI WENJI	
著　　者	[英]迈克尔·波兰尼	
编　　者	[美]马乔里·格勒内	
译　　者	李白鹤	
责任编辑	洪洋　张静	
照　　排	南京南琳图文制作有限公司	
印　　刷	南京爱德印刷有限公司	
开　　本	635 mm×965 mm　1/16 开　印张 16.5　字数 225 千	
版　　次	2017 年 7 月第 1 版　　印次　2024 年 5 月第 3 次印刷	
ISBN 978-7-305-16916-8		
定　　价	45.00 元	

网址：http://www.njupco.com
官方微博：http://weibo.com/njupco
官方微信号：njupress
销售咨询热线：(025) 83594756

* 版权所有，侵权必究
* 凡购买南大版图书，如有印装质量问题，请与所购
　图书销售部门联系调换